中國學術思想 研究輯刊

七 編

林慶彰 主編

第 10 冊

《儀禮》飲食品物研究

吳安安 著

花木蘭文化出版社

國家圖書館出版品預行編目資料

《儀禮》飲食品物研究／吳安安 著—初版—台北縣永和市：
花木蘭文化出版社，2010〔民99〕
目 4+282 面；19×26 公分
（中國學術思想研究輯刊 七編；第10冊）
ISBN：978-986-254-169-2（精裝）
1. 儀禮 2. 飲食 3. 禮器 4. 研究考訂
531.17   99002258

ISBN - 978-986-254-169-2

9 789862 541692

中國學術思想研究輯刊
七 編 第 十 冊   ISBN：978-986-254-169-2

《儀禮》飲食品物研究

作　　者　吳安安
主　　編　林慶彰
總 編 輯　杜潔祥
出　　版　花木蘭文化出版社
發 行 所　花木蘭文化出版社
發 行 人　高小娟
聯絡地址　台北縣永和市中正路五九五號七樓之三
　　　　　電話：02-2923-1455／傳眞：02-2923-1452
網　　址　http://www.huamulan.tw 信箱 sut81518@ms59.hinet.net
印　　刷　普羅文化出版廣告事業
封面設計　劉開工作室
初　　版　2010 年 3 月
定　　價　七編 24 冊（精裝）新台幣 40,000 元

《儀禮》飲食品物研究

吳安安　著

作者簡介

吳安安，國立臺灣師範大學國文研究所碩士、博士。現任新生醫護管理專科學校助理教授。長期致力於禮學思想的詮解及闡發，著有《五禮名義考辨》、《《儀禮》飲食品物研究》等書，近年尤其關注飲食、醫藥、婦女生活等相關議題，並曾發表多篇論文。

提　　要

　　《《儀禮》飲食品物研究》一文，旨在分析《儀禮》各儀節階段所需使用的禮食、禮器，藉由對種類、數量、功能之了解，進而探討其間的施用狀況及意義。

　　「飲食」為人類經常進行的活動，雖看似平凡，卻往往具有深刻的意義。就字義觀察，「飲」與「食」經常連言，但實為二事，「飲」可指喝的動作、供人或動物飲用及飲料的通稱；「食」則有吃、提供人或動物食用、飯及食物等義。「食」的字義範圍較廣，可涵蓋「飲」；「飲」則無法概括「食」。二者關係密切，主要由於透過口部進用的動作，並消化吸收轉化為能量的功用接近，反映於餐飲過程，每每形成飲食兼備的模式。飲食除了最基本的維持生理機能正常運作的功能外，亦有助於強健體魄、修養心性，表達敬天愛人的精神，甚而至於國家的興衰存亡，都與其密切相關；綜觀《儀禮》各篇，尤其在敦親勵下、區別人我、報本返始三方面，表現得最為顯著。

　　禮學的研究，素有名物一門，探究衣服、飲食、宮室、車馬、武備、旗幟、樂舞等方面的制度。我國飲食的美味、精緻，向來受到世人推崇，十七篇除〈士相見禮〉、〈覲禮〉、〈喪服〉外，各篇均載有與飲食相關的程序，包括贄見之贈禮、宴席的預備和陳設、賓主酬酢、回饋致贈等等。由於涉及範圍龐大，為求深化主題，遂針對儀節中曾實際進用的部分加以研究，餘者暫不列入討論。

　　本文以《儀禮》禮書所載的篇章為主，由各個儀制所必備的要素 飲食切入，藉由傳世文獻與出土實物間的相互印證，輔以社會學、人類學等相關學科，除探討飲食在儀制中的食飲狀態、文化內涵外，更期望藉著對於禮書所載各儀節使用的飲食品物的分析，得以進一步了解上古禮制的精神，且能夠在禮學的研究上有所助益。

　　為便於了解儀式進行間飲食的設置，本論文在架構上，採歸納、分類的方式安排章節。首先，將《儀禮》所載性質相近之禮歸於同章。其次，各章之下依篇分節。其三，各節之下又按照儀節程序，分析統整所須使用禮食、禮器的物性、實用功能、象徵意義、考古實物，以及於特定禮儀中使用的原因。

目次

凡　例

一、本論文所引《儀禮》經文及鄭玄《注》、賈公彥《疏》，以藝文印書
　　館十三經注疏本爲準。

二、《儀禮》各篇分章，一以張爾岐《儀禮鄭注句讀》之章節爲據。

三、《儀禮》所附《記》文，各依其行禮之次第，納入相關經文章節之下
　　討論，以補全經義。

四、爲方便對照、查閱，注解一律採取詳注，凡該引用書籍有總頁者，
　　則標明總頁，否則標版心頁碼。

五、相關器物圖例，置於全文最後。

六、篇後所附參考書目，多爲本文引述所及者。部分經參考而未引用者，
　　則不錄焉。

第一章　緒　論

第一節　研究動機

　　禮的範圍極廣，舉凡制度、風俗、常規、儀式等等，都在其涵容之中。禮學研究的方向，目前大致可分禮文、禮制、禮義、禮器、禮圖、禮容六項，在這些領域中，仍有許多問題尚待研討。

　　禮與日常生活密不可分，飲食即是其中重要的一環。羅伯特‧路威在研究原始部落族群時，發現：

> 飲食是人生一宗大事，自然要糾纏上許多奇怪意思，撥弄不清。對
> 於那些野蠻人來說，我們無可不可的地方，往往正是他們吹毛求疵
> 的地方。在飲食這件事上大概都有很鄭重、尊嚴的規則。這裡面，
> 有的很深刻，說是禮節還不如說是道德。〔註1〕

在進行飲或食這再尋常不過的活動時，當中其實每每蘊藏深意。綜觀《三禮》所載各個儀節，舉凡冠昏、賓客、喪祭、養老、征戰，無一不涉及飲或食。歷來研究《三禮》的學術論文，迄至目前為止，大都著重儀節程序，如謝德瑩《儀禮聘禮儀節研究》、彭妙卿《儀禮少牢饋食禮儀節研究》、施隆民《鄉射禮儀節簡釋》、吳宏一《鄉飲酒禮儀節簡釋》等等。以飲食為主題者，數量並不算豐富，有探究器物制度者，如沈其麗《儀禮士喪禮器物研究》、姬秀珠《儀禮食器考——鼎、簋（敦）、簠、鬲、獻》；有涉及食材者，如吳達芸《儀禮特牲少牢有司徹祭品研究》、洪乾佑《禮記中所表現的社會情況》。然多僅

〔註1〕〔美〕羅伯特‧路威著；呂祖湘譯：《文明與野蠻》，頁45。

羅列、統整項目，未進一步探討其禮俗、文化背景等方面的意義或影響。

我國飲食的美味、精緻，向來受到世人推崇，本論文以《儀禮》所載的篇章爲主，由各個儀制所必備的要素——飲食切入，除有系統的分析禮書載及各儀節使用的品物種類、數量外，並結合前人、先進在禮食、禮器與禮圖的研究成果，期望藉此深入探討飲食文化內涵，更得以進一步了解上古禮制的精神，且能夠在禮學的研究上有所裨益。

第二節　研究範圍

本論文以《儀禮》爲主要對象，探究先秦時期的飲食狀態。《儀禮》的成書年代，向來有多種說法。《禮記・雜記》下：

> 恤由之喪，哀公使孺悲之孔子，學士喪禮，士喪禮於是乎書。〔註2〕

記孺悲曾隨孔子學習士的喪禮，但此士喪禮是否即爲今本《儀禮》中的〈士喪禮〉，實無從確認，甚而至於或許僅是後世學者的附會。《論語・鄉黨》：

> 孔子於鄉黨，恂恂如也，似不能言者。其在宗廟、朝廷，便便言，唯謹爾。朝，與下大夫言，侃侃如也；與上大夫言，誾誾如也。君在，踧踖如也，與與如也。君召使擯，色勃如也，足躩如也。揖所與立，左右手。衣前後，襜如也。趨進，翼如也。賓退，必復命曰：「賓不顧矣。」入公門，鞠躬如也，如不容。立不中門，行不履閾。過位，色勃如也，足躩如也，其言似不足者。攝齊升堂，鞠躬如也，屏氣似不息者。出，降一等，逞顏色，怡怡如也。沒階趨進，翼如也。復其位，踧踖如也。執圭，鞠躬如也，如不勝。上如揖，下如授。勃如戰色，足蹜蹜，如有循。享禮，有容色。私覿，愉愉如也。〔註3〕

記孔子行禮，與《儀禮・聘禮》之程序極其相似。姚際恒《儀禮通論》因以爲《儀禮》是春秋以後儒者所作。〔註4〕而〈覲禮〉：

> 諸侯覲于天子，爲宮方三百步，四門，壇十有尋，深四尺，加方明于其上。方明者，木也。方四尺，設六色：東方青，南方赤，西方白，北方黑，上玄，下黃。〔註5〕

〔註2〕 漢・鄭玄注，唐・孔穎達等正義：《禮記正義》卷四十三，頁751。

〔註3〕 魏・何晏等注，宋・邢昺疏：《論語注疏》卷十，頁86～87。

〔註4〕 清・姚際恒：《儀禮通論》卷前，頁10。

〔註5〕 漢・鄭玄注，唐・賈公彥疏：《儀禮注疏》卷二十七，頁328～329。

其中隱含五行思想，屈萬里《先秦文史資料考辨》據此主張《儀禮》各篇，最早的可能成於春秋末年，晚的則已到戰國末葉。〔註6〕

《儀禮》十七篇集錄春秋末葉至戰國晚期的禮儀程序，但正如《論語‧為政》所言：

> 子張問：「十世可知也？」子曰：「殷因於夏禮，所損益可知也：周因於殷禮，所損益可知也：其或繼周者，雖百世可知也。」〔註7〕

禮具有世代傳承的穩固性。而邵懿辰《禮經通論》：

> 禮本非一時一世而成，積久復習，漸次修整，而後臻於大備。〔註8〕

也提到禮制多是經歷代延續、積累、修整而成。因此，內容所涵蓋的時間，亦有溯至夏、商，及春秋晚期以前者。故本論文配合採用的文物材料，其時代範圍自信史時期的殷商，下及兩漢。

第三節　材料的取捨

文獻方面，直接材料以《儀禮》的儀文經注為本，並參酌《周禮》、《禮記》、《大戴禮記》所載；間接材料則及於《尚書》、《詩經》、《左傳》、《公羊傳》、《穀梁傳》、《論語》、《孟子》、《爾雅》群經；《荀子》、《墨子》、《管子》、《韓非子》、《呂覽》諸家，以及《國語》、《國策》、《史記》、《漢書》等史籍。文物方面，配合甲骨、銅器、簡帛文字，祭祀、墓葬出土器物，畫像石、壁畫所刻繪景象，考察禮書所言，為實際制度或儒家學派理想。相關學科方面，則輔以史學、社會學、民俗學、文化人類學等社會科學研究成果。

《三禮》所載禮制繁多，涉及範圍龐大。就飲食而言，幾乎祭祀祖先、賓主盡歡時，都少不了相關的程序，包括贄見之贈禮、宴席的預備和陳設、賓主酬酢、回饋致贈等等。為求深化主題，本文以《儀禮》儀節中曾實際進用的部分為主，探討當中與飲食相關物件的安排。飲料和食物的類別、器具的形制，以及事前的準備、具有的意義等等，為主要探討範疇，餘者如行禮間的揖讓、祭奠、盥洗、進食之儀，或者贄見、餽贈之禮雖然常以食物作禮品，但在之後的程序中，並未實際使用，皆暫不列入討論。而〈喪服〉之內容與飲食無關，〈士

〔註6〕　屈萬里：《先秦文史資料考辨》，頁345。
〔註7〕　魏‧何晏等注，宋‧邢昺疏：《論語注疏》卷二，頁19。
〔註8〕　清‧邵懿辰：《禮經通論》，《皇清經解續編》卷一千二百七十七，頁593。

相見禮〉、〈覲禮〉多述賓主朝見，故涉及亦少，因而此三篇同樣不作探討。

第四節　架構的安排

　　爲便於了解儀式進行間飲食的設置，本論文在架構上，採歸納、分類的方式安排章節。首先，將《儀禮》所載性質相近之禮歸於同章。其次，各章之下依篇分節。其三，各節之下又按照儀節程序，分析統整所須使用禮食、禮器的物性、實用功能、象徵意義、考古實物，以及於特定禮儀中使用的原因。

　　禮的分類方式頗多，但許多都不見得能夠凸顯本論文的主題，思慮再三，遂分成冠昏、射鄉、朝聘、喪、祭五類進行探究。

　　若以位階爲區分標準，對本文而言，則稍嫌籠統。《儀禮》又稱《士禮》，實際上卻包含士、大夫、諸侯的禮儀。《漢書・藝文志》：

　　　漢興，魯高堂生傳《士禮》十七篇，迄孝宣世，后倉最明。戴德、
　　　戴聖、慶普，皆其弟子。三家立於學官。〔註9〕

即將十七篇稱爲《士禮》。所以如此，是因爲首篇載錄的就是士的冠禮；且傳世的版本，除〈喪服〉通上下外，爲士禮者九，佔半數以上，包括〈士冠禮〉、〈士昏禮〉、〈士相見禮〉、〈鄉飲酒禮〉、〈鄉射禮〉、〈士喪禮〉、〈既夕禮〉、〈士虞禮〉、〈特牲饋食禮〉。諸侯、大夫禮七，含：〈燕禮〉、〈聘禮〉、〈覲禮〉、〈公食大夫禮〉、〈大射儀〉、〈少牢饋食禮〉、〈有司徹〉。僅約略分別爲兩類，其下涵蓋不同性質的禮，易使敘述蕪雜。

　　假使依性質分，採取吉凶二分法或五禮的概念歸類，皆不適用。因爲除〈喪服〉、〈士喪禮〉、〈既夕禮〉、〈士虞禮〉外，餘者皆屬吉禮。又鄭玄《三禮目錄》將十七篇與《周禮・春官・大宗伯》「五禮」相配合，則將其所言歸類如下：

　　　吉禮三篇：〈特牲饋食禮〉、〈少牢饋食禮〉、〈有司徹〉。

　　　凶禮四篇：〈喪服〉、〈士喪禮〉、〈既夕禮〉、〈士虞禮〉。

　　　賓禮三篇：〈士相見禮〉、〈聘禮〉、〈覲禮〉。

　　　嘉禮七篇：〈士冠禮〉、〈士昏禮〉、〈鄉飲酒禮〉、〈鄉射禮〉、〈大射儀〉、
　　　　　　　　〈燕禮〉、〈公食大夫禮〉。

〔註9〕漢・班固撰，唐・顏師古注，清・王先謙補註：《漢書補註》卷三十，頁871。

如若循此模式解析，各類之下有不同身分的禮儀，則在嘉禮的部分，比較時尤其困難。《禮記・昏義》概述禮制的類別與功能時，曾提到：

> 夫禮始於冠，本於昏，重於喪祭，尊於朝聘，和於射鄉，此禮之大體也。〔註10〕

將禮大致分爲冠昏、喪祭、朝聘、射鄉四類。邵懿辰《禮經通論》：

> 冠、昏、喪、祭、鄉、射、朝、聘八者，禮之經也。冠以明成人，昏以合男女，喪以仁父子，祭以嚴鬼神，鄉飲以合鄉里，燕射以成賓主，聘食以睦邦交，朝覲以辨上下。〔註11〕

同樣以此說明禮的特質。若根據這個方式，再將喪禮與祭禮區隔，則十七篇分類如下：

冠昏之禮三篇：〈士冠禮〉、〈士昏禮〉、〈士相見禮〉。

射鄉之禮四篇：〈鄉飲酒禮〉、〈鄉射禮〉、〈燕禮〉、〈大射儀〉。

朝聘之禮三篇：〈聘禮〉、〈公食大夫禮〉、〈覲禮〉。

喪禮四篇：〈喪服〉、〈士喪禮〉、〈既夕禮〉、〈士虞禮〉。

祭禮三篇：〈特牲饋食禮〉、〈少牢饋食禮〉、〈有司徹〉。

禮的性質或位階接近，較易排除其他分類模式可能產生的困擾，故本文依此分章。

　　全文共分八章，從飲食本身的名詞意義談起，之後討論飲食的品名、種類，飲食器具的使用規制，以及陳設位置。由於《儀禮》的性質相當於禮單，所載乃是當時禮儀舉行時的程序，爲呈現此一特質，各章之下仍按照其既有次第分析。結構如下：

第一章、〈緒論〉：說明研究動機、研究範圍、材料的取捨與架構的安排。

第二章、〈論飲食〉：探討飲與食的意義，其間的關係及功能。

第三章、〈冠昏之禮的飲食品物〉：分析〈士冠禮〉、〈士昏禮〉所用的禮食、禮器，及其象徵意義。

第四章、〈射鄉之禮的飲食品物〉：分析〈鄉飲酒禮〉、〈鄉射禮〉、〈燕禮〉、〈大射儀〉所用的禮食、禮器，及其象徵意義。

第五章、〈朝聘之禮的飲食品物〉：分析〈聘禮〉、〈公食大夫禮〉所用的禮食、禮器，及其象徵意義。

〔註10〕漢・鄭玄注，唐・孔穎達等正義：《禮記正義》卷六十一，頁1000～1001。

〔註11〕清・邵懿辰：《禮經通論》，《皇清經解續編》卷一千二百七十七，頁590。

第六章、〈喪禮的飲食品物〉：分析〈士喪禮〉、〈既夕禮〉、〈士虞禮〉所
用的禮食、禮器，及其象徵意義。

第七章、〈祭禮的飲食品物〉：分析〈特牲饋食禮〉、〈少牢饋食禮〉、〈有
司徹〉所用的禮食、禮器，及其象徵意義。

第八章、〈結論〉：總結歸納各章所得論點。

第二章　論飲食

飲食爲生物維持生命，賴以生存所必須者，《孟子‧告子》上云：

> 食色，性也。〔註1〕

《禮記‧禮運》也說：

> 飲食男女，人之大欲存焉。〔註2〕

飲食是人類與生俱來的本能，也是最基本的欲望之一。在所有人類生命的基本需要中，當以繁殖與營養居先。〔註3〕絕大多數的人日常都離不開飲食，人們需經由喝飲料、吃東西，以獲取養分，轉換成能量，才有精神和體力，從事思考、生產、閱讀、體育等各類複雜的活動。

飲食對人們的影響至大，因此歷來被列爲施政要項。《史記‧酈生陸賈列傳》載酈食其對沛公劉邦的建言：

> 臣聞知天之天者，王事可成；不知天之天者，王事不可成。王者以
>
> 民人爲天，而民人以食爲天。〔註4〕

司馬貞《索隱》引《管子》言：

> 王者以民爲天，民以食爲天，能知天之天者，斯可矣。〔註5〕

民生問題攸關個人乃至於社會國家的命途，因此主政者不可不重視。《淮南子‧主術》亦云：

〔註1〕漢‧趙岐注，宋‧孫奭疏：《孟子注疏》卷十一，頁193。

〔註2〕漢‧鄭玄注，唐‧孔穎達等正義：《禮記正義》卷二十二，頁431。

〔註3〕〔英〕馬凌諾斯基著；朱岑樓譯：《巫術、科學與宗教》，頁23。

〔註4〕漢‧司馬遷撰，〔日〕瀧川資言考證：《史記會注考證》卷九十七，頁4586。

〔註5〕經檢索《管子》，未見此文。頁碼同上註。

　　食者，民之本也；民者，國之本也；國者，君之本也。〔註6〕

由此可知，飲食對全人類的重要性。本章從「飲」、「食」的個別字義，探討其間的關係，以及所具備的意義。

第一節　飲食的意涵

　　「飲」、「食」二字經常連言，然而實爲二事。針對字形及實際行爲而論，二者都是將飲料或食物，經由口部送入體內的消化器官，進而吸收其中的養分，排去廢物，以維持生命，唯其區別在於所用者爲流質與否。

一、「飲」的意義

　　「飲」，本作歙；就甲骨文、金文及小篆等字體觀察，其字例如下：

甲骨文								
出處	《菁》4.1	《甲編》205	《乙》2482	《乙》328	《佚》648	《古》2.7	《前》2.18.2	《甲編》1152
金文								
出處	伯作姬飲壺《金文編》	是中壺	沈兒鐘	來乂鐘	魯元匜	辛伯鼎	東周左師壺	徲公壺
古文								
出處	《說文解字》	《說文解字》						
小篆								
出處	《說文解字》							

〔註6〕　漢・劉安撰、高誘注：《淮南子》卷九，頁326。

《說文解字・欠部》：

> 飲，歠也。从欠，酓聲。〔註7〕

許慎明顯是以小篆的字形爲據，因「酓」字「从酉、今聲。」〔註8〕遂將「飲」解釋爲形聲字；歷來說文學家多從許慎之言，如朱駿聲《說文通訓定聲》：

> 古文从水，今聲，又从食，今聲。小篆从酉、从欠，今聲。酉者，
> 酒也。……隸作飲。〔註9〕

認爲「飲」从「今」得聲。至於王筠《說文解字句讀》：

> 隸作飲，參合篆、古以成文也。〔註10〕

說明「飲」是經隸定後通行至今的字形。甲骨文出土後，對於「飲」的字形結構解釋方較爲確定。商承祚《殷契佚存》：

> 當爲歠字，象人就酒器而飲。〔註11〕

董作賓《殷曆譜》：

> 象人俯首吐舌捧尊就飲之形。「歠」其本字，「酓」其省變也。〔註12〕

應是象一人正低頭伸舌飲用容器中的飲料。

「飲」字與飲食相關的字義，可指低頭就飲的動作、供人或動物飲用及飲料的通稱。其一，低頭就飲的動作，如《尚書・周書・酒誥》：

> 越庶國，飲惟祀，德將無醉。〔註13〕

周公以成王之命申告康叔，規定治下各諸侯國，唯有祭祀時方可飲酒，且不得喝醉。《孟子・告子》上：

> 冬日則飲湯，夏日則飲水。〔註14〕

孟子弟子公都子以冬天喝熱水，夏天喝冷水，說明仁義皆由內發而非外鑠。劉熙《釋名・釋飲食》：

> 飲，奄也。以口奄而引咽之也。〔註15〕

採聲訓的方式，說明飲用時伸長脖子的動作。顧野王《玉篇》亦言：

〔註7〕 漢・許慎撰，清・段玉裁注：《說文解字注》八篇下，頁414。
〔註8〕 同上註，十四篇下，頁748。
〔註9〕 清・朱駿聲：《說文通訓定聲》臨部第三，頁148。
〔註10〕 清・王筠：《說文解字句讀》卷十六，頁1279。
〔註11〕 商承祚：《殷契佚存》，見《甲骨文獻集成》第一冊，頁480。
〔註12〕 董作賓：《殷曆譜》，見《董作賓先生全集》乙編第一冊卷八，頁9。
〔註13〕 漢・孔安國傳，唐・孔穎達等正義：《尚書正義》卷十四，頁207。
〔註14〕 漢・趙岐注，宋・孫奭疏：《孟子注疏》卷十一上，頁194。
〔註15〕 漢・劉熙撰：《釋名》卷四，頁79-548。

咽水也，亦歠也。〔註16〕

當然除了水以外，理應亦統攝其他飲品。《說文解字·欠部》曰：

歠，飲也。〔註17〕

「歠」、「飲」二字互訓，可相轉注，即成同義字。「叕」有繫屬義，故連續吸飲爲「歠」。如《禮記·曲禮》上：「毋流歠。」〔註18〕勸人喝東西不宜太大口，以免顯得急躁。其二，提供飲料給人或牲畜，如《詩經·小雅·緜蠻》云：

道之云遠，我勞如何？飲之食之，教之誨之。〔註19〕

描寫行役辛苦，將帥給予飲食，並予以勸勉的厚遇。《左氏·襄公十七年·傳》：

衛孫蒯田于曹隧，飲馬于重丘，毀其瓶。〔註20〕

記載衛大夫孫蒯越境到曹國的曹隧打獵，讓馬在重丘飲水，誤將當地居民水瓶打破之事。其三，飲料的總稱，《周禮·天官·酒正》：

辨四飲之物，一曰清，二曰醫，三曰漿，四曰酏。〔註21〕

天子所用的四種飲料，包含：過濾過的醴、釀粥、酨漿、稀粥。《禮記·玉藻》：

五飲：上水、漿、酒、醴、酏。〔註22〕

統稱天子飲用的五種飲料，比〈酒正〉多了水一項。段玉裁《說文解字注》：

《易·蒙卦》虞《注》曰：「水流入口爲飲。」引伸之，可飲之物謂之飲，如《周禮》「四飲」是也。與人飲之謂之飲，俗讀去聲，如《左傳》：「飲之酒。」是也。又消納無迹謂之飲，《漢書·朱家傳》：「飲其德。」猶隱其德也。〔註23〕

「飲」字的本義爲低頭就飲的動作，引伸義爲飲料、提供飲料給人或動物，另可假借爲「隱」。朱駿聲《說文通訓定聲》也曰：

自飲曰飲，飲人亦曰飲，所飲之物即曰飲。〔註24〕

同樣是依據傳世資料，歸納出「飲」字的主要意涵。

〔註16〕梁·顧野王：《玉篇》卷上，頁70。
〔註17〕漢·許慎撰，清·段玉裁注：《說文解字注》八篇下，頁414。
〔註18〕漢·鄭玄注，唐·孔穎達等正義：《禮記正義》卷二，頁41。
〔註19〕漢·毛公傳、鄭玄箋，唐·孔穎達正義：《毛詩正義》卷十五之三，頁521。
〔註20〕晉·杜預注，唐·孔穎達等正義：《春秋左傳正義》卷三十三，頁574。
〔註21〕漢·鄭玄注，唐·賈公彥疏：《周禮注疏》卷五，頁77。
〔註22〕漢·鄭玄注，唐·孔穎達等正義：《禮記正義》卷二十九，頁545。
〔註23〕漢·許慎撰，清·段玉裁注：《說文解字注》八篇下，頁414。
〔註24〕清·朱駿聲：《說文通訓定聲》臨部第三，頁148。

二、「食」的意義

「食」字的字形，就甲骨文、金文、小篆等字體觀察，舉例如下：

甲骨文									
出處	《藏》239.1	《前》4.51.5	《前》5.48.2	《前》6.35.2	《前》8.8.1	《前》8.8.1	《後》下2.5	《後》下28.7	《甲》1.5.10
金文									
出處	盄共簋《金文編》	仲義父簋							
小篆									
出處	《說文解字》								

《說文解字・食部》：

> 食，亼米也。从皀、亼聲；或說亼、皀也。〔註25〕

「亼」據《說文解字・亼部》：

> 三合也。从入、一，象三合之形。〔註26〕

表「聚集」義。又〈皀部〉曰：

> 皀，穀之馨香也。象嘉穀在裏中之形，匕所呂之。或說：「皀，一粒也。」〔註27〕

「皀」象穀粒之形，故許慎解釋「食」爲聚米。然而其構形究竟是會意或形聲字，則不確定，這仍是受小篆字形影響所致。王筠《說文解字句讀》：

> 筠以〈大雅・泂酌〉孔《疏》、《爾雅・釋言》邢《疏》皆引《說文》：「饋，一蒸米也。」與今本異，遂疑此文當作「一蒸米」也。然《爾

〔註25〕漢・許慎撰，清・段玉裁注：《說文解字注》五篇下，頁218。
〔註26〕同上註，五篇下，頁222。
〔註27〕同上註，五篇下，頁216。

雅・釋文》引《字書》:「饋,一蒸米也。」是《疏》誤以《字書》
爲《説文》,終不知「一米」何解也。〔註28〕

王筠認爲「食」或許應指「蒸熟的米飯」。就甲骨文或金文字形觀察,「食」
應象飯器之形。李孝定《甲骨文字集釋》於「食」字下言:

> 皀殷所以盛黍稷,引申爲凡食之稱。〔註29〕

作盛食器解釋。戴家祥《金文大字典》:

> 竊思訓「食」之字皆从皀,先儒均以「穀之馨香」釋之。今以金文
> 卜辭證之,「皀」殆爲古人盛飯器,日用饗飧之具也。字本象形,故
> 即饗、食等字偏旁从之。……故「皀」爲「簋」之初文無疑;「食」
> 則亼象器蓋,下爲「簋」之初文。……是食古代往往用簋,故以加
> 蓋之簋,作爲食飯之食。〔註30〕

以爲「食」字象盛有食物的粢盛器之形。上象器蓋;中一橫畫,表示有食物
盛在器中;部分字形,器口附近有點,象凝結的水蒸氣。器形與盛黍稷器相
關,可由「簋」、「饗」、「鄉」等字得證。

「食」之字義與飲食相關者,有吃、提供人或動物食用、飯及食物等義。
其一,作「吃」,表就食之意,如《詩經・魏風・碩鼠》:

> 碩鼠碩鼠,無食我黍!三歲貫女,莫我肯顧。〔註31〕

以碩鼠食黍,暗諷執政者橫徵重斂。《禮記・大學》:

> 所謂脩身在正其心者,身有所忿懥,則不得其正;有所恐懼,則不
> 得其正;有所好樂,則不得其正;有所憂患則不得其正。心不在焉,
> 視而不見,聽而不聞,食而不知其味,此謂脩身在正其心。〔註32〕

脩身在於正心,若心有所忿怒、恐懼、愛好、憂患,便不能平正。心不專注,
則張眼看不見,豎耳聽不到,張口吃卻無從辨識滋味。其二,以食與人或動
物,《詩經・豳風・七月》:

> 采荼薪樗,食我農夫。〔註33〕

摘採苦菜、砍伐樗樹,提供農夫使用。《史記・淮陰侯列傳》:

〔註28〕清・王筠:《説文解字句讀》卷十,頁702。
〔註29〕李孝定:《甲骨文字集釋》第五,頁1762。
〔註30〕戴家祥主編:《金文大字典》(下),頁5257。
〔註31〕漢・毛公傳、鄭玄箋,唐・孔穎達正義:《毛詩正義》卷五之三,頁211。
〔註32〕漢・鄭玄注,唐・孔穎達等正義:《禮記正義》卷六十,頁986。
〔註33〕漢・毛公傳、鄭玄箋,唐・孔穎達正義:《毛詩正義》卷八之一,頁285。

漢王遇我甚厚，載我以其車，衣我以其衣，食我以其食。〔註34〕

韓信感念劉邦對他的厚遇，其中第一個「食」字即作動詞使用，表示供給食物。其三，指「飯」，《周禮・天官・膳夫》云：

掌王之食、飲、膳、羞，以養王及后、世子。凡王之饋食用六穀，膳用六牲，飲用六清，羞用百二十品，珍用八物，醬用百有二十甕。〔註35〕

鄭《注》：

食，飯也。飲，酒漿也。膳，牲肉也。羞，有滋味者。〔註36〕

「食」即指「六穀」。《論語・鄉黨》：

食不厭精，膾不厭細。〔註37〕

邢《疏》：

飯也。〔註38〕

《玉篇》亦言：

食，飯食。〔註39〕

遂知「食」可指煮熟的穀類，呈現以米飯為主食的現象。其四，指食物，人類為雜食性動物，不光是食用米飯而已，故依「飯」之義，又引伸為泛指一切食物。《尚書・益稷》：

暨稷播，奏庶艱食鮮食。〔註40〕

稷播種、疏通水渠，使人民有百穀、魚鱉可食，則「食」可兼用於穀類、肉類等物。《詩經・小雅・斯干》：

乃生女子，載寢之地，載衣之裼，載弄之瓦。無非無儀，唯酒食是議。無父母詒罹。〔註41〕

傳統賦與女子的責任是處理家務、照顧家庭，為家人準備食物，即其所應關注的諸多事務之一。段玉裁《說文解字注》言：

集眾米而成食也。引伸之，人用供口腹亦謂之食。此其相生之名義

〔註34〕漢・司馬遷撰，〔日〕瀧川資言考證：《史記會注考證》卷九十二，頁 4474。
〔註35〕漢・鄭玄注，唐・賈公彥疏：《周禮注疏》卷四，頁 57。
〔註36〕同上註。
〔註37〕魏・何晏等注，宋・邢昺疏：《論語注疏》卷十，頁 89。
〔註38〕同上註。
〔註39〕梁・顧野王：《玉篇》卷上，頁 69。
〔註40〕漢・孔安國傳，唐・孔穎達等正義：《尚書正義》卷五，頁 66。
〔註41〕漢・毛公傳、鄭玄箋，唐・孔穎達正義：《毛詩正義》卷十一之二，頁 388。

也。下文云：「飯，食也。」此食字引伸之義也。〔註42〕

循許慎之說，主張「食」的本義爲「食物」，引伸義爲「吃」，以及「飯」。朱駿聲《說文通訓定聲》則言：

六穀之飯曰食。从亼、皀會意。〔註43〕

認爲「食」指飯。字義的產生，次序究竟孰先孰後，有時實難判定；「食」字由飯器的實際樣貌構形，可兼有「吃」及「飯」二義，再由「飯」引伸概括指所有食物。

三、「飲」與「食」的關係

「飲」與「食」在文意使用上區分清晰，進用的是兩類不同的物品。之所以往往連稱，其原因可透過飲食形態、習慣等方面了解。

綜觀先秦典籍，「飲」及「食」二字的使用慣例明顯有別。凡「飲」字作動詞，指「喝」的時候，其後所用之物，皆屬流質，如酒、水、藥、血；又因「飲」從「酉」，因此在文獻中提及者，以酒爲數最多，如《禮記·檀弓》下：

知悼子卒，未葬；平公飲酒，師曠、李調侍，鼓鐘。〔註44〕

晉大夫荀盈於魯昭公九年卒，尚未下葬，晉平公即飲酒作樂。亦有飲水者，如《詩經·大雅·皇矣》：

依其在京，侵自阮疆，陟我高岡。無矢我陵，我陵我阿；無飲我泉，

我泉我池！〔註45〕

文王向密須氏喊話，期嚇阻其入侵周地，陳兵丘陵、飲用泉水。有飲藥者，如《禮記·曲禮》下：

君有疾，飲藥，臣先嘗之。親有疾，飲藥，子先嘗之。〔註46〕

記飲用湯藥必須謹慎。有飲血者，《禮記·禮運》：

未有火化，食草木之實、鳥獸之肉，飲其血，茹其毛。〔註47〕

說明火未發明前，遠古初民茹毛飲血的生食狀態。至於「食」之後，通常是

〔註42〕漢·許慎撰，清·段玉裁注：《說文解字注》五篇下，頁218。
〔註43〕清·朱駿聲：《說文通訓定聲》頤部第五，頁268。
〔註44〕漢·鄭玄注，唐·孔穎達等正義：《禮記正義》卷九，頁177。
〔註45〕漢·毛公傳、鄭玄箋，唐·孔穎達正義：《毛詩正義》卷十六之四，頁572。
〔註46〕同註44，卷五，頁96。
〔註47〕同註44，卷二十一，頁417。

固體的菜肴飯饌，如：《禮記・曲禮》下：

> 歲凶，年穀不登，君膳不祭肺，馬不食穀，馳道不除，祭事不縣。
>
> 大夫不食粱，士飲酒不樂。〔註48〕

記災荒之年君臣自損抑之禮，「食」後所述爲穀與粱。今以《詩經》中明確指出飲或食用何物的篇章爲例，表列如下：

分類	品物	篇　名
飲	酒	〈鄭風・叔于田〉、〈鄭風・女曰雞鳴〉、〈小雅・常棣〉、〈小雅・小宛〉、〈小雅・北山〉、〈小雅・賓之初筵〉、〈小雅・魚藻〉、〈魯頌・有駜〉、〈魯頌・泮水〉
	水	〈大雅・皇矣〉
食	魚	〈陳風・衡門〉
	株	〈陳風・株林〉
	黍	〈魏風・碩鼠〉
	麥	〈魏風・碩鼠〉
	苗	〈魏風・碩鼠〉、〈小雅・白駒〉
	鬱	〈豳風・七月〉
	薁	〈豳風・七月〉
	瓜	〈豳風・七月〉
	桑椹	〈衛風・氓〉、〈魯頌・泮水〉
	苹	〈小雅・鹿鳴〉
	蒿	〈小雅・鹿鳴〉
	芩	〈小雅・鹿鳴〉
	藿	〈小雅・白駒〉
	苕	〈小雅・苕之華〉

可說由文意而論，二者的性質是截然劃分的。然而由於食物本身的質性，有時仍不免有例外者，如《禮記・曲禮》上：

> 毋歠醢。〔註49〕

「醢」是肉醬，應屬食物，但此句動詞卻用「歠」字；主要是因進食之禮教人不可飲用肉醬的汁，以免主人以爲客人嫌醬的味道太淡，不夠道地。強調

〔註48〕同註44，卷四，頁77。
〔註49〕漢・鄭玄注，唐・孔穎達等正義：《禮記正義》卷二，頁41。

的是醬汁，故不用「食」字，以便有所區分。另外《禮記‧間傳》：

> 故父母之喪，既殯食粥，朝一溢米，莫一溢米。齊衰之喪，疏食水
> 飲，不食菜果；大功之喪，不食醯醬；小功緦麻，不飲醴酒。此哀
> 之發於飲食者也。〔註50〕

載孝子居喪期間之飲食。《左氏‧襄公十七年‧傳》：

> 齊晏桓子卒，晏嬰麤縗斬，苴絰、帶、杖、菅屨，食鬻，居倚廬，寢
> 苫、枕草。其老曰：「非大夫之禮也。」曰：「唯卿爲大夫。」〔註51〕

記晏嬰遇父喪時所持之禮。兩處於粥之前的動詞，都是用「食」而不用「飲」。
但《穀梁‧昭公十九年‧傳》：

> 哭泣歠飦粥，嗌不容粒。未踰年而死，故君子即止自責而責之也。
>
> 〔註52〕

《孟子‧滕文公》上：

> 孔子曰：「君薨，聽於冢宰，歠粥，面深墨，即位而哭。百官有司，
> 莫敢不哀，先之也。上有好者，下必有甚焉者矣。君子之德，風也；
> 小人之德，草也。草上之風必偃。」〔註53〕

都是作「歠粥」，即「飲粥」。粥雖爲流質，但其中有米粒，可以被當作飲品，
也可以是食物。用於喪禮，粥不應被視作飲料，而是用來果腹充飢。《禮記》、
《左傳》用「食」，《穀梁》、《孟子》用「歠」，故字詞的應用可能因個人判斷，
而有使用上的差異。

「食」字的運用範圍比較廣，「食」可以概括「飲」，「飲」卻無法涵蓋「食」。
例如《呂氏春秋‧本生篇》：

> 肥肉厚酒，務以自強，命之曰爛腸之食。〔註54〕

過食與過飲易傷身，頗具衛生保健概念；是「食」可統肉、酒之例。《漢書‧
雋疏于薛平彭傳》：

> 定國食酒至數石，不亂。冬月，請治讞，飲酒，益精明。〔註55〕

如淳曰：

〔註50〕漢‧鄭玄注，唐‧孔穎達等正義：《禮記正義》卷五十七，頁955。
〔註51〕晉‧杜預注，唐‧孔穎達等正義：《春秋左傳正義》卷三十三，頁575～576。
〔註52〕晉‧范甯注，唐‧楊士勛疏：《春秋穀梁傳注疏》卷十八，頁177。
〔註53〕漢‧趙岐注，宋‧孫奭疏：《孟子注疏》卷五上，頁89。
〔註54〕周‧呂不韋，漢‧高誘注：《呂氏春秋》卷一，頁27。
〔註55〕漢‧班固撰，唐‧顏師古注，清‧王先謙補註：《漢書補註》卷七十一，頁305。

食酒猶言喜酒也。〔註56〕

顏師古《注》：

> 若依如氏之說，食字當音嗜，此說非也。下敘定國子永，乃言嗜酒
> 耳。食酒者，謂能多飲，費盡其酒，猶云食言焉。今流俗書本輒改
> 食字作飲字，失其眞也。〔註57〕

《漢書》中多作「飲酒」，唯此處有異，誠如顏師古所言，乃專爲指「過飲」
而有的區別，則亦爲「食」可攝「飲」之例。至於《廣韻》：

> 食，飲食。〔註58〕

以「食」統飲與食二事。之所以如此，可能由於動作相近，同樣是將酒水或
食物送入口中，又食物本身含有水分，於是吃東西時，可連帶滿足渴與餓的
生理需求。

在餐飲的過程中，除了食物外，幾乎都備有湯或飲料。就周代飲食習慣
而言，一餐中必包括飲與食，飲指飲料，食是食物；而食的結構上，又形成
飯菜對立的特點，飯指穀類，菜則包含肉類或蔬果。〔註59〕豐盛者，如前引
《周禮·天官·膳夫》，進獻周天子的飲食：食用六穀，膳用六牲，飲用六清，
各式佳餚一百二十品，珍稀美味八樣，醬一百二十甕。儉樸者，如《論語·
述而》：

> 子曰：「飯疏食、飲水，曲肱而枕之，樂亦在其中矣！不義而富且貴，
> 於我如浮雲。」〔註60〕

孔子贊歎合於義的生活，即便只是吃粗食與飲水，依然十分自足。另《論語·
雍也》：

> 子曰：「賢哉！回也。一簞食，一瓢飲，在陋巷。人不堪其憂，回也
> 不改其樂。賢哉！回也。」〔註61〕

記孔子贊美顏淵的賢德，就其樸實的生活來看，至少也具備了一食（主食）、
一飲。所以說，在餐飲的結構中，飲與食關係密切。再者，若根據心理學的
研究成果，也可驗證此一現象：

〔註56〕同上註。
〔註57〕同註55。
〔註58〕宋·陳彭年等：《宋本廣韻》卷五，頁525。
〔註59〕張光直：《中國青銅時代》，頁271～272。
〔註60〕魏·何晏等注，宋·邢昺疏：《論語注疏》卷七，頁62。
〔註61〕魏·何晏等注，宋·邢昺疏：《論語注疏》卷六，頁53。

渴與飢並非彼此獨立。被剝奪食物後，動物攝取較少的水，同樣的，
被奪水分後，則攝取較少的食物。這可能與動物傾向於讓胃中食物
量與水分量保持固定比例，以利消化和營養物的吸收有關。食物至
少包含某些比例的水分，而許多液體或多或少包含某些營養物質，
所以渴與飢餓之間必然會產生交互作用，攝食有助於滿足渴，喝飲
料也可以有助於滿足飢餓。〔註62〕

食與飲之間有必然的關係。一餐之中，飲料與食物並備，可能是由於固體的
食物比較乾燥，吞嚥困難，易引起腸胃不適，故須藉著液體幫助吞下；而胃
中的固體與液體保持一定比例，將有助於消化與吸收。

四、小　結

　　「飲」與「食」，初時受限於小篆的字形，以致許慎等說文學家多數對於
字體構形說解模糊，之後隨著甲骨文、金文的被發現，遂較為確定。「飲」，
象一人低頭吐舌對酒尊而飲；「食」，象飯器之形。

　　飲、食二字時常連言，可見關係密切。就文獻觀察，「飲」字之後所接之
物多為流體；「食」字之後則多屬固體。二者動作相近，都是經由口腔送入消
化道，被人體分解、吸收，轉化為能量；目的相同，都是為維持生理機能的
正常運作。渴與飢之間，存在著一種交互作用，於是展現在餐飲結構上時，
形成飲食並備的模式。

第二節　飲食的功能

　　人類的三大基本需要為食、衣、住。《釋名·釋飲食》：

　　　食，殖也。所以自生殖也。〔註63〕

食的主要功能在於延續生命。《周禮》天官九職，關涉解決食衣問題；冢宰之
下，大小官員六十三種，亦以此二者為主，甚且排列時以掌食者為先。

　　食物是指在體內消化，並且能供給身體能量與構造的原料，以及節制生
理作用的物質。若論飲食的功能，除填飽肚子，滿足生理需求外，尚具有其
他效用。《禮記·樂記》：

〔註62〕〔美〕A.W.Logue 著；游恆山譯：《飲食心理學》，頁 49。
〔註63〕漢·劉熙撰：《釋名》卷四，頁 79-548。

> 食饗之禮，非致味也。……大饗之禮，尚玄酒而俎腥魚，大羹不和，
> 有遺味者矣。是故先王之制禮樂也，非以極口腹耳目之欲也，將以
> 教民平好惡，而反人道之正也。〔註64〕

宗廟祭祀或款待賓客，不是爲享受美酒佳餚而舉行。大饗之禮以水、生魚、不加調味料的肉汁作爲祭品，是要藉此彰明愼終追遠的意義。飲食的目的並非僅止於滿足口腹之慾，更重要的是其中的教育功能，期望藉著進食的機會，培養成良好的品德、生活習慣，甚至調和人際關係，溝通彼此情感。總括前人研究成果，飲食有養生健體、修身成德、敦親勵下、區別人我、報本返始、治國安民六項功能。

一、養生健體

人們往往在文化中，學會那一個季節、溫度、每天的什麼時間適合攝取何種食物。〔註65〕也常常透過生活經驗的累積，產生許多飲食避忌，譬如《論語・鄉黨》：

> 食饐而餲，魚餒而肉敗，不食。色惡不食；臭惡不食；失飪不食；
> 不時不食。〔註66〕

東西放太久，或顏色、味道改變，即表示食物已然變質、腐敗；吃下烹調過程或宰殺方式不當的物品，都有可能罹患疾病。

我國飲食具有醫食同源的特色，須配合季候變換食材，據以發揮醫療養生的效果。《禮記・禮運》說道：

> 飲食必時。〔註67〕

四季的特性，以及適合食用的食物，據《禮記・月令》所言：孟春、仲春、季春「其味酸，其臭羶」、「食麥與羊」；孟夏、仲夏、季夏「其味苦，其臭焦」、「食菽與雞」；孟秋、仲秋、季秋「其味辛，其臭腥」、「食麻與犬」；孟冬、仲冬、季冬「其味鹹、其臭朽」、「食黍與彘」。《呂氏春秋》十二紀所載與〈月令〉同。另外《管子・幼官》記載的各季特性，依序爲：「君服青色，味酸味」、「君服赤色，味苦味」、「君服白色，味辛味」、「君服黑色，味鹹味」。爲便於

〔註64〕漢・鄭玄注，唐・孔穎達等正義：《禮記正義》卷三十七，頁665。
〔註65〕〔美〕A.W.Logue 著；游恆山譯：《飲食心理學》，頁135。
〔註66〕魏・何晏等注，宋・邢昺疏：《論語注疏》卷十，頁89。
〔註67〕漢・鄭玄注，唐・孔穎達等正義：《禮記正義》卷二十二，頁441。

了解季候特性，將《禮記‧月令》、《呂氏春秋》十二紀、《管子‧幼官》所述，表列如下：

季節 特性	春	夏	秋	冬
味	酸	苦	辛	鹹
臭	羶	焦	腥	朽
色	青	赤	白	黑
穀	麥	菽	麻	黍
牲	羊	雞	犬	彘

在四時的變化中，春屬木，其氣溫；夏屬火，其氣熱；秋屬金，其氣燥；冬屬水，其氣寒。人們每每因為氣候變化而可能引發各種疾病，《周禮‧天官‧疾醫》：

> 四時皆有癘疾，春時有痟首疾，夏時有痒疥疾，秋時有瘧寒疾，冬時有漱上氣疾。以五味、五穀、五藥養其病，以五氣、五聲、五色眡其死生。〔註68〕

春天或許感覺頭痛，夏天易長疥癬，秋天常有寒瘧發生，冬天容易導致風寒氣喘。鄭《注》：

> 五味，醯、酒、飴、蜜、薑、鹽之屬；五穀，麻、黍、稷、麥、豆也；五藥，草、木、蟲、石、穀也。其治合之齊，則存乎神農、子儀之術云。〔註69〕

「五味」指具酸、苦、甘、辛、鹹味，可用來調味的食物；「五穀」指各類穀物；「五藥」為各式植物、動物、礦物。傳統醫學藉由望、聞、問、切的方式診斷，透過飲食補充其營養不足的部分，達到保健強身的目的。《禮記‧內則》亦載：

> 凡和，春多酸，夏多苦，秋多辛，冬多鹹，調以滑甘。〔註70〕

攝食應順應時令節候特色，適度挑選、搭配食材，加以調味。《黃帝內經‧素問‧藏氣法時論》：

> 毒藥攻邪，五穀為養，五果為助，五畜為益，五菜為充。氣味合而服之，以補精益氣。此五者，有辛、酸、甘、苦、鹹，各有所利，或散

〔註68〕漢‧鄭玄注，唐‧賈公彥疏：《周禮注疏》卷五，頁73～74。
〔註69〕同上註。
〔註70〕漢‧鄭玄注，唐‧孔穎達等正義：《禮記正義》卷二十七，頁523。

或收，或緩或急，或堅或耎，四時五藏，病隨五味所宜也。〔註71〕
同樣強調食療對於健康的幫助。《黃帝內經・靈樞・五味》：

> 五穀：秔米甘、麻酸、大豆鹹、麥苦、黃黍辛。五果：棗甘、李酸、
> 栗鹹、杏苦、桃辛。五畜：牛甘、犬酸、豬鹹、羊苦、雞辛。五菜：
> 葵甘、韭酸、藿鹹、薤苦、葱辛。〔註72〕

春食苦、秋多酸、夏與冬宜辛和鹹。所載食物質性與《禮記》、《管子》、《呂
氏春秋》不同，可能肇因於學理來源有別，但所提出欲借助各類食物調和養
生的概念則屬一致。孫思邈《千金方・食治》：

> 夫為醫者，當須先洞曉病源，知其所犯，以食治之；食療不瘉，然
> 後命藥。〔註73〕

認為治病應以食療為先，藥療在後，呈現重視飲食養療的主張。

二、修身成德

心性的培養，宜自細微處做起。飲食是日常所必須，要求飲食有味是人
情之所必然，《老子》第十二章：

> 五味令人口爽。〔註74〕

過分尋求享受，最後必致使味覺喪失，食而不知其味，是故追求美味必須適
度。藉由控制想吃的欲望，自然有助於不時惕厲反省，達到提升道德涵養的
目的。

凡事過與不及都不甚理想，飲食自然也不例外。過飲可能傷身，過食易
導致胃腸疾病或體重超過標準。《尚書・酒誥》：

> 王若曰：「明大命于妹邦。乃穆考文王，肇國在西土；厥誥毖庶邦庶
> 士，越少正、御事，朝夕曰：『祀茲酒。』惟天降命肇我民；『惟元
> 祀。』天降威，我民用大亂喪德，亦罔非酒惟行。越小大邦用喪，
> 亦罔非酒惟辜。文王誥教小子，有正、有事，無彝酒。越庶國飲，
> 惟祀，德將無醉。惟曰我民迪小子，惟土物愛。厥心臧，聰聽祖考
> 之彝訓，越小大德，小子惟一。」〔註75〕

〔註71〕唐・王冰注：《黃帝內經素問》卷七，頁54。
〔註72〕唐・王冰注：《靈樞經》卷八，頁92。
〔註73〕唐・孫思邈著，宋・林億校定：《千金方》卷二十六，頁367。
〔註74〕魏・王弼注：《老子》上篇，頁7。
〔註75〕漢・孔安國傳，唐・孔穎達等正義：《尚書正義》卷十四，頁206～207。

周公以殷俗責成少弟康叔，祭祀才可以用酒，且應適量，不可喝醉，方得以
展現良好的德行。《論語・鄉黨》：

> 割不正，不食。不得其醬，不食。肉雖多，不使勝食氣。惟酒無量，
> 不及亂。〔註76〕

不當的飲食習慣，或因嗜好而暴飲貪食，小則致病傷身，大則誤事害人；展
現了知所節制的精神。《孟子・告子》下則言：

> 故天將降大任於是人也，必先苦其心志，勞其筋骨，餓其體膚，空
> 乏其身，行拂亂其所為，所以動心忍性，曾益其所不能。〔註77〕

心志的困苦、筋骨的勞累、軀體的饑餓、遭遇的困頓，都可幫助激發心志、
培養堅忍的性情、增進一己之能力。至於道家思想，如《莊子・逍遙遊》：

> 藐姑射之山，有神人居焉，肌膚若冰雪，綽約若處子。不食五穀，
> 吸風飲露。乘雲氣，御飛龍，而游乎四海之外。〔註78〕

藐姑射之山上的神人，只吸清風、喝露水，斷食五穀以益氣輕身。此說影響
後世道教少食辟穀，以求長生觀念的形成。都是藉由飲食鍛鍊個人身心的例
證。

三、敦親勵下

　　幾乎任何人都必須飲食，於是共享餐飲，就成為連繫情誼的大好時機。《禮
記・樂記》：

> 酒食者，所以合歡也。〔註79〕

酒食是用來融合感情，添加歡樂氣氛的物品。《周禮・春官・大宗伯》：

> 以嘉禮親萬民：以飲食之禮親宗族兄弟，以昏冠之禮親成男女，以
> 賓射之禮親故舊朋友，以饗燕之禮親四方之賓客，以脤膰之禮親兄
> 弟之國，以賀慶之禮親異姓之國。〔註80〕

周天子與各宗族兄弟、故舊朋友、同姓親族及異姓諸侯間，也常藉著宴飲、
冠婚之禮，或較射、分享祭品、致贈禮物的機會，增進彼此情感。《禮記・仲
尼燕居》：

〔註76〕魏・何晏等注，宋・邢昺疏：《論語注疏》卷十，頁89。
〔註77〕漢・趙岐注，宋・孫奭疏：《孟子注疏》卷十二下，頁223。
〔註78〕晉・郭象注，宋・林希逸口義：《南華經》卷一，頁34。
〔註79〕漢・鄭玄注，唐・孔穎達等正義：《禮記正義》卷三十八，頁678。
〔註80〕漢・鄭玄注，唐・賈公彥疏：《周禮注疏》卷十八，頁277～278。

> 鄉射之禮，所以仁鄉黨也；食饗之禮，所以仁賓客也。〔註81〕

舉行鄉飲酒禮、鄉射禮是為向民眾表示仁愛，行食禮、饗禮，也是欲對賓客展現仁愛之心。《禮記‧祭義》：

> 食三老、五更於大學，天子袒而割牲，執醬而饋，執爵而酳，冕而
> 揔干，所以教諸侯之弟也。是故鄉里有齒，而老窮不遺，強不犯弱，
> 眾不暴寡，此由大學來者也。〔註82〕

天子在大學用食禮款待三老、五更，親自袒衣切割牲肉、奉醬、進酒，是要教導諸侯如何尊敬長上，進一步達到端正社會風氣的目的。

四、區別人我

　　飲食可用來區隔人與動物，辨別是同一民族還是異民族，甚至在同一民族中突顯性別、年齡、階級（身分）、經濟狀況等方面的差異。〔註83〕

　　人是由動物演化而成，然而一切生物之中，唯獨人類社會的文化最為豐富。根據科學研究，許多動物的基因序列，與人類有極大的比例相同。《孟子‧離婁》下：

> 人之所以異於禽獸者幾希，庶民去之，君子存之。〔註84〕

主張人禽之辨在於心存仁義與否。《禮記‧曲禮》上：

> 鸚鵡能言，不離飛鳥；猩猩能言，不離禽獸。今人而無禮，雖能言
> 不亦禽獸之心乎。夫唯禽獸無禮，故父子聚麀。是故聖人作為禮以
> 教人，使人以有禮知自別於禽獸。〔註85〕

則認為人與禽獸之別在於能否踐履實行禮。此外，對於食物的處理，也是區別的方式之一，例如沒有一隻黑猩猩懂得如何用火，但似乎任何人都知道。《韓非子‧五蠹》：

> 上古之世，人民少而禽獸眾，人民不勝禽獸蟲蛇，有聖人作，構木
> 為巢，以避群害，而民悅之，使王天下，號之曰有巢氏。民食果蓏
> 蚌蛤，腥臊惡臭，而傷害腹胃，民多疾病，有聖人作，鑽燧取火，

〔註81〕漢‧鄭玄注，唐‧孔穎達等正義：《禮記正義》卷五十，頁853。
〔註82〕同上註，卷四十八，頁824。
〔註83〕〔日〕山內昶：《筷子、刀叉、匙——東西方的文化記號與飲食風景》，頁99。
〔註84〕漢‧趙岐注，宋‧孫奭疏：《孟子注疏》卷八上，頁145。
〔註85〕漢‧鄭玄注，唐‧孔穎達等正義：《禮記正義》卷一，頁15。

以化腥臊，而民說之，使王天下，號之曰「燧人氏」。〔註86〕

傳說中的聖王燧人氏鑽木或敲擊燧石取火，帶領人民脫離生食階段，不但減少疾病的發生率，也提高了烹飪技術，象徵文明的一大進步。在初民還不知道火究竟是什麼的時候，當然不會刻意去取火。第一回取的火必定是得之於偶然的幸運，也許是天火。人類懂得運用火的年代甚古，據考古發現，肯亞和南非曾出現距今一百六十萬年前，人類用火的最早證據；〔註87〕大約四十六萬年前，北京周口店舊石器時代早期的北京人遺址有用火的痕跡，可見當時應已熟食，有別於動物的全然生食。甚至後來發展出切割、調味等烹飪技術，更是於動物所未見。

氣候和地理環境，可能造就相異的風俗習慣，進而展現在生活當中，於食、衣、住、行等各個層面互顯差異，如「南稻北麥」、「南船北馬」等等。《禮記‧王制》：

凡居民材，必因天地寒煖燥濕，廣谷大川異制，民生其間者異俗，

剛柔輕重遲速異齊，五味異和，器械異制，衣服異宜。〔註88〕

物候有別，各地飲食亦見分野，不同的民族在菜餚的類別、口味等方面，皆可能有所區別。《左氏‧襄公十四年‧傳》：

春，吳告敗于晉，會于向，為吳謀楚故也。范宣子數吳之不德也，以退吳人。執莒公子務婁，以其通楚使也。將執戎子駒支，范宣子親數諸朝，曰：「來！姜戎氏！昔秦人迫逐乃祖吾離于瓜州，乃祖吾離被苫蓋、蒙荊棘以來歸我先君，我先君惠公有不腆之田，與女剖分而食之。今諸侯之事我寡君不如昔者，蓋言語漏洩，則職女之由。詰朝之事，爾無與焉。與，將執女。」對曰：「昔秦人負恃其眾，貪于土地，逐我諸戎。惠公蠲其大德，謂我諸戎，是四嶽之裔冑也，毋是翦棄。賜我南鄙之田，狐狸所居，豺狼所嗥。我諸戎除翦其荊棘，驅其狐狸、豺狼，以為先君不侵不叛之臣，至于今不貳。昔文公與秦伐鄭，秦人竊與鄭盟而舍戎焉，於是乎有殽之師。晉禦其上，戎亢其下，秦師不復，我諸戎實然。譬如捕鹿，晉人角之，諸戎掎之，與晉踣之。戎何以不免？自是以來，晉之百役，與我諸戎相繼

〔註86〕清‧王先慎：《韓非子集解》卷十九，頁52。

〔註87〕〔英〕彼得‧傑伊著；羅耀宗譯：《富裕之路》，頁38。

〔註88〕漢‧鄭玄注，唐‧孔穎達等正義：《禮記正義》卷十二，頁247。

> 于時。以從執政，猶殽志也，豈敢離遏？今官之師旅，無乃實有所
> 闕，以攜諸侯而罪我諸戎！我諸戎飲食衣服不與華同，贄幣不通，
> 言語不達，何惡之能爲？不與於會，亦無瞢焉。」賦〈青蠅〉而退。
> 宣子辭焉，使即事於會，成愷悌也。〔註89〕

姜戎首領駒支向范宣子表明對晉國從無貳心的立場，話語中標舉出戎人飲食、衣服、言語均與中原各國迥異的現象。《禮記·王制》則言：

> 東方曰夷，被髮文身，有不火食者矣；南方曰蠻，雕題交趾，有不
> 火食者矣；西方曰戎，被髮衣皮，有不粒食者矣；北方曰狄，衣羽
> 毛穴居，有不粒食者矣。〔註90〕

居住在中原東方及南方的外族習於生食，西方及北方的外族則不慣於食米。炎熱地區者披髮紋身，寒冷的地區需要著皮衣禦寒，其間的差異率皆肇因於季候。中原以穀物爲主、肉類爲輔的飲食結構，與游牧民族以乳酪和肉類爲主食的文化圈明顯不同。

　　風味是辨識種族的最重要條件。〔註91〕在地理位置接近時，傾向於擁有相近的文化，風味原則也趨於類似。譬如在東亞的中、日、韓，普遍使用醬油；南歐地中海沿岸的義、葡、西等國，則常見使用橄欖油。

五、報本返始

　　自然界是活的食品貯藏室，食物是人和神之間的主要連環。需要並期望食物的豐足，使得人類致力於採集、漁獵、農耕等各式經濟活動。送禮物既是人們的社交活動中，常有的附帶行爲，那麼對於神祇、靈魂、魔鬼，自然理應有所表示。在獲得食物的同時，感受到命運和神明眷顧的力量。〔註92〕《詩經·小雅·楚茨》：

> 苾芬孝祀，神嗜飲食。卜爾百福，如幾如式。……既醉既飽，小大
> 稽首。神嗜飲食，使君壽考。孔惠孔時，維其盡之。子子孫孫，勿
> 替引之。〔註93〕

〔註89〕晉·杜預注，唐·孔穎達等正義：《春秋左傳正義》卷三十二，頁557～558。
〔註90〕漢·鄭玄注，唐·孔穎達等正義：《禮記正義》卷十二，頁247～248。
〔註91〕〔美〕A.W.Logue著；游恆山譯：《飲食心理學》，頁322。
〔註92〕〔英〕馬凌諾斯基著；朱岑樓譯：《巫術、科學與宗教》，頁24～26。
〔註93〕漢·毛公傳、鄭玄箋，唐·孔穎達正義：《毛詩正義》卷十三之二，頁457～459。

祭祀的活動中，經常準備豐盛的祭品，因為人們認為如果鬼神喜歡奉獻的食物，就會予以賜福。

祭祀的目的，是為傳達誠敬的心意，《禮記‧仲尼燕居》：

> 郊社之義，所以仁鬼神也；嘗禘之禮，所以仁昭穆也；饋奠之禮，所以仁死喪也。〔註94〕

祭天和社神的意義，在於對鬼神表示愛敬；嘗祭和禘祭，在於對祖先表示愛敬；饋奠之禮，在於對死喪者表示仁愛。《論語‧堯曰》：

> 曰：「予小子履，敢用玄牡，敢昭告于皇皇后帝：有罪不敢赦。帝臣不蔽，簡在帝心。朕躬有罪，無以萬方；萬方有罪，罪在朕躬。」〔註95〕

商湯將要出征討伐夏桀，對天祝禱時，用黑色的公牛為祭品。《禮記‧郊特牲》：

> 郊之祭也，迎長日之至也，大報天而主日也。兆於南郊，就陽位也。掃地而祭，於其質也。器用陶匏，以象天地之性也。於郊，故謂之郊。牲用騂，尚赤也。用犢，貴誠也。郊之用辛也。周之始郊，日以至。〔註96〕

周人於冬至時，在國都的南郊舉行郊祭，用陶器裝盛祭物，以毛皮是紅色的牛為祭牲。而《楚辭‧九歌‧東皇太一》：

> 吉日兮辰良，穆將愉兮上皇。撫長劍兮玉珥，璆鏘鳴兮琳琅。瑤席兮玉瑱，盍將把兮瓊芳。蕙肴蒸兮蘭藉，奠桂酒兮椒漿。揚枹兮拊鼓，疏緩節兮安歌。陳竽瑟兮浩倡，靈偃蹇兮姣服。芳菲菲兮滿堂，五音紛兮繁會，君欣欣兮樂康。〔註97〕

東皇太一相當於楚人的上帝。祭祀時陳設的食物為：放在蘭草上用蕙草裹著的肉，以及用桂及椒泡漬的酒。據地下出土文物為證，祭祀坑或墓葬中，經常伴隨著飲器、食器與食物，譬如四川廣漢三星堆一號祭祀坑內，有酒器、大型動物的骨渣，是當時蜀人祭祀神祇的遺跡。〔註98〕

〔註94〕漢‧鄭玄注，唐‧孔穎達等正義：《禮記正義》卷五十，頁853。

〔註95〕魏‧何晏等注，宋‧邢昺疏：《論語注疏》卷二十，頁178。

〔註96〕漢‧鄭玄注，唐‧孔穎達等正義：《禮記正義》卷二十六，頁497。

〔註97〕宋‧洪興祖：《楚辭補註》卷二，頁99～101。

〔註98〕四川省文物考古研究所：《商代蜀人秘寶——四川廣漢三星堆遺蹟》，頁110。

六、治國安民

　　腸胃的消化吸收，是人類維持生命的基本方式；飲食乃民生大事，向來是為政的要項之一。

　　重民食之說，見諸各家學派。《論語・堯曰》：

　　　　所重：民、食、喪、祭。寬則得眾，信則民任焉，敏則有功，公則說。〔註99〕

古代帝王所重視的四件事是：民眾、糧食、喪禮、祭祀。《韓非子・解老》：

　　　　人無毛羽，不衣則不犯寒。上不屬天而下不著地，以腸胃為根本，不食則不能活。是以不免於欲利之心。欲利之心不除，其身之憂也。

　　　　故聖人衣足以犯寒，食足以充虛，則不憂矣。〔註100〕

人無衣則無法克服寒冷，無食就不能存活，聖人令百姓豐衣足食，禍患就不會發生。《管子・牧民》：

　　　　倉廩實則知禮節，衣食足則知榮辱。〔註101〕

國家富裕，人們就知道遵行禮節，衣食豐足，人們才懂得光榮與恥辱。物質條件決定精神生活，若要維持國家秩序，依靠嚴刑峻法是不可能的，必須解決衣食問題，才有進行教化的可能。〔註102〕《管子・禁藏》：

　　　　衣食足，則侵爭不生，怨怒無有，上下相親，兵刃不用矣。〔註103〕

唯有在物質方面有所保障後，才有餘力追求精神境界。《管子・版法解》：

　　　　凡眾者，愛之則親，利之則至。是故明君設利以致之，明愛以親之。

　　　　徒利而不愛，則眾至而不親：徒愛而不利，則眾親而不至。愛施俱行，則說君臣，說朋友，說兄弟，說父子。〔註104〕

執政者應順應民欲，以物質為誘引，使人民心悅臣服，自然能夠有效的發揮領導的作用。〔註105〕物質條件對倫理道德的形成，具有決定性的效用。《史記・貨殖列傳》：

　　　　太史公曰：夫神農以前，吾不知已，至若《詩》、《書》所述虞、夏以

〔註99〕魏・何晏等注，宋・邢昺疏：《論語注疏》卷二十，頁178。
〔註100〕清・王先慎：《韓非子集解》卷六，頁27。
〔註101〕明・凌汝亨輯評：《管子輯評》卷一，頁47。
〔註102〕劉興富：《賢臣名相──管子》，頁39。
〔註103〕明・凌汝亨輯評：《管子輯評》卷十七，頁583。
〔註104〕同上註，卷二十一，頁691。
〔註105〕湯孝純：《管子述評》，頁51。

來，耳目欲極聲色之好，口欲窮芻豢之味，身安逸樂，而心誇矜勢能
之榮，使俗之漸民久矣。雖戶說以眇論，終不能化。故善者因之，其
次利道之，其次教誨之，其次整齊之，其最下者與之爭。〔註106〕

好善惡惡乃是人類的天性，追求聲色、美食的觀念浸透民心，光是採用勸導
的方式，不能使之感化。爲政者治理人民最上乘者，是能應時勢，順其自然，
其次因勢利導，再次實施教誨，其後法令強制約束，最差者才用武力制裁。《漢
書・食貨志》言：

夫腹飢不得食，膚寒不得衣，雖慈母不能保其子，君安能以有其民
哉？〔註107〕

失去了民眾的支持，也將失去國家，因此在施行禮義之前，必須不忘民生。

治民「八政」，仍是以食爲首要。《尚書・洪範》：

一曰食，二曰貨，三曰祀，四曰司空，五曰司徒，六曰司寇，七曰
賓，八曰師。〔註108〕

箕子向武王提供當初禹蒙上天恩賜的九種治國安民大法，其中第三種即爲「八
政」；八樣政事包括：糧食、財貨、祭祀、居住、教育、刑罰、朝覲、軍事，
當中又以糧食的管理爲先。《禮記・王制》：

八政：飲食、衣服、事爲、異別、度、量、數、制。〔註109〕

與〈洪範〉的內容略異，但都將飲食列爲首要。《尚書大傳》解釋以食爲第一
優先的緣由：

八政何以先食？《傳》曰：食者萬物之始，人事之本也，故八政先
食。〔註110〕

乃是基於飲食爲人們的基本需求。《漢書・王莽傳》載王莽下詔曰：

民以食爲命，以貨爲資，是以八政以食爲首。〔註111〕

可見此一概念影響之深廣。《詩經・大雅・召旻》：

〔註106〕漢・司馬遷撰，〔日〕瀧川資言考證：《史記會注考證》卷一百二十九，頁5535
　　　～5536。

〔註107〕漢・班固撰，唐・顏師古注，清・王先謙補註：《漢書補註》卷二十四上，頁
　　　510。

〔註108〕漢・孔安國傳，唐・孔穎達等正義：《尚書正義》卷十二，頁171。

〔註109〕漢・鄭玄注，唐・孔穎達等正義：《禮記正義》卷十三，頁269。

〔註110〕漢・伏勝撰、鄭康成注，陳壽祺輯校：《尚書大傳》卷二，頁4。

〔註111〕漢・班固撰，唐・顏師古注，清・王先謙補註：《漢書補註》卷九十九上，頁
　　　1735。

旻天疾威，天篤降喪，瘨我饑饉，民卒流亡，我居圉卒荒。天降罪罟，蟊賊內訌，昏椓靡共，潰潰回遹，實靖夷我邦。〔註112〕

詩人眼見天災造成饑荒，田野荒蕪，人民顛沛流離，或被迫淪爲盜賊，導致社會秩序紊亂，證明飲食確應列爲民生之首。

七、小　結

飲食的基本目的，在滿足生理需求，但人非動物，在欲望完滿之餘，輒藉由日常的機會，發展出更進一步的意涵。因應季節變化，搭配食材，可達到強身健體的功能。節制貪食或過度追求美味的想望，以提升心性修養。在宴飲的場合，賓主盡歡，增進情感交流。奉獻豐盛的酒食，對鬼神、先祖表現虔敬的心意。在不同的飲食型態中，發現文化差異。至於執政者若能爲人民解決民生問題，即可獲得民意的穩定支持。

第三節　結　語

飲與食是生活中必然進行的活動，幾乎無人能夠置身其外。「飲」與飲食相關的字義，包括：低頭就飲的動作、供人或動物飲用、飲料的通稱。「食」則有吃、提供人或動物食用、飯、食物等義。無論在文意使用、餐食結構中，在在顯現其間相關卻又不同的特色。

飲食雖說爲極尋常的例行事務，但其影響所及，可小自個人身體健康，大至國家存亡。人類需要蛋白質、脂質、維生素、礦物質、碳水化合物、膳食纖維、水等營養物來提供能量、建造組織、進行代謝作用。由於各種食物所含成分不盡相同，故應普遍攝取，以維持衡定；循此概念，我國發展出食療養生的理論。此外，透過飲食的時機，亦可培養德性，表現敬天愛人的精神，區別民族文化。倘若民生問題無法獲得解決，人民不得溫飽，則可能顛沛流離、產生民亂，甚且動搖國本。由此可見飲食之於人類的重要性，不可不謂之大矣。

〔註112〕漢・毛公傳、鄭玄箋，唐・孔穎達正義：《毛詩正義》卷十八之五，頁697～698。

第三章　冠昏之禮的飲食品物

　　冠禮表示成年，婚禮表示成家，皆屬人倫大禮，因此二禮常被歸爲一類。《儀禮》所載，是士的冠禮與婚禮，就飲食的部分而論，婚禮顯然較爲隆重。

第一節　〈士冠禮〉的飲食陳設

　　冠禮爲成人之始，重視其中所蘊含的教育意義，如《禮記·冠義》所言：

> 禮義之始，在於正容體，齊顏色，順辭令。容體正，顏色齊，辭令順，而后禮義備，以正君臣，親父子，和長幼。君臣正，父子親，長幼和，而后禮義立。故冠而后服備，服備而后容體正，顏色齊，辭令順故曰冠者禮之始也。〔註1〕

容貌體態端正、神情恭敬、言辭恭順是禮儀的基礎。禮儀齊備後，社會秩序也於焉建立。冠禮的特點表現在服裝的置備，以及加冠的程序，期望藉此提醒冠者於家庭中及社會上，應具備的責任與義務。儀節程序中飲食的部分較爲精簡，主要見於「冠日陳設」、「夏殷冠子之法」等章。

一、醴　禮

　　「冠日」，即經由占筮而選定舉辦冠禮的日期，於當天天亮在廟開始進行，「冠日陳設」章：

> 夙興，設洗，直于東榮。南北以堂深。水在洗東。陳服于房中西墉

〔註1〕　漢·鄭玄注，唐·孔穎達等正義：《禮記正義》卷六十一，頁 998。

> 下，東領北上。……蒲筵二，在南。側尊一甒醴，在服北；有籩實
> 勺、觶、角柶；脯、醢，南上。〔註2〕

先在東榮設洗，後於房中西牆下陳服，依序放置緇布冠、皮弁服，以及爵弁服三套服裝，再在服裝的南面設兩張蒲席，最後在服的北邊設食。首先設置一只甒，其中盛醴；強調「側」非指旁側，而是指單獨，乃因典禮中大多設有玄酒，此處沒有，故特別說明。將取醴用的勺、飲酒器觶、角柶，放於籩中；最後則是置於籩內的脯及豆中的醢。以南為上，表示靠近服裝者為上位，則由南向北，依序為：甒、籩、籩、豆。胡培翬《儀禮正義》：

> 堂下之籩，常設洗西；堂上之籩，設於尊南；房中之籩，則在尊北。
> 籩近洗者，便於取爵以洗；近爵者，便於取爵以酌。凡皆盛酒器之籩也。〔註3〕

〈士冠禮〉服與器都在房中，故籩在甒北。器具設置的位置，乃基於便利性，皆是為求方便取用而做的安排。

（一）禮　食

這裡所準備的飲料是醴，食物有脯、醢，頗為精簡，符合餐飲之禮最基本的一飲一食結構。

1. 醴

醴為未去糟的酒，用麴或糵釀成，類似今日的酒釀或小米酒。於各式典禮中，醴為最常使用的飲料之一。

醴即甜酒，《說文解字·酉部》：

> 醴，酒一宿孰也。〔註4〕

是一種只要經過一個晚上發酵，即可完成的飲品。其製作方式，據《尚書·說命》：

> 若作酒醴，爾維曲糵。〔註5〕

作醴酒需麴與糵促進發酵。而《呂氏春秋·孟春紀·重己》：

> 其為飲食酏醴也，足以適味充虛而已矣。〔註6〕

〔註2〕 漢·鄭玄注，唐·賈公彥疏：《儀禮注疏》卷二，頁8、17。
〔註3〕 清·胡培翬：《儀禮正義》卷一，頁50。
〔註4〕 漢·許慎撰，清·段玉裁注：《說文解字注》十四篇下，頁747。
〔註5〕 漢·孔安國傳，唐·孔穎達等正義：《尚書正義》卷十，頁142。
〔註6〕 秦·呂不韋著，漢·高誘注：《呂氏春秋》卷一，頁33。

高誘《注》：

> 醴者，以糵與黍相醴，不以麴也，濁而甜耳。〔註7〕

卻說用糵不用麴，可能是時代上的差異。曲，亦作「麯」或「麴」，是將穀物蒸過，使之發酵後再曬乾，以培養出含有豐富菌種的載體，用來釀酒可同時發生糖化和酒化的作用；又稱「酒母」或「酒麴」，《玉篇·米部》：

> 梅，酒母也。〔註8〕

同樣說明是取穀類為原料。糵，《說文解字·米部》：

> 牙米也。〔註9〕

即已發芽的穀物，可做為糖化劑，與曲的功能相同。據《禮記·月令》所載製酒「六法」：

> （仲冬之月）乃命大酋，秫稻必齊，曲糵必時，湛熾必潔，水泉必
>
> 香，陶器必良，火齊必得。兼用六物，大酋監之，毋有差貸。〔註10〕

十一月在酒官之長的監督下，首先，準備好品質優良的高粱或稻米為原料；其次，選定製造曲、糵的日子；其三，浸泡和蒸煮穀物的過程必須保持清潔；其四，使用質地純淨的水；其五，必須挑良好、不易滲漏的陶器，用來盛酒；其六，掌握好火候，使酒能夠在適宜的溫度下發酵。具備這六項條件，才有可能製出良好的成品。《漢書·食貨志》：

> 一釀用麤米二斛，麴一斛，得成酒六斛六斗。〔註11〕

說明當時釀酒之米和麴的比率。《齊民要術》則記載「造神麴并酒」、「白醪麴」、「笨麴餅酒」、「法酒」等各種釀製方法。〔註12〕製作和運用曲、糵的過程，其實是對微生物菌類接種、選擇、培養和應用的過程，能夠掌握黴菌和酵母菌的生長繁殖規律，且有效應用於生產過程以及生活當中。〔註13〕根據考古發現，距今五千年前新石器時代的龍山文化，已然使用穀物釀酒。一九五七年河南鄭州二里岡商代前期遺址發掘的深溝五、十二，及灰坑九、十，其中發現大量粗砂陶缸，缸內多數黏附有白色水鏽狀沉澱物，應為所盛液體物質

〔註7〕　同上註。

〔註8〕　梁·顧野王：《玉篇》卷中，頁37。

〔註9〕　漢·許慎撰，清·段玉裁注：《說文解字注》七篇上，頁331。

〔註10〕　漢·鄭玄注，唐·孔穎達等正義：《禮記正義》卷十七，頁345。

〔註11〕　漢·班固撰，唐·顏師古注，清·王先謙補註：《漢書補註》卷二十四下，頁528。

〔註12〕　後魏·賈思勰：《齊民要術》卷七，頁329～386。

〔註13〕　禾木：《酒醴風華》，頁15。

的殘留；雖未經化驗，不敢確定爲何物，但就器形之大、數量之多和經火燒
的情況來看，似與當時的釀造有關。〔註 14〕一九七四年河北藁城臺西商代遺
址的第十四號房子中，發現一整套釀酒用的器具，並有五種植物種仁，大部
分是可供釀酒的原料。其中第四十八號殘甕內含重八點五公斤的灰白色水鏽
狀沉澱物，經分析是人工培植的釀酒用酵母，推測此處應是一座專門釀酒的
作坊；反映至遲在商代中期，已能使用人工培植的曲、蘖釀酒；同出四件大
口罐中還分別裝有桃、李、棗等，顯示可能也釀果酒。〔註 15〕由此可見我國
釀酒技術早在上古已達相當高的水準。而江陵九店五十六號楚墓第一組一至
十二殘簡，所記與農作物有關，以第七簡與第八簡爲例：

> 舊罕櫓六櫓，梅三韌一篇（七）
>
> 梅三韌一篇，方一（八）〔註 16〕

似乎是釀酒方式的紀錄。

　　醴的施用範圍很廣，在許多場合中都可發現它的蹤跡。天子祭祀用醴，《周
禮·天官冢宰·酒正》：

> 辨五齊之名：一曰泛齊，二曰醴齊，三曰盎齊，四曰緹齊，五曰沈
> 齊。〔註 17〕

「五齊」指五種有滓未過濾的酒，是供祭祀用的飲料。鄭玄《注》：

> 泛者，成而滓浮，泛泛然如今宜成醪矣。醴，猶體也，成而汁滓相
> 將，如今恬酒矣。盎猶翁也，成而翁翁然，葱白色，如今酇白矣。
> 緹者，成而紅赤，如今下酒矣。沈者，成而滓成，如今造清矣。自
> 醴以上尤濁，縮酌者；盎以下差清，其象類則然。〔註 18〕

分別代表五段發酵進程，濁度各不相同：「泛」，發酵過程開始，產生大量的
二氧化碳，穀物膨脹，一部分浮到液面上；「醴」，糖化作用旺盛，醪味發甜，
略有酒味；「盎」，發酵旺盛，氣泡多，且有嗡嗡的聲響，呈葱白色；「緹」，
酒精成分漸多，浸出了原料中的色素，遂呈紅色的階段；「沈」，發酵完成，
酒醩下沉。而醴就是帶渣滓的濁酒。王國維《觀堂集林·釋醴》：

〔註 14〕河南省文化局文物工作隊編著、中國科學院考古研究所編輯：《鄭州二里岡》，
頁 29。
〔註 15〕河北省文物研究所編：《藁城臺西商代遺址》，頁 30、175～176。
〔註 16〕湖北省文物考古研究所、北京大學中文系編：《九店楚簡》，頁 45。
〔註 17〕漢·鄭玄注，唐·賈公彥疏：《周禮注疏》卷五，頁 76。
〔註 18〕同上註。

盛玉以奉神人之器謂之豐、若豐。推之而奉神人之酒醴亦謂之醴，

又推之而奉神人之事通謂之禮。〔註19〕

從字源的角度，說明祭祀以醴事神之現象。此外，醴也可供日常飲用，《周禮‧
天官冢宰‧膳夫》：

凡王之饋，……飲用六清。〔註20〕

鄭《注》引鄭司農云：

六清，水、漿、醴、涼、醫、酏。〔註21〕

天子所用的六種飲料，包含水、帶酸味的酒、一宿熟的甜酒，以及其他三種
濃淡不同的粥。《禮記‧內則》則記載：

飲：重醴，稻醴清糟，黍醴清糟，粱醴清糟，或以酏爲醴，黍酏，

漿，水，醷，濫。酒：清、白。〔註22〕

飲料的種類眾多，其中就醴而言，有用稻、黍、粱釀製者，且各有清洌及濁
糟之分，至於酏雖屬粥品，亦可充作醴來飲用。《左氏‧哀公十一年‧傳》：

夏，陳轅頗出奔鄭。初，轅頗爲司徒，賦封田以嫁公女；有餘，以

爲己大器。國人逐之，故出。道渴，其族轅咺進稻醴、粱糗、腶脯

焉。喜曰：「何其給也？」對曰：「器成而具。」曰：「何不吾諫？」

對曰：「懼先行。」〔註23〕

也是取醴供日用之例。

於典禮中設醴的意義，《左氏‧桓公六年‧傳》：

奉酒醴以告曰：「嘉栗旨酒。」謂其上下皆有嘉德而無違心也。〔註24〕

祭祀時奉獻美酒並祝告神明，是要表現君臣百姓都具有美德，且無違逆之心。

冠禮用醴，姚際恒《儀禮通論》言：

貴初質也。〔註25〕

是爲追懷祖先蓽路藍縷、胼手胝足的精神，故以質樸之物紀念。就人類學的
角度觀察，張光直〈商代的巫與巫術〉：

〔註19〕王國維：《觀堂集林》，頁144。

〔註20〕漢‧鄭玄注，唐‧賈公彥疏：《周禮注疏》卷四，頁57。

〔註21〕同上註。

〔註22〕漢‧鄭玄注，唐‧孔穎達等正義：《禮記正義》卷二十七，頁523。

〔註23〕晉‧杜預注，唐‧孔穎達等正義：《春秋左傳正義》卷五十八，頁1017。

〔註24〕晉‧杜預注，唐‧孔穎達等正義：《春秋左傳正義》卷六，頁110。

〔註25〕清‧姚際恒：《儀禮通論》卷一，頁24。

> 酒的作用是什麼呢？大致看來有兩種，與肉的情況相似。肉一方面
> 似乎是供祖先享用的，一方面是通過獸血作爲通神的工具或媒介
> 的。酒也是一方面供祖先神祇享用，一方面也可能是供巫師飲用，
> 以幫助巫師達到通神的精神狀態的。〔註26〕

既可供神明享用，同時也是輔助通神的主要媒介。

2. 脯

脯，乾肉。《周禮・天官冢宰・腊人》：

> 掌乾肉，凡田獸之脯、腊、膴、胖之事。〔註27〕

鄭《注》：

> 大物解肆乾之，謂之乾肉，若今涼州烏翅矣。薄析曰脯；捶之而施
> 薑、桂曰鍛脩；腊，小物全乾。〔註28〕

曬乾或風乾，是古代常見的食物保存方式。牲畜體積大的，並經薄切處理者爲
「脯」；切片後搥打，以薑、桂調味者爲「腶脩」；〔註29〕體積小，整隻風乾者
爲「腊」，區分相當仔細。官職名爲「腊人」，遂知脯、腊、膴、胖，可統稱作
「腊」。《周禮・天官冢宰・膳夫》：「凡肉脩之頒賜，皆掌之。」〔註30〕賈《疏》：

> 加薑桂鍛治者，謂之脩；不加薑桂以鹽乾之者，謂之脯。〔註31〕

脩與脯之別，在調味方式，脩以薑、桂，脯則用鹽。過去，動物在烹煮前，
通常需要吊掛起來三天到三週不等，這樣肉中的細菌將會變少。〔註32〕《齊
民要術・脯腊》記錄許多製脯的方法，包括：「作五味脯法」、「作度夏白脯法」、
「作甜肥脯法」、「作脄脯法」、「作浥魚法」，〔註33〕其佐料、工續等等，都較
先秦來得繁複。

脯由於質地乾燥，多盛於籩，《周禮・天官・籩人》：

> 加籩之實：菱、芡、栗、脯。〔註34〕

〔註26〕張光直：《中國青銅器時代》第二集，頁61。
〔註27〕漢・鄭玄注，唐・賈公彥疏：《周禮注疏》卷四，頁66。
〔註28〕同上註。
〔註29〕一期甲骨殘片載「令多尹腶」（《合集》5613），「腶」字象一手持棒槌肉塊形。
　　　郭沫若主編、胡厚宣總編輯：《甲骨文合集》（三），頁812。
〔註30〕漢・鄭玄注，唐・賈公彥疏：《周禮注疏》卷四，頁59。
〔註31〕同上註。
〔註32〕〔美〕菲利普・費爾南德斯・阿莫斯圖著；何舒平譯：《食物的歷史》，頁81。
〔註33〕後魏・賈思勰：《齊民要術》卷八，頁424～428。
〔註34〕漢・鄭玄注，唐・賈公彥疏：《周禮注疏》卷五，頁83。

籩有孔，故乾肉、乾果等不帶醬汁的食品，可裝盛其中。脯在籩內的擺放方式，可參照《儀禮・鄉飲酒禮・記》：

> 薦脯五挺，橫祭于其上；出自左房。〔註35〕

薦進的脯盛於籩，由東房取出。五條乾肉在下，另有行祭禮用的半條橫放其上，張爾岐《儀禮鄭注句讀》：

> 脯本橫設人前，橫祭者，於脯爲橫，於人爲縮。〔註36〕

脯是橫放在進食者的面前，至於祭用的半挺再橫置五挺上，於人則呈縱放，這樣在行食祭時會比較好拿起。《儀禮・鄉射禮・記》：

> 薦脯用籩，五臟。祭半臟橫于上。……臟長尺二寸。〔註37〕

鄭《注》：

> 臟猶脡也。〔註38〕

所用和〈鄉飲酒禮〉一致，並補充說明脯的長度是一尺二寸，如此半臟即長六寸。《禮記・曲禮》上：

> 以脯、脩置者，左胊右末。〔註39〕

鄭《注》：

> 亦便食也。屈中曰胊。〔註40〕

肉脯對折，彎曲處稱「胊」，兩尾端稱「末」。胊置於左，末在右。《儀禮》所提及的脯是用何種動物製成，《經》、《注》等皆未說明。《禮記・內則》載有：

> 牛脩，鹿脯，田豕脯，麋脯，麕脯。〔註41〕

可供製脯的獸類有牛、鹿、野豬、鹿、麕等等。湖南長沙楚墓曾發現肉脯的遺跡，共二十六條，黑色，每條長十到二十公分，拉扯時能看到肉質纖維，似屬豬肉一類。〔註42〕或可提供參考。

3. 醢

醢，肉醬。《周禮・天官冢宰・醢人》：

〔註35〕漢・鄭玄注，唐・賈公彥疏：《儀禮注疏》卷十，頁103。
〔註36〕清・張爾岐：《儀禮鄭注句讀》卷四，頁155。
〔註37〕漢・鄭玄注，唐・賈公彥疏：《儀禮注疏》卷十三，頁146。
〔註38〕同上註。
〔註39〕漢・鄭玄注，唐・孔穎達等正義：《禮記正義》卷二，頁39。
〔註40〕同上註。
〔註41〕漢・鄭玄注，唐・孔穎達等正義：《禮記正義》卷二十七，頁523。
〔註42〕高至喜：〈長沙烈士公園三號木槨墓清理簡報〉，《文物》1959年第十期，頁66。

掌四豆之實。朝事之豆，其實：韭菹、醓醢、昌本、麋臡、菁菹、鹿臡、茆菹、麋臡。饋食之豆，其實：葵菹、蠃醢、脾析、蠯醢、蜃蚳醢、豚拍、魚醢。加豆之實：芹菹、兔醢、深蒲、醓醢、箈菹、鴈醢、筍菹、魚醢。羞豆之實：酏食、糝食。〔註43〕

醢的種類甚多，以「醢人」爲官職名，遂知可用作統名，兼指菹、醢、臡等各式醃漬物。

製作醢的方式，《儀禮》「冠日陳設」章鄭《注》云：

作醢及臡者，先膊乾其肉，乃後莝之，雜以粱麴及鹽，漬以美酒，塗置甄中，百日則成矣。〔註44〕

先將肉薄切，拭乾水分，保持乾燥，以防止變質，之後剉碎，放入麴幫助發酵，用鹽加以調味，浸泡於美酒之中，後封存在甄裡，經過一百天，即可完成。醢和臡都是肉醬，《爾雅·釋器》：

肉謂之醢，有骨者謂之臡。〔註45〕

兩者的區別在於：醢中無骨，臡有骨。《齊民要術》亦載有多種製法，以「肉醬法」爲例：

牛、羊、麞、鹿、兔肉，皆得作。取良殺新肉去脂細剉，曬麴令燥，熟擣絹簁。大率肉一斗，麴末五升、白鹽二升半、黃蒸一升。盤上和令均調內甕子中，泥封日曝寒月作之，於黍穰積中二七日，開看醬出無麴氣便熟矣。買新殺雉，煮之令極爛，肉銷盡去骨，取汁待冷解醬。〔註46〕

同樣是以肉、麴、鹽爲主要材料。

醢是常備食物，無論祭祀場合或者日常餐食都經常可見，《詩經·大雅·行葦》：

敦彼行葦，牛羊勿踐履。方苞方體，維葉泥泥。

戚戚兄弟，莫遠具爾。或肆之筵，或授之几。

肆筵設席，授几有緝御。或獻或酢，洗爵奠斝。

醓醢以薦，或燔或炙。嘉殽脾臄，或歌或咢。

〔註43〕 漢·鄭玄注，唐·賈公彥疏：《周禮注疏》卷六，頁89。

〔註44〕 漢·鄭玄注，唐·賈公彥疏：《儀禮注疏》卷三，頁30。

〔註45〕 晉·郭璞注，宋·邢昺疏：《爾雅注疏》卷五，頁78。

〔註46〕 後魏·賈思勰：《齊民要術》卷八，頁394～395。

敦弓既堅，四鍭既鈞；舍矢既均，序賓以賢。

敦弓既句，既挾四鍭；四鍭如樹，序賓以不侮。

曾孫維主，酒醴維醹，酌以大斗，以祈黃耇。

黃耇台背，以引以翼。壽考維祺，以介景福。〔註47〕

祭畢燕父兄耆老時，席間有醢。《禮記・檀弓》上：

孔子哭子路於中庭。有人弔者，而夫子拜之。既哭，進使者而問故。

使者曰：「醢之矣。」遂命覆醢。〔註48〕

子路亡於孔悝之難，孔子經赴告者轉知子路死後身軀遭衛人剉碎，於是要求家人傾倒家醢，〔註49〕以免觸景傷情。根據前文所引〈醢人〉記載，典禮用醢有醓醢、蠃醢、蠯醢、蜃蚳醢、魚醢、兔醢、雁醢數種，然而〈士冠禮〉經文未說明使用之醢屬何種肉類製品。

（二）禮　器

本章所用器物，包括：盛酒器——甒、飲酒器——觶、挹取器——勺、柶；盛物器——篚、籩、豆。經文未載籩與豆，但醢有汁，不可能直接放在篚中，因而在此一併討論。

1.甒

甒，是盛醴或酒之器。爲瓦製，以陶土燒成；易碎保存困難，未見傳世自名器，器型及用途應近似甕。

甒又稱「甒」，「甒」也作「罋」。揚雄《方言》：

瓵、瓶、甒、瓨、甀、㼡、甄、瓮、瓿甊、甖，甖也。靈桂之郊謂之瓵，其小者謂之瓶。周魏之間謂之甒。秦之舊都謂之甄，淮汝之間謂之瓨，江湘之間謂之㼡。自關而西，晉之舊都、河汾之間，其大者謂之甀，其中者謂之瓿甊。自關而東，趙魏之郊謂之瓮，或謂之甖。東齊海岱之間謂之甖。甖，其通語也。〔註50〕

各地名稱有別，實際上是同一種器物；尺寸或許大小略異，但造型、功能應

〔註47〕漢・毛公傳、鄭玄箋，唐・孔穎達等正義：《毛詩正義》卷十七之二，頁600～603。

〔註48〕漢・鄭玄注，唐・孔穎達等正義：《禮記正義》卷三，頁112。

〔註49〕《禮記集說》：「聞使者之言，而覆棄家醢，蓋痛子路之禍，而不忍食其似也。」元・陳澔：《禮記集說》卷二，頁28。

〔註50〕漢・揚雄：《方言》卷五，頁765。見於《增訂漢魏叢書》（一）。

頗爲接近。且材質都屬瓦製，故皆从瓦造字。〈燕禮〉「告誡設具」章：

> 公尊瓦大兩。〔註51〕

鄭《注》：

> 瓦大，有虞氏之尊也。〈禮器〉曰：「君尊瓦甒。」〔註52〕

依《禮記・禮器》之言，推知「瓦大」即爲君所設的尊——「瓦甒」的別名，或因是瓦製且器大，故得名。〈聘禮〉主君酬賓之醴，也是用瓦大裝盛。

器型據聶崇義《新定三禮圖》引舊圖云：

> 醴甒以瓦爲之，受五斗，口徑壹尺，脰高二寸，大中身兌下平底。
> 今依此以桼尺計之，脰中橫徑宜八寸，腹橫徑一尺二寸，底徑六寸，
> 自脰下至腹橫徑四寸，自腹徑至底徑深八寸，乃容五斗之數。與瓦
> 大並有蓋。〔註53〕

可容五斗，口徑一尺，高二寸，最大腹徑一尺二寸，有蓋。然而在《儀禮》經文中，未見提及甒之器蓋。

2. 觶

觶，飲酒器。「冠日陳設」章鄭《注》：

> 爵三升曰觶。〔註54〕

容量爲三升。賈《疏》引《韓詩外傳》云：

> 一升曰爵，二升曰觚，三升曰觶，四升曰角，五升曰散。〔註55〕

相對而言，爵、觶有別，但散言時往往可通。《說文解字・角部》：

> 觶，鄉飲酒觶。从角，單聲。《禮》曰：「一人洗舉觶。」觶受四升。
> 〔註56〕

許愼說明觶可容四升，與《韓詩外傳》及鄭玄的說解不同，可能是所依據的資料來源不同；而與商、西周早期之青銅觶比較，容量均不相合，故所言或非周初之制。〔註57〕

觶的器型，商代者形似水瓶，圓腹、侈口、圈足，多有蓋；西周有方柱形、

〔註51〕漢・鄭玄注，唐・賈公彥疏：《儀禮注疏》卷十四，頁159。
〔註52〕同上註。
〔註53〕宋・聶崇義：《新定三禮圖》卷十二，頁15675。見於《索引本通志堂經解》28。
〔註54〕漢・鄭玄注，唐・賈公彥疏：《儀禮注疏》卷二，頁17。
〔註55〕同上註。
〔註56〕漢・許愼撰，清・段玉裁注：《說文解字注》四篇下，頁187。
〔註57〕馬承源主編：《中國青銅器》，頁186。

四角圓形；春秋演化成長身，形似觚，如西周早期的「父庚觶」。〔註58〕

觶之名乃宋人所定，其銘文甚簡，多不稱器名。與觶相關的器名頗多，《說文解字·卮部》：

> 觶，小卮也。〔註59〕

又〈角部〉：

> 觛，卮也。〔註60〕

段《注》：「各本作『小觶』也。」江西曾出土自名爲「鼎」或「鍴」的器物，如春秋晚期之「郤王鼎」：

> 郤王右止縣作鼎。〔註61〕

「郤王義楚鼎」：

> 郤王義楚擇余吉金，自作祭鍴。〔註62〕

羅振玉《古器物識小錄》據以上郤王彝器銘認爲：

> 觶即小觶，其文一作鼎，一作鍴，知觶爲後起之字，又知古所謂卮
> 者，亦即觶矣。〔註63〕

認同許慎、段玉裁觶是小觶的看法，並指出觶原作「鼎」或「鍴」，而觶也就是卮。王國維〈釋觶觛卮觶〉根據傳世文獻記載及各字彼此的聲韻關係，也主張：

> 此五字同聲，亦當爲同物。許君因其字不同，乃以形之大小與有耳
> 蓋與否別之，其實一而已矣。〔註64〕

觶、觛、卮、鼎、觶，五字字音相近，實指同物。鍴之器型細長，與觶形接近，又有自銘，可證明羅振玉與王國維所說確實。

3. 勺

勺，挹注器。「冠日陳設」章鄭《注》：

> 勺，尊斗，所以斟酒也。〔註65〕

知是挹取酒漿之用。《周禮·冬官考工記·梓人》：

〔註58〕容庚：《商周彝器通考》，頁404、407。
〔註59〕漢·許慎撰，清·段玉裁注：《說文解字注》九篇上，頁430。
〔註60〕漢·許慎撰，清·段玉裁注：《說文解字注》四篇下，頁186。
〔註61〕羅振玉：《三代吉金文存》（三），頁1545。
〔註62〕羅振玉：《三代吉金文存》（三），頁1546。
〔註63〕羅振玉：《羅雪堂先生全集》初編七，頁2840。
〔註64〕王國維：《觀堂集林》，頁145。
〔註65〕漢·鄭玄注，唐·賈公彥疏：《儀禮注疏》卷二，頁17。

梓人爲飲器，勺一升。〔註66〕

鄭《注》：

勺，尊斗也。容量爲一升。〔註67〕

都說明勺的容量爲一升。蓋酒盛於尊，必以勺挹取而後注至飲器中，如「守宮作父辛觥」、「鼎卣」器中藏有勺；「師遽方彝」蓋前有二方孔，可供納勺。〔註68〕

勺流行於商代後期至西周前期，形狀變化不大，《禮記·明堂位》：

其勺，夏后氏以龍勺，殷以疏勺，周以蒲勺。〔註69〕

鄭《注》：

龍，龍頭也。疏，通刻其頭。蒲，合蒲如鳧頭也。〔註70〕

龍勺，刻有龍紋；疏勺，勺柄有鏤刻；蒲勺，勺斗似鳧首。可見只是紋飾上的區別。聶崇義《新定三禮圖》繪有龍勺、疏勺、蒲勺、洗勺，就圖形觀察，取酒與取水之勺形制相去不遠。

勺與斗爲同一類器，材質、功用相近，但器型略異。斗有銅、木等製品，《戰國策·燕策》一：

昔趙王以其姊爲代王妻，欲并代，約與代王遇於句注之塞，乃令工
人作爲金斗，長其尾，令之可以擊人。〔註71〕

用的是長尾銅斗。《說文解字·木部》：

枓，勺也。〔註72〕

「斗」或作「枓」，表示也有木製者，且許慎認爲斗就是勺。斗亦屬挹取器，可以取酒或水，《詩經·小雅·大東》：

維南有箕，不可以簸揚；維北有斗，不可以挹酒漿。

維南有箕，載翕其舌；維北有斗，西柄之揭。〔註73〕

斗可用來取酒漿。《大戴禮記·保傅》：

古者胎教，王后腹之七月，而就宴室。太史持銅而御戶左，大宰持

〔註66〕漢·鄭玄注，唐·賈公彥疏：《周禮注疏》卷四十一，頁638。
〔註67〕同上註。
〔註68〕容庚：《商周彝器通考》，頁456。
〔註69〕漢·鄭玄注，唐·孔穎達等正義：《禮記正義》卷三十一，頁581。
〔註70〕同上註。
〔註71〕漢·劉向纂、高誘注：《戰國策》卷二十九，頁588。
〔註72〕漢·許慎撰，清·段玉裁注：《說文解字注》六篇上，頁261。
〔註73〕漢·毛公傳、鄭玄箋，唐·孔穎達等正義：《毛詩正義》卷十三之一，頁441。

斗而御戶右。〔註74〕

盧辯《注》：

> 樂在陽，故在左；飲食爲陰，故在右。斗，所以斟也。〔註75〕

大宰持斗作取飲之用。〈少牢饋食禮〉「羹定實鼎饌器」章：

> 司宮設罍水于洗東，有枓，設篚于洗西，南肆。〔註76〕

鄭《注》：

> 枓，剩水器也。凡設水用罍，沃盥用枓，禮在此也。〔註77〕

則用來取盥洗用水。另《禮記·喪大記》：

> 小臣四人抗衾，御者二人浴，浴水用盆，沃水用枓，浴用絺巾，挋
>
> 用浴衣，如它日。〔註78〕

爲死者洗澡時，用以舀水淋浴。斗應該可以兼作取酒或取水之用，然而儀制的規範往往求其詳，在《儀禮》、《禮記》中，斗都是舀水的工具，職是之故，鄭玄將勺視爲取酒器，斗則解作取水器。徐鍇《說文解字繫傳》：

> 臣鍇按：字書枓，斗有柄，所以斟水。〔註79〕

也主張枓是取水之用。在器型方面，各家意見分歧。王振鐸〈司南指南針與羅經盤〉：

> 但持斗、勺二字，書法結體觀之，斗之柄出自斗首腰際，勺之柄與
>
> 勺首通連。二字皆口向左，柄下垂，象斗、勺之側面形也。〔註80〕

就握把位置平於杯口邊緣與否加以區分，斗柄設於腰際，勺柄則與勺杯齊平；然而容庚依據與「守宮作父辛觥」、「鼎卣」同出的挹酒器，其柄皆出自腰際，遂持相反看法。〔註81〕馬承源認爲斗、勺應有區別，二器皆有小杯，但斗曲柄而勺直柄。〔註82〕從柄的形狀立說，是基於「斗」之名取自於如北斗星之形，故將曲柄者定名爲「枓」。根據實物觀察，此類挹取器之握柄位置以及形狀，確有高低、直曲之別，但由於未見自名器，故許多出土實物之定名並不

〔註74〕清·王聘珍：《大戴禮記解詁》卷三，頁59～60。

〔註75〕同上註。

〔註76〕漢·鄭玄注，唐·賈公彥疏：《儀禮注疏》卷四十七，頁561。

〔註77〕同上註。

〔註78〕漢·鄭玄注，唐·孔穎達等正義：《禮記正義》卷四十四，頁770。

〔註79〕南唐·徐鍇：《說文解字繫傳》卷十一，頁115。

〔註80〕王振鐸：〈司南指南針與羅經盤〉（上），《中國考古學報》第三冊，頁189。

〔註81〕容庚·張維持：《殷周青銅器通論》，頁64～65。

〔註82〕馬承源：《中國青銅器》，頁262。

一致。如殷墟婦好墓出骨勺二件，出土時置於白色玉簋內。〔註83〕簋屬飯器，或許應爲匕，但發掘報告定名爲勺。包山楚墓二號墓出一銅勺，遣策記爲「二少釣」，勺身橢圓形，直柄，柄截面半圓形，與杯首幾平。〔註84〕曾侯乙墓出勺三件，其中二件置於鑒缶上，一件與罐同出，皆直柄，應是取酒的用具；另中室兩盥缶上，置取水之斗，直柄，前端爲蟠螭狀，螭首又伸出一小螭銜住斗之口沿。〔註85〕總此數件文物，無論勺或斗都是直柄，又柄皆與杯沿齊平，推知此二器在實際運用時，區別並不是那麼的嚴格。

4. 柶

柶，挹取器。「冠日陳設」章鄭《注》：

> 柶，狀如匕，以角爲之者，欲滑也。〔註86〕

形狀類似取食用的匕。《說文解字・木部》：

> 《禮》有柶。柶，匕也。〔註87〕

認爲柶就是匕。段《注》：

> 鄭云如匕，許云匕也，小異。蓋常用器曰匕，禮器曰柶。〔註88〕

說明統名爲匕，析名則匕、柶有別。《廣雅・釋器》：

> 柶，匕也。〔註89〕

與許愼看法相同。容庚也主張柶與匕是同器而異名。〔註90〕就《儀禮》觀察，柶與匕在用途上是有區別的，如〈士冠禮〉「賓醴冠者」章、〈士昏禮〉「使兼行納采、問名二禮及禮使者之儀」章等等，柶用來祭或啐飲醴酒，因醴有酒糟，須藉柶來取用；〈少牢饋食禮〉「尸十一飯」、〈有司徹〉「主婦獻尸從獻亦五」章用柶取鉶涪，可知其功能類似匙。所取之物不同於匕的多用於取肉及黍稷，因此鄭玄才會說柶與匕近似，而非相同，足見其謹愼。

材質有木、角、骨等，其中以用獸角製者，較爲滑順好用。器分「葉」、「枋」（柄）兩部分，葉以取食，柄以握持。殷墟出土之器，均中微曲而兩末

〔註83〕中國社會科學院考古研究所：《殷墟婦好墓》，頁206。
〔註84〕湖北省荊沙鐵路考古隊編：《包山楚墓》，頁110。
〔註85〕湖北省博物館：《曾侯乙墓》，頁235、243。
〔註86〕漢・鄭玄注，唐・賈公彥疏：《儀禮注疏》卷二，頁17。
〔註87〕漢・許愼撰，清・段玉裁注：《說文解字注》六篇上，頁260。
〔註88〕同上註。
〔註89〕魏・張揖：《廣雅》卷七，頁79-600。
〔註90〕容庚：《商周彝器通考》，頁372。

翹，上狹而下博。〔註91〕學者對這類型實物有稱骨柶，也有稱骨匕者，主要是因柶和匕之形狀及取食的用途近似，又無自名所致。河南安陽西北崗 1001 號大墓發掘得到骨柶，都是以動物的肋骨或腿骨為材料。外形長方，上窄下寬、扁薄弧凸；「葉」部皆無裝飾，雕劃集中在柄部。骨柶上的雕刻紋飾題材豐富，有各式複雜多變的花形紋、獸面紋、蟬、鳥、鳳紋及幾何圖形；對研究商代雕刻工藝具極高的價值。〔註92〕

5. 篚

篚，竹製盛物器。「冠日陳設」章鄭《注》云：

> 篚，竹器如笭者。〔註93〕

《說文解字·竹部》：

> 笭，車笭也。从竹，匪聲。〔註94〕

段《注》：

> 竹前竹後，許所謂車笭也。……笭之言櫺也，言其昤曨也。〔註95〕

鄭玄認為篚是如竹編的車廂壁或窗櫺般，疏而有孔可透光的竹器；許慎直言篚就是指車笭，至於盛物用的竹器則見於〈匚部〉：

> 匪，器侣竹匧。从匚，非聲。〔註96〕

「匚」象方形的盛具，因此「匪」是方形竹器。胡培翬《儀禮正義》：

> 然則篚蓋竹器之疎櫺而不密者，故鄭云：如笭也。許書專以「篚」
> 為車笭字，而筐匪之「匪」不從竹，後世筐、匪字多用「篚」。故段
> 氏云：匪、篚，古今字。〔註97〕

竹編方形器或本作「匪」，但後為區別字義，遂多作「篚」。

篚，《漢書》作「棐」，〈食貨志〉：

> 禹平洪水，定九州，制土田，各因所生遠近，賦入貢棐，楙遷有無，
> 萬國作乂。〔註98〕

〔註91〕羅振玉：《羅雪堂先生全集》初編七，頁 2846。
〔註92〕陳仲玉：〈殷商骨柶上的裝飾藝術〉，《歷史語言研究所集刊》第 66 本第 3 分，頁 813～919。
〔註93〕漢·鄭玄注，唐·賈公彥疏：《儀禮注疏》卷二，頁 17。
〔註94〕漢·許慎撰，清·段玉裁注：《說文解字注》五篇上，頁 195。
〔註95〕同上註。
〔註96〕漢·許慎撰，清·段玉裁注：《說文解字注》十二篇下，頁 636。
〔註97〕清·胡培翬：《儀禮正義》卷一，頁 50。
〔註98〕漢·班固撰，唐·顏師古注，清·王先謙補註：《漢書補註》卷二十四上，頁 505。

顏師古《注》：

> 應劭曰：「棐，竹器也，所已盛。方曰筐，隋曰棐。」師古曰：「棐
> 讀與匡同，〈禹貢〉所謂『厥貢漆絲，厥篚織文。』之類是也。隋，
> 圜而長也。」〔註99〕

卻言器呈橢圓形。竹器易腐，故留存者少。聶崇義《新定三禮圖》依鄭玄之
說，繪成方形，又引《舊圖》云：

> 筐以竹爲之，長三尺，廣一尺，深六寸，足高三寸，如今小車笭。

〔註100〕

謂筐有蓋，又說明尺寸是長三尺、寬一尺、高六寸。湖南長沙馬王堆一號漢
墓，隨葬四十八件竹笥，其中盛有衣、食、藥材、植物、明器等物，器呈長
方箱形，多數長四十八至五十公分、寬二十八至三十公分、高十五至十六公
分，由相套合的蓋、底組成。〔註101〕雖器名有別，但功用與器制接近，或
可作爲參考。

6. 籩

籩，竹器。《周禮・天官冢宰・籩人》：

> 掌四籩之實。朝事之籩，其實麷、蕡、白黑、形鹽、膴、鮑魚、鱐。
> 饋食之籩，其實棗、栗、桃、乾䕩、榛實。加籩之實，菱、芡、栗、
> 脯。羞籩之實，糗、餌、粉、餈。凡祭祀，共其籩薦羞之實。喪事
> 及賓客之事，共其薦籩、羞籩。爲王及后、世子共其內羞。凡籩事
> 掌之。〔註102〕

可盛之物甚多，但都屬乾物，主要因爲籩是取竹條編成，有孔隙易滲漏的緣
故。鄭《注》：

> 籩，竹器。如豆者，其容實皆四升。〔註103〕

籩與豆形狀相似，容量相同，都是四升。由於是竹製，保存不易，聶崇義《新
定三禮圖》應是依循鄭《注》，故所繪幾乎與豆相同，都是高足器。〔註104〕

〔註99〕同上註。
〔註100〕宋・聶崇義：《新定三禮圖》卷十二，頁15678。
〔註101〕湖南省博物館、中國科學院考古研究所編輯：《長沙馬王堆一號漢墓》（上），
　　　　頁111。
〔註102〕漢・鄭玄注，唐・賈公彥疏：《周禮注疏》卷五，頁82～84。
〔註103〕同上註，頁82。
〔註104〕宋・聶崇義：《新定三禮圖》卷十三，頁15684。

7. 豆

豆，盛食之器。據《周禮・冬官考工記・瓬人》：

> 豆實三而成觳，崇尺。[註105]

鄭《注》：

> 崇，高也。豆實四升。[註106]

可知豆高一尺，容量為四升。《周禮・冬官考工記・梓人》：

> 食一豆肉，飲一豆酒，中人之食也。[註107]

吃一豆肉和飲四升酒，是一般人的食量。

在《儀禮》之中，豆所盛之物幾乎都是醃菜或醬料。《詩經・大雅・生民》：「卬盛于豆。」[註108]毛《傳》：

> 豆，薦菹醢也。[註109]

同樣是祭祀時以豆盛醃菜、肉醬。實際上，豆盛的食物不僅於此，《孟子・告子》上：

> 一簞食，一豆羹，得之則生，弗得則死。[註110]

還可用來盛羹。《說文解字・豆部》：

> 古食肉器也。从口。象形。[註111]

許慎謂豆是盛肉器。據出土實物考察，河北藁城台西 M105 號商墓，隨葬陶豆留有雞骨。[註112]殷墟出土陶豆，發現盛有羊腿骨或其他獸類肢骨。[註113]甲骨文有𣎆、𧯛，金文有𣎆、𣅲等字，象奉豆而內盛黍稷形。[註114]證知豆的用途很廣，盛羹湯、肉類、黍稷、薦菹醢，功能相當於後世的碗碟。

豆之用多為偶數，《周禮・秋官・掌客》記載凡諸侯的禮儀：上公「豆四十」，侯、伯「豆三十有二」，子、男「豆二十有四」。[註115]《禮記・禮器》：

〔註105〕漢・鄭玄注，唐・賈公彥疏：《周禮注疏》卷四十一，頁636。

〔註106〕同上註。

〔註107〕漢・鄭玄注，唐・賈公彥疏：《周禮注疏》卷四十一，頁638。

〔註108〕漢・毛公傳、鄭玄箋，唐・孔穎達等正義：《毛詩正義》卷十七之一，頁596。

〔註109〕同上註。

〔註110〕漢・趙岐注，宋・孫奭疏：《孟子注疏》卷十一下，頁202。

〔註111〕漢・許慎撰，清・段玉裁注：《說文解字注》五篇上，頁207。

〔註112〕河北省文物研究所編：《藁城台西商代遺址》，頁111。

〔註113〕中國社會科學院考古研究所：《殷墟發掘報告1958──1961》，頁213。

〔註114〕容庚、張維持：《殷周青銅器通論》，頁40。

〔註115〕漢・鄭玄注，唐・賈公彥疏：《周禮注疏》卷三十八，頁582～583。

> 禮有以多爲貴者，……天子之豆二十有六，諸公十有六，諸侯十有二，上大夫八，下大夫六。〔註116〕

孔《疏》：

> 天子之豆二十有六者，謂天子朔食也。尊者宜備味多乃稱之，故多致豆二十有六也。諸公十有六，上公也。謂更相朝時，堂上之豆數也。諸侯十有二者，侯、伯、子、男也。亦謂相朝時，堂上之豆數也。上大夫八、下大夫六者，皆謂主國食使臣，堂上之豆數。〔註117〕

天子每月朔日食，設有二十六豆；諸公彼此朝會時，設十六豆，諸侯十二豆；公食來聘使者，上大夫八豆，下大夫六豆。《禮記·鄉飲酒義》：

> 飲酒之禮，……六十者三豆，七十者四豆，八十者五豆，九十者六豆，所以明養老也。〔註118〕

孔《疏》：

> 六豆者，以其每十年加一豆，非正禮，故不得爲籩豆偶也。其五十者亦有豆也，但二豆而已。〔註119〕

飲酒之豆數有奇數者，與常禮不同，是因五十歲以上的長者，每增十歲可加一豆的緣故。考古發掘也以偶數者居多，殷墟婦好墓出大理石岩製石豆二件。〔註120〕出土器物有自名者，如「周生豆」：

> 周生作尊豆，用享于宗室。〔註121〕

「太師虘豆」：

> 太師虘作其尊豆。〔註122〕

從而確定器型。有石、木、瓦、青銅製者，傳世及出土青銅豆較少，可能因當時人們多用陶、竹、木質豆，不易留存，青銅豆出現於商代後期，盛行於春秋戰國。〔註123〕器型歷來變化不大，圓型盤盛食，束腰圈足，部分有配蓋。

〔註116〕漢·鄭玄注，唐·孔穎達等正義：《禮記正義》卷二十三，頁451。
〔註117〕同上註。
〔註118〕漢·鄭玄注，唐·孔穎達等正義：《禮記正義》卷六十一，頁1006。
〔註119〕同上註。
〔註120〕中國社會科學院考古研究所：《殷墟婦好墓》，頁196。
〔註121〕羅振玉編：《三代吉金文存》（二）卷十，頁1090。
〔註122〕羅振玉編：《三代吉金文存》（二）卷十，頁1090。
〔註123〕馬承源：《中國青銅器》，頁156。

豆與籩、登的區別，乃是材質上的差異。依據《爾雅・釋器》：

> 木豆謂之豆，竹豆謂之籩，瓦豆謂之登。〔註124〕

木製爲豆，竹製爲籩，瓦製爲登。前引〈大雅・生民〉孔《疏》：

> 木豆謂之豆，瓦豆謂之登，是木曰豆，瓦曰登，對文則瓦、木異名，
> 散則皆名豆。瓦豆者，以陶器質故也。〔註125〕

豆是這類器的統名，析名則有豆、籩、登之分。登也作「鐙」，如〈公食大夫禮〉「爲賓設正饌」章：

> 大羹湆不和，實于鐙。〔註126〕

鄭《注》：

> 瓦豆謂之鐙。〔註127〕

郝懿行《爾雅郭注義疏》：

> 籩、豆同類，用不單行。故單言豆者，即可統籩。《詩・楚茨》云：
> 「爲豆孔庶。」是也。其單言籩者，亦可概豆。《周語》云：「品其
> 百籩。」是也。〔註128〕

同樣認爲是統言則通，散言有別。當然正由於質料相異，在《儀禮》中，所盛之物也有所不同，豆盛濡物，籩盛乾物，登盛大羹湆。

二、醮　禮

士冠禮若採行醴禮時，如前述只用一醴、脯、醢，假使欲行醮禮，其儀文如下：

> 若不醴，則醮用酒。尊于房戶之閒，兩甒，有禁，玄酒在西，加勺
> 南枋。洗，有篚在西，南順。始加，醮用脯醢，賓降取爵于篚，辭
> 降如初，卒洗，升酌。冠者拜受，賓答拜如初。冠者升筵，坐，左
> 執爵，右祭脯醢，祭酒興，筵末坐，啐酒，降筵拜，賓答拜，冠者
> 奠爵于薦東，立于筵西。徹薦、爵，筵尊不徹。加皮弁，如初儀，
> 再醮，攝酒，其他皆如初。如爵弁，如初儀，三醮，有乾肉折俎，
> 嚌之，其他如初，北面取脯，見于母。若殺，則特豚，載，合升，

〔註124〕晉・郭璞注，宋・邢昺疏：《爾雅注疏》卷五，頁75。

〔註125〕漢・毛公傳、鄭玄箋，唐・孔穎達等正義：《毛詩正義》卷十七之一，頁596。

〔註126〕漢・鄭玄注，唐・賈公彥疏：《儀禮注疏》卷二十五，頁303。

〔註127〕同上註。

〔註128〕清・郝懿行：《爾雅郭注義疏》卷中之二，頁169。

離肺實于鼎，設扃鼏。始醮，如初。再醮，兩豆：葵菹、蠃醢；兩籩：栗、脯。三醮，攝酒如再醮，加俎，嚌之，皆如初，嚌肺。卒醮，取籩脯以降，如初。〔註129〕

鄭《注》：

若不醴，謂國有舊俗可行，聖人用焉，不改者也。〈曲禮〉曰：「君子行禮，不求變俗。祭祀之禮、居喪之服、哭泣之位，皆如其國之故。謹脩其法，而審行之。」是酌而無酬酢曰醮。〔註130〕

飲而不相酬酢稱「醮」。其實醴禮冠者與賓亦無酬酢，在這裡鄭玄只是針對此章作說明。又舉《禮記・曲禮》下經文，說明縱使君子身處他國，仍不改其本國舊俗；故假使某國男子成年禮行醴禮，若君子離開本國至此處，則依然遵循原國俗行醮禮，不因入境隨俗而換行醴禮。明指是各地禮俗的差異。將此章解釋為夏、殷二代冠禮，始自賈公彥。《疏》云：

釋曰：自此已上，說周禮冠子之法；自此已下，至「取籩脯以降，如初。」說夏、殷冠子之法。……案：上文適子冠於阼，三加訖一醴於客位，是周法；今云「若不醴，則醮用酒。」非周法，故知先王法矣。故鄭云：「若不醴，謂國有舊俗可行，聖人用焉，不改者也。」云聖人者，即周公制此儀禮，用舊俗則夏、殷之禮是也。……但「君子行禮，不求變俗。」有二途，若據〈曲禮〉之文云：「君子行禮，不求變俗。」鄭《注》云：「求猶務也，不務變其故俗，重本也，謂去先祖之國居他國。」又云：「祭祀之禮、居喪之服、哭泣之位，皆如其國之故。謹脩其法，而審行之。」《注》：「其法謂其先祖之制度，若夏、殷者，謂若杞、宋之人居鄭、衛，鄭、衛之人居杞、宋。」若據彼《注》謂：「臣去己國，居他國不變己國之俗。」是以〈定・四年〉：「祝佗云：殷人六族在魯，啓以商政，亦不變本國之俗，故開商政示之。」皆據當身居他國不變己國之俗，與此《注》引不同者，不求變俗，義得兩合，故各據一邊而言也。〔註131〕

由於認為《儀禮》是記周代制度，因此先針對鄭玄所言「國有舊俗」及「聖人」等詞語，推測醮禮即前代之禮，是時代上的差異，然而後又說有可能是

〔註129〕漢・鄭玄注，唐・賈公彥疏：《儀禮注疏》卷三，頁28～30。
〔註130〕同上註，頁28。
〔註131〕同上註。

國俗之變，則是地域上的區別。姚際恒《儀禮通論》：

> 醴質醮文，醴爲先時之典，醮其後起者。記者乃戰國時人，故述醴
> 于前，述醮于後。而云：「若不醴，則醮。」猶所謂先進、後進也。
> 鄭氏謂醮爲國有舊俗；賈氏因以醴爲周，醮爲夏、殷，則是皆反説
> 矣。〔註132〕

持「先質後文」的理論，以爲冠禮夏、殷行醴禮，周則爲醮禮，與賈說正相
反。張爾岐《儀禮鄭注句讀》：

> 醴、醮二法其異者：醴，側尊在房；醮，兩尊于房户之間。醴，用
> 觶；醮，用爵。醴，籩從尊在房；醮，籩從洗在庭。醴，待三加畢
> 乃一舉；醮，每一加即一醮。醴，薦用脯醢；醮，每醮皆用脯醢，
> 至三醮又有乾肉折俎。醴，贊冠者酌授賓，賓不親酌；醮，則賓自
> 降取爵升酌酒。醴者，每加入房易服，出房立待賓命；醮則每醮訖，
> 立筵西待賓命。醴者，每加冠必祝，醴時又有醴辭；醮者，加冠時
> 不祝，至醮時，有醮辭。其餘儀節，並不異也。〔註133〕

詳細比較經文之醴禮與醮禮，無論在位置、器用、加冠時的程序、款待賓的
方式、禮辭等方面都有顯著不同，大體上是醴禮簡而醮禮繁。雖然張爾岐於
注解中並未明確主張本章是言二代冠禮，但就其以「夏殷冠子之法」爲章名，
可見多少仍依循賈公彥的看法。胡培翬《儀禮正義》將本章定名爲「醮用酒
之禮」，與張爾岐同樣的並未分成兩章，就其章名觀察，得知亦主張爲國俗之
異。其實就經文本身而論，並未提及是記錄夏、殷時之冠禮。再者〈士冠禮〉
「孤子冠法」章：

> 若孤子，則父兄戒宿。冠之日，主人紒而迎賓。拜、揖、讓，立于
> 序端，皆如冠主，禮於阼。凡拜，北面于阼階上，賓亦北面于西階
> 上答拜。若殺，則舉鼎陳于門外，直東塾，北面。〔註134〕

冠者父歿，也可有殺牲之禮。又「庶子冠法」章：

> 若庶子，則冠于房外，南面，遂醮焉。〔註135〕

載庶子是在房外兩甒的東邊行醮禮。吳廷華《儀禮章句》：

〔註132〕清・姚際恒：《儀禮通論》卷一，頁33。
〔註133〕清・張爾岐：《儀禮鄭注句讀》卷一，頁55。
〔註134〕漢・鄭玄注，唐・賈公彥疏：《儀禮注疏》卷三，頁30。
〔註135〕漢・鄭玄注，唐・賈公彥疏：《儀禮注疏》卷三，頁30。

　　　　孤子言禮，此言醮，互文也。〔註136〕

父在與否皆可殺牲；無論身分是適子與庶子，均可採醴禮或者醮禮。行本朝
或前代，當地或他國禮制，是出於風俗的考量，故鄭玄主張是各地禮俗之別，
所言甚是。

　　由經文中的兩個「若」字，推知此處是記載兩種形式的醮禮。《儀禮》作
者將其所知的士冠禮施行方式，合併附於正例之後，以便於了解。「若不醴」
至「南順」為一類，「若殺」至「如初」為另一類。張爾岐《儀禮鄭注句讀》：

　　　　上醮子用乾肉不殺牲，此下言其殺牲者，又醮法之不同者也。〔註137〕

因此如江永《禮書綱目》、姚際恒《儀禮通論》均將後段另起，稱前段為「醮」，
後段為「殺牲醮」章。

　　醮禮的第一類：於房門與室門之間，置兩甒於禁上，一為玄酒，一為酒；玄
酒在西，酒在東，皆加勺，勺柄朝南。盛酒器用的篚在洗西，其中盛有勺及爵，
篚呈南北向放置。由「始加，醮用脯醢。」與「三醮有乾肉折俎」，知另有脯、
醢、乾肉及俎。就器用所設位置而言，醴禮在房中西牆下，醮禮在堂上房西室戶
東的客位；就酒尊而言，醴禮僅設醴，醮禮設酒及玄酒，且有禁，明顯隆於醴禮。

　　醮禮的第二類：假使有牲，就用一隻小豬，剖成兩半，左右半及離肺皆
一同盛鼎、載俎，又設扃、鼏。始醮用酒、脯、醢；再醮與三醮時，須再各
進兩豆、兩籩；此外三醮時，尚加俎，即以俎進上小豬的兩半和肺。相較於
第一類僅用酒、脯、醢，是更加的隆盛。

（一）禮　食

　　醮禮之飲為玄酒、酒。食有：脯、醢、乾肉，或特豚、離肺、葵菹、蠃
醢、栗。脯、醢已於前文說明；而乾肉，鄭《注》：「牲體之脯也。」〔註138〕
與脯無甚差異，故此處不再贅述。

1. 玄　酒

　　玄酒即水。鄭《注》：

　　　　玄酒，新水也。雖今不用，猶設之，不忘古也。〔註139〕

賈《疏》：

〔註136〕清・吳廷華：《儀禮章句》，《皇清經解》卷二百七十一，頁1279。
〔註137〕清・張爾岐：《儀禮鄭注句讀》卷一，頁57。
〔註138〕漢・鄭玄注，唐・賈公彥疏：《儀禮注疏》卷三，頁29。
〔註139〕漢・鄭玄注，唐・賈公彥疏：《儀禮注疏》卷三，頁28。

上古無酒，今雖有酒，猶設之。是不忘古也。〔註140〕

三醮的過程中僅用酒，但其旁亦設水，胡培翬《儀禮正義》：

古人設尊多用兩，其一係玄酒，即明水，示不忘古。〔註141〕

於儀節中常備兩尊，其中之一就是水，主要是藉此表現報本返始，不忘先人、不忘本的精神。

置放酒尊，玄酒必在上位。《禮記‧玉藻》：

凡尊，必上玄酒。唯君面尊。唯饗野人皆酒。〔註142〕

〈士冠禮〉醮禮「玄酒在西」，即在左，是因「吉事尚左」，此外玄酒是備而不用，所以將酒置於右手會比較方便。除招待鄉野之人不設玄酒外，餘者多有。至於前引「冠日陳設」章僅設醴，主要是緣於「醴禮質」之故。

2. 酒

就製造方式而言，酒主要分作釀造酒和蒸餾酒兩大類。我國早期以釀造酒為主，蒸餾酒的生產較晚，約始於宋金時代。一九七五年河北青龍縣出土一組金代銅製蒸酒器，經鑒定應不晚於金世宗時期。〔註143〕故在此期之前的酒，都是運用釀造法發酵而成。

關於酒的起源，有數種說法，包括儀狄造酒說、杜康造酒說、上天造酒說、自然發酵說。以下根據文獻所載，分析各家論點：

（1）儀狄造酒說：儀狄相傳是和禹同時期的人，《戰國策‧魏策》二：

昔者，帝女令儀狄作酒而美，進之禹。禹飲而甘之，遂疏儀狄，絕旨酒，曰：「後世必有以酒亡其國者。」〔註144〕

帝堯的女兒命儀狄製酒送給夏禹，禹飲後覺得味道極佳，但也因此疏遠儀狄，並戒飲酒，以免誤國。《呂氏春秋‧審分覽‧勿躬》：

儀狄作酒。〔註145〕

《世本‧作篇》：

帝女儀狄作酒醪，變五味。〔註146〕

〔註140〕同上註。
〔註141〕清‧胡培翬：《儀禮正義》卷一，頁49。
〔註142〕漢‧鄭玄注，唐‧孔穎達等正義：《禮記正義》卷二十九，頁550。
〔註143〕禾木：《酒醴風華》，頁8。
〔註144〕漢‧劉向纂、高誘注：《戰國策》卷二十三，頁478～479。
〔註145〕秦‧呂不韋著，漢‧高誘注：《呂氏春秋》卷十七，頁464。
〔註146〕漢‧宋衷注，清‧孫馮翼輯：《世本》卷一，頁1。

宋衷《注》:「夏禹之臣。」〔註147〕《說文解字・酉部》「酒」下云:

> 古者儀狄作酒醪,禹嘗之而美,遂疏儀狄。〔註148〕

所說類近,儀狄爲酒的創始者,應是先秦至兩漢時相當普遍的一種說法。

　　(2)杜康造酒說:杜康爲何時之人,至今尚無定說。《世本・作篇》又言:

> 杜康作酒,少康作秫酒。〔註149〕

認爲杜康會作酒,少康能以秫造酒。《說文解字・巾部》「帚」字:

> 古者少康初作箕帚、秫酒。少康,杜康也。〔註150〕

則言杜康即夏代中興之主少康。由於杜康被視爲酒的發明者,後遂成爲酒的代稱,如曹操〈短歌行〉:

> 慨當以慷,憂思難忘。何以解憂?唯有杜康。〔註151〕

以「杜康」借代指酒。

　　(3)上天造酒說:天上有酒星,亦稱「酒旗星」,負責掌管人間酒食。《春秋緯》:

> 酒者,乳也。王者法酒旗以布地,施天乳以哺人。〔註152〕

上天透過君王將製酒之法授與百姓。曹植〈酒賦〉有言:

> 仰酒旗之景曜,協嘉號於天辰。〔註153〕

《後漢書・鄭孔荀列傳》:

> 時年飢兵興,操表制酒禁,融頻書爭之,多侮慢之辭。〔註154〕

李賢《注》:

> 融集與操書云:「酒之爲德久矣。古先哲王,類帝禋宗,和神定人,
> 以濟萬國,非酒莫以也。故天垂酒星之燿,地列酒泉之郡,人著旨
> 酒之德。……」〔註155〕

同樣認爲天上有主酒之星,故地上有酒泉,人們遂有酒可飲。《晉書・天文志》上:

〔註147〕同上註。
〔註148〕漢・許愼撰,清・段玉裁注:《說文解字注》十四篇下,頁747。
〔註149〕漢・宋衷注,清・孫馮翼輯:《世本》卷一,頁1。
〔註150〕漢・許愼撰,清・段玉裁注:《說文解字注》七篇下,頁361。
〔註151〕梁・昭明太子撰,唐・李善注:《文選》卷二十七,頁398。
〔註152〕清・喬松年:《緯攟》卷六,頁39。見於《緯書集成》。
〔註153〕明・張溥輯:《漢魏六朝百三名家集》(二),頁1055。
〔註154〕宋・范曄撰,唐・李賢等注,清・王先謙集解:《後漢書集解》卷七十,頁798。
〔註155〕同上註。

軒轅右角南三星曰酒旗。酒官之旗也，主饗宴飲食。〔註156〕

具體說明酒旗星的方位。由此推測，這可能是魏晉時期盛行的一種說法。而李白〈月下獨酌〉其二也寫道：

天若不愛酒，酒星不在天；地若不愛酒，地應無酒泉。〔註157〕

適呼應此說。

（4）自然發酵說：遠古時期，初民巢棲穴居，常將剩餘的食物儲存起來，由於果實或飯中含有醣類，在酵母菌的作用之下發酵，便產生了氣味香甜的液體，即自然形成的酒。西晉江統〈酒誥〉曾提出一較為科學且符合實際狀況的理論：

酒之所興，肇自上皇；或云儀狄，一曰杜康。有飯不盡，委之空桑，

郁積成味，久蓄氣芳，本出于此，不由奇方。〔註158〕

提出穀物自然發酵釀酒學說。人們剩餘的飯食積累日長，受潮發霉，在微生物作用下，自然糖化和酒化發酵成酒。酒的起源甚早，與農業發展有著密切的關係，《淮南子・說林》：

清醠之美，始於耒耜。〔註159〕

人類文明進入農耕生活，農業生產技術進步，使得糧食充足，自然有餘糧可用以製酒。

此外，猿猴也會利用天然發酵的方式製酒，清人筆記常記載這類見聞，如《蓬櫳夜話》：

黃山多猿猱，春夏採雜花果于石窪中，醞釀成酒，香氣溢發，聞百

步。野樵深入者，或得偷飲之，不可多，多即減酒痕，覺之，眾猱

伺得人必嬲死之。〔註160〕

記載黃山中的猿猴，在春夏時會採花果發酵成酒。李調元《南越筆記》：

瓊州多猿，射之，輒騰躍樹杪，於四周伐去竹木，然後張網得之。

嘗於石巖深處得猿酒，蓋猿以稻米雜百花所造，一石六輒有五、六

升許，味最辣，然絕難得。〔註161〕

〔註156〕唐・房玄齡等奉敕撰：《晉書》卷十一，頁134。

〔註157〕王琦輯注：《李太白全集》卷二十三，頁1063。

〔註158〕清・陳夢雷編：《古今圖書集成・食貨典》下，頁2668。

〔註159〕漢・劉安撰、高誘注：《淮南子》卷十七，頁627。

〔註160〕清・陳夢雷編：《古今圖書集成・禽蟲典》上，頁843。

〔註161〕清・李調元：《南越筆記》卷九，頁4。

海南島上的猿猴則是用花及米為原料，製出辛辣的美酒。陸祚蕃《粵西偶記》：

> 平樂等府，深山中猿猴極多，善採百花釀酒。樵子入山，得其巢穴
> 者，其酒多至數石。飲之，香美異常，名「猿酒」。〔註162〕

廣西平樂等地，山中猿猴善用百花釀酒。可知清代時，南方數省都曾發現過猿猴造的酒，同樣是採自然發酵的方式製酒。

酒的出現，目前可上推到新石器中期以前，新石器時代大汶口文化就有釀酒技術，墓葬遺址出土高柄陶酒杯及碩大的濾酒缸。〔註163〕仰韶文化遺址發現小口圓肩小底甕、尖底瓶、細頸壺等，或曾作釀造、裝盛或飲酒之用。〔註164〕人類應很早就在偶然的機會下，發覺果實、飯食久置會自然發酵的現象。儀狄及杜康或許會作酒，但應屬技術改良者，而非創始發明者。

《儀禮》經文除〈聘禮〉清楚記載所用為稻酒、梁酒外，其餘各篇均未具體說明所用酒的種類，但或許也是以稻、梁為主要原料製成。《周禮・天官冢宰・酒正》載有「三酒」：

> 辨三酒之物，一曰事酒，二曰昔酒，三曰清酒。〔註165〕

鄭《注》：

> 鄭司農云：「事酒，有事而飲也；昔酒，無事而飲也；清酒，祭祀之
> 酒。」玄謂：事酒，酌有事者之酒，其酒則今之醳酒也。昔酒，今
> 之酋久白酒，所謂舊醳者也。清酒，今中山冬釀接夏而成。〔註166〕

為三種經過濾去滓的酒，包括：事酒，為有事而釀的新酒；昔酒，釀造時間較新酒長，是冬釀春熟的酒；清酒，製造時間更久，冬釀夏熟。因是得知酒與醴的製造原理相同，區別在於釀製時間的長短以及經過濾與否。

3. 豚

豚，小豬。《說文解字・豚部》：

> 豚，小豕也。从古文豕，从又持肉，以給祠祀也。〔註167〕

揚雄《方言》：

〔註162〕清・陸祚蕃：《粵西偶記》卷一，頁10。
〔註163〕李健民：〈大汶口墓葬出土的酒器〉，《考古與文物》1984年第六期，頁64～68。
〔註164〕張瑞玲、鞏啟明：〈清醴之美，始於耒耜〉，《考古與文物》1990年第五期，頁76～78。
〔註165〕漢・鄭玄注，唐・賈公彥疏：《周禮注疏》卷五，頁77。
〔註166〕同上註。
〔註167〕漢・許慎撰，清・段玉裁注：《說文解字注》九篇下，頁457。

豬，北燕朝鮮之間謂之豭，關東西或謂之彘，或謂之豕，南楚謂之
豨。其子或謂之豚，或謂之豯，吳揚之間謂之豬子。〔註168〕

豚是指年幼的豬。《說文解字・豕部》中有許多字用來指不同年紀的豬，如
「㺏」、「豵」、「豝」、「豜」分別指出生三個月、六個月或一歲、二歲、三歲；
乳豬約十二週就可供食用。《國語・楚語》下：

王曰：「芻豢幾何？」對曰：「遠不過三月，近不過浹日。」〔註169〕

韋昭《注》：

遠謂三牲，近謂雞鶩之屬。〔註170〕

楚昭王問祭祀用的犧牲養殖時間，大夫觀射夫回答：牛、羊、豕不超過三個
月，雞、鴨之類的禽鳥，不逾十天。至於冠禮雖不屬祭禮，但所用的豚，可
能也是三個月左右的豬。

養豬最初並非為了提供日常食用，如前引《說文》「豚」，字形即說明是
供祭祀之用。《孟子・梁惠王》上則云：

雞、豚、狗、彘之畜，無失其時，七十者可以食肉矣。〔註171〕

除了遇到特殊節日或典禮時，才可宰殺牲畜外，年齡須達到七十歲以上的老
人，平日餐食才有機會吃肉。又如「豢」字，《說文解字・豕部》：

豢，以穀圈養豕也。〔註172〕

表示用穀物飼養豬隻。然而糧食應以供人食用為主，若有多餘者方能用來餵
養豬，一般民眾自無力多養，遂不可能經常宰殺。又〈宀部〉：

家，尻也。从宀，豭省聲。〔註173〕

段《注》：

按此字為一大疑案，豭省聲讀家，學者但見从豕而已。从豕之字多
矣，安見其為豭省耶？何以不云段聲，而紆回至此耶？竊謂此篆本
義乃豕之尻也，引申假借以為人之尻。……豢豕之生子最多，故人
尻聚處借用其字，久而忘其字之本義，使引申之義得冒據之，蓋自
古而然。許書之作也，盡正其失，而猶未免此，且曲為之說，是千

〔註168〕漢・揚雄：《方言》卷八，頁773。
〔註169〕吳・韋昭注：《國語》卷十八，頁406。
〔註170〕同上註。
〔註171〕漢・趙岐注，宋・孫奭疏：《孟子注疏》卷一上，頁12。
〔註172〕漢・許慎撰，清・段玉裁注：《說文解字注》九篇下，頁455。
〔註173〕漢・許慎撰，清・段玉裁注：《說文解字注》七篇下，頁337。

慮之一失也。「家」，篆當入豕部。〔註174〕

若就字形本身而論，許慎之說頗爲迂曲。根據段玉裁的說法，「家」字本義應是指豬的圈舍，後引申爲人的住居所在，可知豬與人類的生活密切相關。豬極早即被馴養家中，河北武安縣新石器時代磁山文化遺址，曾發現目前最早的家豬遺骸，距今約八千年。

醮禮所用之豚，於鼎中的裝盛，鄭《注》：

> 凡牲皆用左胖。煮於鑊曰亨，在鼎曰升，在俎曰載。載合升者，明亨與載皆合左右胖。〔註175〕

張爾岐《儀禮鄭注句讀》：

> 案：〈特牲〉、〈少牢〉、〈鄉飲酒〉皆用右胖，此合升左、右胖，或以嘉禮故異之與。《註》云：「凡牲皆用左胖。」《疏》以爲鄭據夏殷之法，未知然否。〔註176〕

禮制規範通常會依隨典禮的類別而有所變化，不見得都使用牲體的左半。根據經文，倘若士的冠禮欲採行醮禮並殺牲時，是將小豬對剖成左右兩邊，清理後，再相合成原狀，先裝至鑊中煮熟，後盛到鼎內。

豚體的處理，應去蹄、去腦、去腸。〈士昏禮〉「將親迎預陳饌」章：

> 特豚，合升，去蹄。〔註177〕

吳廷華《儀禮章句》：

> 踐地穢惡不用。〔註178〕

認爲豬蹄踏在地上沾染塵土，頗不乾淨。其實豬的蹄甲太硬無法消化，當然應去除，以免引起腸胃不適。此外《禮記・內則》：

> 豚去腦。〔註179〕

未說明不可食用豬腦的原因，而孫思邈《千金方・食治》提到：

> 腦：主風眩。……豚腦：損男子陽道，臨房不能行事。〔註180〕

傳統醫學認爲，成豬的腦主治暈眩；小豬的腦卻傷神、敗腎。衛湜《禮記集說》引陸佃言：

〔註174〕同上註，頁337～338。
〔註175〕漢・鄭玄注，唐・賈公彥疏：《儀禮注疏》卷三，頁29。
〔註176〕清・張爾岐：《儀禮鄭注句讀》卷一，頁57。
〔註177〕漢・鄭玄注，唐・賈公彥疏：《儀禮注疏》卷四，頁42。
〔註178〕清・吳廷華：《儀禮章句》，《皇清經解》卷二百七十二，頁1281。
〔註179〕漢・鄭玄注，唐・孔穎達等正義：《禮記正義》卷二十八，頁529。
〔註180〕唐・孫思邈撰，宋・林億校定：《千金方》卷二十六，頁375。

豕俯，聚精在腦。豚爲肫，豚去腦以此。今《醫方》云：「豕腦食之
昬人精神。」〔註181〕

根據《醫方》認爲食用豬腦易使人精神不佳。莊有可《禮記集說》也持此說。
〔註182〕王夫之《禮記章句》：

豬腦敗腎，皆能白人髮。〔註183〕

則說豬腦傷腎，將使人頭髮變白。衛湜引方愨《禮記解中》：

豚者，天一之水畜，而腦則天五之土，氣存焉。既欲以水畜而有所
養，且不可以所勝者害之，故豚去腦。〔註184〕

〈說卦〉：「坎爲豕。」〔註185〕從五行生剋的角度分析，豬屬水，但腦屬土，
土能克水，於是欲藉豬肉滋補身體時，應去除腦，以免降低了功效。若按照
現代醫學角度，豬腦的膽固醇含量高，不利於心腦血管疾病患者。而且仔豬
尚未發育完全，對於一些疾病抵抗力較弱，常有可能引發腦炎，因此最好還
是避免食用。至於不食豬腸的原因，據《禮記·少儀》：

君子不食圂腴。〔註186〕

鄭《注》：

大豕之屬，食米穀者也。腴有似人，穢。〔註187〕

解釋由於豬吃的食物與人類接近，所以不適合吃牠的腸子；豬的食物或圈欄
有時確實不潔，《國語·晉語》四：

昔者大任娠文王不變，少溲於豕牢，而得文王，不加疾焉。〔註188〕

據傳大任在解小便時生下周文王；豕牢是飼養豬隻的圈舍，在此指廁所。《漢
書·武五子傳》：

是時天雨，虹下屬宮中，飲井水，水泉竭。廁中豕羣出，壞大官竈。
〔註189〕

〔註181〕宋·衛湜：《禮記集說》卷七十，頁 17695。
〔註182〕「豕腦昬人精神。」
　　　　清·莊有可：《禮記集說》卷十二，頁 625。
〔註183〕清·王夫之：《禮記章句》卷十二，頁 627。
〔註184〕宋·衛湜：《禮記集說》卷七十，頁 17695。
〔註185〕魏·王弼、韓康伯注，唐·孔穎達等正義：《周易正義》卷九，頁 185。
〔註186〕漢·鄭玄注，唐·孔穎達等正義：《禮記正義》卷三十五，頁 636。
〔註187〕同上註。
〔註188〕吳·韋昭注：《國語》卷十，頁 281。
〔註189〕漢·班固撰，唐·顏師古注，清·王先謙補註：《漢書補註》卷六十三，頁 1264。

顏師古《注》：

> 廁，養豕圈也。〔註190〕

可見戰國至漢代，有在廁所裡養豬的習慣。不吃豬腸，正因覺得骯髒。〈內則〉
又云：

> 豕望視而交睫腥。〔註191〕

鄭《注》：

> 望視，視遠也。腥當爲星，聲之誤也。星，肉中如米者。〔註192〕

豬作遠望狀且睫毛相沾黏，肉中就生有寄生蟲。孔《疏》：

> 豕望視而交睫腥者。腥謂肉結如星。望視謂豕視望揚。交睫謂目睫
> 毛交，豕若如此，則其肉似星也。……云腥當爲星者，謂肉中白點
> 似星也，故不得爲腥臊之字也。〔註193〕

豬應該低頭覓食的時候較多，如今卻反常的抬頭，且睫毛黏結。孫希旦《禮
記集解》：

> 是腥者，豕生小肉如星，故從肉從星。〔註194〕

「腥」不光是指肉的味道，還點出豬的肉中長有多如繁星、狀似米粒的白點，楊
天宇《禮記譯注》認爲是感染豬囊蟲，且說明凡是生有囊蟲的豬肉，今俗稱「米
星肉」。〔註195〕任平《禮記直解》也持同樣看法。〔註196〕根據科學研究，住肉
包囊蟲類在豬通常寄生於骨骼肌的肌纖維內，可由狗、貓、老鼠、雞，再感染豬，
豬肌肉發現的大都是有包囊的囊蟲期，在顯微鏡下像針頭般大小。患此病的豬隻
大部分爲不顯性感染，但在嚴重時，有發熱、食慾廢絕、嘔吐、下痢、呼吸困難、
步履跟蹌、跛行、肌痛、嘎聲、舌硬化、咀嚼困難、後軀麻痺、肌肉抽搐、痙攣、
貧血、削瘦等症狀，極重症者則會死亡。〔註197〕這樣的豬肉當然不適合食用。

4. 肺

肺，可供食用或祭用，此處是爲食而設。醮禮鄭《注》：

〔註190〕同上註。
〔註191〕漢・鄭玄注，唐・孔穎達等正義：《禮記正義》卷二十八，頁529。
〔註192〕同上註。
〔註193〕同上註。
〔註194〕清・孫希旦：《禮記集解》卷二十七，頁751。
〔註195〕楊天宇：《禮記譯注》，頁469。
〔註196〕任平：《禮記直解》，頁225。
〔註197〕顏水泉：《豬病診療學》，頁261。

　　離，割也。割肺者，使可祭也，可嚌也。〔註198〕

離，是一種切割的方式，賈《疏》：

　　凡肺有兩種，一者舉肺，一者祭肺。就舉肺之中復有三稱：一名舉
　　肺，為食而舉；二名離肺，〈少儀〉云：三牲之肺，離而不提心也；
　　三名嚌肺，以齒嚌之。此三者皆據生人為食而有也。就祭肺之中，
　　亦復有三稱：一者謂之祭肺，為祭先而有之；二者謂之㭊肺，㭊切
　　之使斷；三者謂之切肺，名離與㭊肺異，切肺則㭊肺也。三者皆為
　　祭而有，若然切肺、離肺指其形，餘皆舉其義稱也。〔註199〕

典禮所設的肺，可概分成為人設及為神設兩類：

　　（1）為人而設，屬食用之肺，含舉肺、離肺、嚌肺；舉肺是為食而舉，
又稱離肺。離肺實是離而不絕，即《禮記・少儀》所言：

　　牛、羊之肺，離而不提心。〔註200〕

取牲畜的肺，將其切開，但不完全割斷，使各塊有一部分可以與肺的中央相
接。嚌肺，〈士冠禮〉「夏殷冠子之法」章鄭《注》：

　　嚌，嘗之。〔註201〕

賈《疏》：

　　嚌謂至齒嘗之。〔註202〕

表示用牙齒囓咬，但不入口。

　　（2）為神而設，屬祭用之肺，則有祭肺、㭊肺、切肺。祭肺又名㭊肺，
也稱切肺。各片間是切斷的。儀式進行時，是先祭舉後食舉，先用祭肺後用
舉肺。

　　商、周時期食前必祭，目的在請祖先享用，表現不忘先人、不忘本的精
神。《論語・鄉黨》：

　　雖疏食菜羹瓜，必祭，必齊如也。〔註203〕

縱使是再簡單的食物，也應進行食祭，且祭先時必須態度嚴謹恭敬。《公羊・
襄公二十九年・傳》也記載：

〔註198〕漢・鄭玄注，唐・賈公彥疏：《儀禮注疏》卷三，頁29。
〔註199〕同上註，頁29～30。
〔註200〕漢・鄭玄注，唐・孔穎達等正義：《禮記正義》卷三十五，頁636。
〔註201〕漢・鄭玄注，唐・賈公彥疏：《儀禮注疏》卷三，頁29。
〔註202〕同上註。
〔註203〕魏・何晏等注，宋・邢昺疏：《論語注疏》卷十，頁89。

飲食必祝。〔註204〕

《周禮・天官冢宰・膳夫》:「膳夫授祭品。」〔註205〕鄭《注》:

> 祭謂刌肺、脊也。禮,飲食必祭,示有所先。〔註206〕

天子進食時,膳夫在旁呈忖肺與脊供祭。《禮記・曲禮》上:

> 主人延客祭,祭食祭所先進。〔註207〕

鄭《注》:

> 祭,祭先也。君子有事,不忘本也。〔註208〕

孔《疏》:

> 祭者,君子不忘本,有德必酬之,故得食而種種出少許,置在豆間
> 之地,以報先代造食之人也。〔註209〕

孔穎達解說食祭的進行方式為:食前,將面前的食物各取少許,放在籩、豆
之間。賓客的地位若低於主人,則主人先祭,以引導客祭;倘若主客的地位
對等,就無須引導。餐前行食祭,出於原始宗教的萬物有靈觀念,〔註210〕英
人愛德華・泰勒《原始文化・萬物有靈觀》提及:在宗教產生之前,初民對
於影子、回聲、呼吸、睡眠、水中映象等現象,尤其是對夢魘的感受中,以
為人自身有兩個實體:一為軀體,一為靈體。二者可合可離,而夢魘是靈體
暫時離開軀體所致,死亡則是靈體與軀體的永久性分離。將這一觀念移轉到
自然界,則篤信自然界萬物無一不附有靈體,具有靈性,在其可視的有形體
背後,深藏著無所不在的神靈。所以抱持崇敬的心理,隨著文明的演進,慢
慢轉變為對祖先的追懷。〔註211〕《禮記・明堂位》:

> 有虞氏祭首,夏后氏祭心,殷祭肝,周祭肺。〔註212〕

記四代祭祀有用牲頭、心、肝或肺者。《儀禮》各篇席前常見設肺;也有設肝
的,如〈士昏禮〉、〈士虞禮〉、〈特牲饋食禮〉、〈少牢饋食禮〉、〈有司徹〉。設

〔註204〕漢・何休注,唐・徐彥疏:《春秋公羊傳注疏》卷二十一,頁266。
〔註205〕漢・鄭玄注,唐・賈公彥疏:《周禮注疏》卷四,頁58。
〔註206〕同上註。
〔註207〕漢・鄭玄注,唐・孔穎達等正義:《禮記正義》卷二,頁39。
〔註208〕同上註。
〔註209〕同上註。
〔註210〕姚偉鈞:《中國傳統飲食禮俗研究》,頁65。
〔註211〕〔英〕愛德華・泰勒著;連樹聲譯:《原始文化:神話、哲學、宗教、語言、
　　　　藝術和習俗發展之研究》,頁351～366。
〔註212〕漢・鄭玄注,唐・孔穎達等正義:《禮記正義》卷三十一,頁583～584。

肺的原因，〈士昏禮〉「將親迎預陳饌」章：「舉肺、脊二，祭肺二。」〔註213〕
鄭《注》：

> 肺者，氣之主也。周人尚焉。〔註214〕

鄭玄認爲肺是呼吸器官，主氣，周代重視，故典禮常備。

5. 葵菹

葵菹，用葵製成的鹹菜。葵，草名；葵屬的植物眾多，《爾雅・釋草》所
載草本植物中以葵爲名者，包括：菺（菟葵）、芹（楚葵）、莃（菟葵）、䔿苦
菫（菫葵）、菮（荊葵）、菺（戎葵、蜀葵）、蒤葵，皆味滑可食。

葵能經年種植採收，自古爲日用常食之物，唐、宋以後，食者漸少。前
引《黃帝內經・素問・藏氣法時論》：

> 五菜爲充。〔註215〕

指葵、韭、薤、藿、葱五種菜蔬，可以幫助充養臟腑。王禎《農書》：

> 葵爲百菜之主，備四時之饌。本豐而耐旱，味甘而無毒，供食之餘，
> 可爲菹腊。〔註216〕

容易生長，屬於四季常見的菜蔬，可以鮮食，也能夠用製醃菜。李時珍《本
草綱目》：

> 葵菜古人種爲常食，今之種者頗鮮。……四、五月種者可留子；六、
> 七月種者爲秋葵；八、九月種者爲冬葵，經年收採；正月復種者爲
> 春葵，然宿根至春亦生。〔註217〕

在各個季節都可播種。金鶚《求古錄禮說・釋葵》：

> 凡豆，實兩豆必用葵菹，以蠃醢配之。四豆則加韭菹，以醓醢配之。
> 〈士昏禮〉菹八豆，則加謂葵菹與韭菹也。六豆，用昌本、菁菹、
> 韭菹。八豆則加葵菹。……自天子以至士、庶人，冠、昏、喪、祭、
> 賓客之禮，無不用葵，葵之爲用廣矣。故古人種之於園，多至數畝，
> 以其爲常食之菜也。〔註218〕

在《儀禮》諸篇，豆中所置的醃菜，葵菹爲使用最爲頻繁者。經文所記葵之

〔註213〕漢・鄭玄注，唐・賈公彥疏：《儀禮注疏》卷四，頁42。
〔註214〕同上註。
〔註215〕唐・王冰注：《黃帝內經素問》卷七，頁54。
〔註216〕元・王禎：《農書》卷三十，頁1。
〔註217〕明・李時珍：《本草綱目》卷十六，頁606。
〔註218〕清・金鶚：《求古錄禮說》，《皇清經解續編》卷六百七十六，頁203。

品種，歷來說法不一，一般認爲與《詩經》相同，〈豳風・七月〉：

> 六月食鬱及薁，七月亨葵及菽。〔註219〕

王禎《農書》：

> 此種之早者，俗呼爲秋葵，遲者爲冬葵。〔註220〕

主張是秋葵。阮元〈葵考〉則說「金錢紫花葵」才是古之正葵。〔註221〕此外，周肇基〔註222〕、潘富俊〔註223〕等人則認爲是冬葵，又稱野葵。〈士虞禮・記〉：

> 鉶芼，用苦若薇，有滑。夏用葵，冬用荁，有柶。〔註224〕

鉶羹之菜夏用生葵，或許秋季種植，冬春之際開花、結實的冬葵比較相應。

製作葵菹的時間與方法，據崔寔《四民月令》：

> 六月六日可種葵，中伏後可種冬葵，九月可作葵菹。〔註225〕

又：

> 其歲溫即待十月。〔註226〕

於秋冬時分進行，天候涼爽時就在九月，較溫暖時就選十月。賈思勰《齊民要術》「食經作葵菹法」：

> 擇燥葵五斛、鹽二斗、水五斗、大麥乾飯四升，合瀨。案：葵一行、
> 鹽、飯一行，清水澆滿七日，黃便成矣。〔註227〕

準備乾燥的葵菜、鹽及乾的大麥飯，一層一層的重複舖好，再加入清水，水量須能淹過上述所有材料，七天之後，葵菜變黃就完成了。

6. 蠃 醢

蠃醢，用蝸牛爲原料作的醬菜；〈特牲饋食禮〉稱「蝸醢」。醢禮鄭《注》：

> 蠃醢，螔蝓醢。今文蠃爲蝸。〔註228〕

《爾雅・釋魚》：「蚹蠃，螔蝓。」〔註229〕邢《疏》：

〔註219〕漢・毛公傳、鄭玄箋，唐・孔穎達正義：《毛詩正義》卷八之一，頁285。

〔註220〕元・王禎：《農書》卷三十，頁1。

〔註221〕清・阮元：《揅經室集》三集卷五，頁247。見於《續修四庫全書》。

〔註222〕周肇基：〈百菜之主——葵考〉，「中國生物學史暨農學史學術研討會」論文，http://www.zgjds.org/zgjds/07 science/develop 131, htm。

〔註223〕潘富俊：《詩經植物圖鑑》，頁207。

〔註224〕漢・鄭玄注，唐・賈公彥疏：《儀禮注疏》卷四十二，頁501。

〔註225〕漢・崔寔：《四民月令》卷一，頁3。

〔註226〕漢・崔寔：《四民月令》卷一，頁9。

〔註227〕後魏・賈思勰：《齊民要術》卷九，頁510。

〔註228〕漢・鄭玄注，唐・賈公彥疏：《儀禮注疏》卷三，頁30。

蚹蠃，一名蜬蝓。郭云：即蝸牛也。案：《本草》：「蝸牛。」陶《注》
云：生山中及人家，頭形似蛞蝓，但背負殼爾。海邊又一種，正相
似。以火炙殼便走出，食之益顏色，名寄居，亦可作醢。《周禮》饋
食之豆：「葵菹蠃醢。」是也。〔註230〕

「蜬蝓」又名「蚹蠃」，即「蝸牛」，與鄭玄之說解一致。用火烤使之脫殼，
肉可供食用，殼能用來治疳疾、牙痛。〔註231〕

遠古時期的人們，就懂得飼育蝸牛，作為食物。蝸牛是一種食草的軟體
動物，居於池澤草樹間，不必準備額外的飼料、特殊設備，或馴養領頭動物，
只需一岩池或密集的場所，就可大量繁殖、成群飼養，比起餵養一般家禽、
家畜來得容易。蝸牛的養殖相當早，在歐洲阿格利得南部弗蘭克提岩洞曾發
現大約一萬零七百年前的巨型蝸牛殼堆；美索不達米亞的一些地區也有大量
的蝸牛殼，足見蝸牛是古蘇美人飯桌上的家常菜。〔註232〕《儀禮》中除〈士
冠禮〉、〈特牲饋食禮〉外，〈士喪禮〉、〈既夕禮〉、〈士虞禮〉、〈少牢饋食禮〉
也都備有蠃醢，而《禮記·內則》記諸侯國君燕食所用食物中，亦有「蝸醢」
一味。可證在中國至少於先秦時，也已將蝸牛充作菜餚。

7. 栗

栗，落葉喬木。在氣候溫涼的山區，幾乎都能找到栗樹的蹤跡，通常可
達四、五丈高。果實稱「栗子」，中國三大可食栗為：板栗、茅栗、錐栗。
〔註233〕由《詩經》諸篇所載觀察，〔註234〕栗樹於當時已然人工栽培，屬經
濟價值作物。

〔註229〕晉·郭璞注，宋·邢昺疏：《爾雅注疏》卷九，頁166。

〔註230〕同上註。

〔註231〕明·李時珍：《本草綱目》卷四十二，頁1330。

〔註232〕〔美〕菲利普·費爾南德斯·阿莫斯圖著；何舒平譯：《食物的歷史》，頁67
～68。

〔註233〕潘富俊：《詩經植物圖鑑》，頁267。

〔註234〕〈鄘風·定之方中〉：「樹之榛栗，椅桐梓漆，爰伐琴瑟。」
〈鄭風·東門之墠〉：「東門之栗，有踐家室。」
〈唐風·山有樞〉：「山有漆，隰有栗。」
〈秦風·車鄰〉：「阪有漆，隰有栗。」
〈小雅·四月〉：「山有嘉卉，侯栗侯梅。」
漢·毛公傳、鄭玄箋，唐·孔穎達正義：《毛詩正義》，〈定之方中〉卷三之一，
頁115；〈東門之墠〉卷四之四，頁178；〈山有樞〉卷六之一，頁218；〈車
鄰〉卷六之三，頁234；〈四月〉卷十三之一，頁442。

　　栗子的外皮堅硬披長刺，果肉味甜有糖分，盛產期為秋季，約在每年的十至十二月間，由於口感鬆軟、香甜不膩，金黃色的果實常被製成各式糕點，或融入菜餚中。《禮記‧內則》：

　　　　棗、栗、飴、蜜以甘之。〔註235〕

食物中加入棗、栗、糖或蜂蜜調味，會令人感到甘甜。《神異經》：

　　　　東北荒中有木，高四十丈，葉長五尺，廣三尺，名曰栗。其實徑三

　　　　尺二寸，其殼赤，其肉黃白，味甜，食之令人短氣而渴。〔註236〕

栗子赤殼肉黃，雖美味，但不宜過量。《清異錄》：

　　　　晉王嘗窮追汴師，糧運不繼，蒸栗以食，軍中遂呼栗為「河東飯」。

〔註237〕

後唐莊公李存勗率兵追趕後梁軍隊，遇補給中斷，曾以蒸栗為食；栗子豐富的澱粉質可充當飯食，予人飽足感。傳統醫學認為栗子具補腎、強筋、活血等功效，現代醫學家也發現栗子含有豐富的澱粉、β-胡蘿蔔素與維生素 C，是十分健康的養生食材。

　　栗子在使用前，一般須經過挑選。〈聘禮〉「郊勞」章：

　　　　夫人使下大夫勞以二竹簋方，玄被纁裏，有蓋。其實棗蒸栗擇，兼

　　　　執之以進。〔註238〕

擇指選擇。《禮記‧內則》：

　　　　栗曰撰之。〔註239〕

陳澔《禮記集說》：

　　　　撰猶選也，栗多蟲蠹，宜選擇之。〔註240〕

栗子容易長蛀蟲，所以應仔細揀選，藉以去除有蟲者。但遇喪禮時則不須如此，〈士喪禮〉「陳大斂衣奠及殯具」章：

　　　　兩籩無縢，布巾，其實栗，不擇。〔註241〕

是為表示喪家哀傷，故無心揀擇。考古發掘的墓葬，如河南信陽戰國中期楚

〔註235〕漢‧鄭玄注，唐‧孔穎達等正義：《禮記正義》卷二十七，頁518。

〔註236〕漢‧東方朔：《神異經》卷一，頁3307。見於《增訂漢魏叢書》（四）。

〔註237〕宋‧陶穀：《清異錄》卷之二，頁11。

〔註238〕漢‧鄭玄注，唐‧賈公彥疏：《儀禮注疏》卷三，頁30。

〔註239〕漢‧鄭玄注，唐‧孔穎達等正義：《禮記正義》卷二十八，頁529。

〔註240〕元‧陳澔：《禮記集說》卷五，頁158。

〔註241〕漢‧鄭玄注，唐‧賈公彥疏：《儀禮注疏》卷三十七，頁433。

墓、湖北荊門包山戰國中晚期二號楚墓，都有栗的遺存。

（二）禮　器

所用禮器，包含：盛酒器——甒，飲酒器——爵，挹取器——勺；盛物器——籩、籩、豆，烹煮器——鼎，切肉器——俎；及其他類：禁、扃、鼏。因部分已於前文說明，故此處只討論爵、鼎、俎、禁、扃、鼏。至於載俎需用匕，故本章經文雖未提到，仍於此處說明。

1. 爵

爵，酒器。圓腹，三尖高足，杯緣二柱，前有流、後有尾、旁有鋬。少數為單柱或無柱，或方腹。

器名的由來，據《說文解字·鬯部》：

> 爵，禮器也，𤔔象爵之形，中有鬯酒。又，持之也。所㠯飲器象雀者，取其鳴節節足足也。〔註242〕

《宣和博古圖·爵總說》也說：

> 爵則又取其雀之象。蓋爵之字通於雀。雀，小者之道，下順而上逆也。俛而啄，仰而四顧，其慮患也深。今攷諸爵，前若噣，後若尾，足修而銳，形若戈然，兩柱為耳。〔註243〕

說明爵的器型似雀，又爵、雀古音相通，故此類器物因而得名。

爵也可作為飲器的總名。《詩經·大雅·行葦》：「或獻或酬，洗爵奠斝。」〔註244〕毛《傳》：

> 斝，爵也。〔註245〕

《禮記·明堂位》：

> 爵，夏后氏以琖，殷以斝，周以爵。〔註246〕

斝、觶、琖等都可以爵稱之。前引〈士冠禮〉「冠日陳設」章鄭《注》：

> 爵三升曰觶。〔註247〕

賈《疏》：

〔註242〕漢·許慎撰，清·段玉裁注：《說文解字注》五篇下，頁217。
〔註243〕宋·宋徽宗敕撰：《宣和博古圖》，頁1016～1017。
〔註244〕漢·毛公傳、鄭玄箋，唐·孔穎達正義：《毛詩正義》卷十七之二，頁600。
〔註245〕同上註。
〔註246〕漢·鄭玄注，唐·孔穎達等正義：《禮記正義》卷三十一，頁581。
〔註247〕漢·鄭玄注，唐·賈公彥疏：《儀禮注疏》卷二，頁17。

相對爵觶有異，散文則通，皆曰爵，故鄭以爵名觶也。〔註248〕

故凌廷堪《禮經釋例》：

> 凡酌酒而飲之器曰爵。爵者實酒之器之統名。其別曰爵、曰觚、曰
> 觶、曰角、曰散。〔註249〕

是統名與析名之別；飲器可總稱爲「爵」，若分言之，則有爵、觚、觶、角、散等等。

一般認爲爵是供飲酒之用的器物，《禮記·禮器》：

> 宗廟之祭，貴者獻以爵，賤者獻以散。〔註250〕

在眾飲器當中，屬於較尊貴之禮器，故宗廟祭祀時，位尊者獻用爵。但就實物觀察，也有可能具溫酒的功能，容庚所藏之「🔲父乙爵」，腹下有煙痕，知可置火於下用來煮酒。〔註251〕

爵有陶、木、青銅製者，《周禮·天官冢宰·大宰》：

> 及祀之日，贊玉幣、爵之事，祀大神示亦如之，享先王亦如之，贊玉
> 几、玉爵。大朝覲、會同，贊玉幣、玉獻、玉几、玉爵。〔註252〕

玉爵乃刻木爲之，以玉飾之；出土文物則多爲青銅器，盛行於殷商，間及西周前期，春秋戰國已少見。河南偃師二里頭遺址出土的幾件爵，是目前出現最早的一批青銅禮器。

容量據傳世文獻記載爲一升，《周禮·冬官考工記·梓人》：

> 爵一升。〔註253〕

然而現今出土的爵容量懸殊很大，有大或特大型，沒有統一規格，與文獻所載不符。定名始於宋人，是否即《儀禮》所謂之爵，尚待確定。〔註254〕

2. 鼎

鼎，常見烹煮器，相當於現代的鍋子，主要用於煮肉、盛肉。《爾雅·釋器》：

> 鼎絕大謂之鼐，圜弇上謂之鼒，附耳外謂之釴。〔註255〕

〔註248〕同上註。

〔註249〕清·凌廷堪：《禮經釋例》卷十一，頁312～313。

〔註250〕漢·鄭玄注，唐·孔穎達等正義：《禮記正義》卷二十二，頁454。

〔註251〕容庚：《商周彝器通考》，頁374。

〔註252〕漢·鄭玄注，唐·賈公彥疏：《周禮注疏》卷二，頁36。

〔註253〕漢·鄭玄注，唐·賈公彥疏：《周禮注疏》卷四十一，頁638。

〔註254〕容庚：《商周彝器通考》，頁374。

〔註255〕晉·郭璞注，宋·邢昺疏：《爾雅注疏》卷五，頁79。

最大的稱「鼐」，斂口的稱「鼒」，鼎耳在腹旁的稱「釴」。以考古實物爲證，有自名器，如「毛公鼎」銘文：「用作尊鼎。」〔註256〕「白俗父鼎」銘：「用作寶鼎。」〔註257〕鼎形器自名爲「鼒」者，數量頗多，如銘文作「寶鼒」、「尊鼒」、「膳鼒」、「旅鼒」、「行鼒」、「媵鼒」等等。一九七五年陝西岐山董家村出土三件一套的列鼎，其中甲、丙兩鼎器銘作「尊鼎」，乙鼎作「尊鼎」，〔註258〕可知「鼐」、「鼒」、「鼎」等，皆是鼎之別名。

就鼎的形狀，是出於實用角度的設計。形狀大多是三足、兩耳、圓腹，也有四足的方鼎。初爲陶製，新石器時代有陶鼎，例如裴李崗文化有三足鼎形器。相較之下，青銅鼎一般口緣多有兩耳，方便扛抬。鼎耳分直立耳和附耳兩種，足大致分直立和曲線兩種。一般直立耳鼎，足也直立且較長；附耳鼎，足較曲而短；雙耳附口緣外者，多是由於上有蓋的緣故。殷至周初的銅鼎雙耳多直立於口緣，體積也較高；春秋戰國者多附口外。目前可見最早的青銅圓鼎見於二里頭文化，方鼎較晚出，見於二里崗文化。而出土的鼎最大者爲晚商的司母戊方鼎，高二百零一公分，重八百七十五公斤。〔註259〕

就功能而言，分鑊鼎、升鼎、陪鼎三類。鑊鼎煮肉，升鼎盛肉，陪鼎盛放加饌之食。前文曾引〈士冠禮〉：「特豚，載，合升。」〔註260〕鄭《注》云：

> 煮於鑊曰亨，在鼎曰升，在俎曰載。〔註261〕

此外，鄭玄在〈士虞禮〉〔註262〕、〈特牲饋食禮〉〔註263〕、〈少牢饋食禮〉，〔註264〕以及《周禮·天官冢宰·亨人》〔註265〕、《周禮·春官·大宗伯》

〔註256〕羅振玉編：《三代吉金文存》（一）卷十，頁465。
〔註257〕羅振玉編：《三代吉金文存》（一）卷十，頁416。
〔註258〕岐山縣文化館、陝西省文管會等：〈陝西省岐山縣董家村西周銅器窖穴發現簡報〉，《文物》1976年第五期，頁29。
〔註259〕容庚、張維持：《殷周青銅器通論》，頁28。
〔註260〕漢·鄭玄注，唐·賈公彥疏：《儀禮注疏》卷三，頁29。
〔註261〕同上註。
〔註262〕「側亨于廟門外之右，東面。」《注》：「亨於爨用鑊。」
　　　漢·鄭玄注，唐·賈公彥疏：《儀禮注疏》卷四十二，頁493。
〔註263〕「亨于門外東方，西面北上。」《注》：「亨，煮也。煮豕、魚、腊以鑊，各一爨。《詩》云：『誰能亨魚，溉之釜鬵。』」
　　　漢·鄭玄注，唐·賈公彥疏：《儀禮注疏》卷四十四，頁523。
〔註264〕「雍爨在門東南，北上。」《注》：「羊、豕、魚、腊皆有竈，竈西有鑊。」
　　　漢·鄭玄注，唐·賈公彥疏：《儀禮注疏》卷四十七，頁560。
〔註265〕「掌共鼎鑊，以給水火之齊。」《注》：「鑊，所以煮肉及魚、腊之器。」
　　　漢·鄭玄注，唐·賈公彥疏：《周禮注疏》卷四，頁63。

〔註266〕諸篇，主張在鑊上煮肉、魚和腊的器具爲鑊。凌廷堪《禮經釋例》：

> 凡亨牲體之器曰鑊。〔註267〕

明顯贊同鄭玄所言，在鑊烹煮，而後盛於鼎中抬入。就經文觀察，烹煮用鼎除〈少牢饋食禮〉明確稱爲「鑊」外，他篇不言「鑊」字，或許所陳之鼎（盛牲之鼎）即烹牲之鼎，一器二用，因此省文不具載。然〈特牲饋食禮〉「祭日陳設及位次」章：

> 羹飪，實鼎，陳于門外如初。〔註268〕

是肉煮好後，再裝入鼎中，程序有先後之別，則應似用二器。考古發現有些鼎底留有煙痕，如：湖南衡南春秋墓出土銅鼎十七件，皆圓底，鼎外都有煙炱痕，個別器底還有補痕多處，可證是久經使用的炊器。〔註269〕江蘇丹陽司徒窖藏西周前期鼎十一件，外腹間大都有煙炱痕，是實用器物。〔註270〕有煙痕者，或即爲「鑊」，是爲炊器；無煙痕者，或即「升鼎」，作爲食器或盛器。河南淅川下寺春秋楚墓二號墓，平底鼎共七件，器皆銘「王子午」，蓋銘「佣止之鼎。」大小相次，大者高六十七公分、口徑六十六公分、重一百點二公斤；小者高六十公分、口徑五十八公分。出土時鼎內均盛牛骨多塊，蓋上各置銅匕一件，〔註271〕可能是所謂的「升鼎」，安徽壽縣蔡昭侯墓鼎銘也作「鼎」。

　　用鼎陪葬的習俗，在新石器大汶口文化、龍山文化就已發現。二里崗墓葬已見用鼎數顯現墓主身分。〔註272〕墓葬出土成套的鼎有大小相同，也有相次的。如山東發掘春秋中期墓，內有鼎十一件，含鑊鼎二件及夔紋蓋鼎九件，而九件夔紋蓋鼎大小、花紋皆同。〔註273〕湖北京山蘇家壠春秋曾侯墓

〔註266〕「凡祀大神、享大鬼、祭大示，帥執事而卜日，宿，眡滌濯，涖玉鬯，省牲、鑊，奉玉齍，詔大號，治其大禮，詔相王之大禮。」《注》：「鑊，亨牲器也。」漢・鄭玄注，唐・賈公彥疏：《周禮注疏》卷十八，頁283。

〔註267〕清・凌廷堪：《禮經釋例》卷十一，頁314。

〔註268〕漢・鄭玄注，唐・賈公彥疏：《儀禮注疏》卷四十四，頁523。

〔註269〕湖南省博物館：〈湖南衡陽湘潭發現春秋墓葬〉，《考古》1978年第五期，頁297。

〔註270〕鎮江市博物館、丹陽縣文物管理委員會：〈江蘇丹陽出土的西周青銅器〉，《文物》1980年第八期，頁3～4。

〔註271〕河南省丹江庫區文物發掘隊：〈河南省淅川縣下寺春秋楚墓〉，《文物》1980年第十期，頁27。

〔註272〕湖北省博物館、北京大學考古專業盤龍城發掘隊：〈盤龍城一九七四年度田野考古紀要〉，《文物》1976年第二期，頁13。

〔註273〕山東省文物考古研究所、沂水縣文物管理站：〈山東沂水劉家店子春秋墓發掘

之九鼎大小相次，大者高二十六點五公分、口徑三十八點三公分；中者高二十二點八公分、口徑三十四公分；小者高十五點五公分、口徑二十七公分。〔註274〕

3. 俎

俎，盛肉器。《說文解字·且部》：

> 俎，禮俎，从半肉在且上。〔註275〕

又：

> 且，所㠯薦也，从几，足有二橫，一，其下地也。〔註276〕

象足上支撐一長方形案面，足間有橫木。原多爲木製，與坐具之几形狀近似。

〈丌部〉：

> 丌，下基也，荐物之丌，象形。……讀若箕同。〔註277〕

段《注》：

> 平而有足，可以薦物。〔註278〕

是置物之器座。《方言》：

> 俎，几也。〔註279〕

直指俎就是几。據王國維〈說俎〉下分析：古文且、几同字，蓋古時俎、几形制略同，故以一字象之。古文「圖」字與篆文「且」字，象自上觀下之形；「爿」、「⊨」二形乃自其側觀之，象左右之几；「丌」與「几」是自其正面觀之。合此三形，可略知俎制。〔註280〕此說確是。

俎的形制，《詩經·魯頌·閟宮》：「毛炰胾羹，籩豆大房。」〔註281〕毛《傳》：

> 大房，半體之俎也。〔註282〕

置剖半牲體的俎，稱爲「大房」。鄭《箋》：

簡報〉，《文物》1984年第九期，頁3。

〔註274〕湖北省博物館：〈湖北京山發現曾國銅器〉，《文物》1972年第二期，頁47。

〔註275〕漢·許慎撰，清·段玉裁注：《說文解字注》十四篇上，頁716。

〔註276〕漢·許慎撰，清·段玉裁注：《說文解字注》十四篇上，頁716。

〔註277〕漢·許慎撰，清·段玉裁注：《說文解字注》五篇上，頁199。

〔註278〕同上註。

〔註279〕漢·揚雄：《方言》卷五，頁767。

〔註280〕王國維：《觀堂集林》，頁75～76。

〔註281〕漢·毛公傳、鄭玄箋，唐·孔穎達正義：《毛詩正義》卷二十之二，頁778。

〔註282〕同上註。

大房，玉飾俎也。其制：足間有橫，下有跗。似乎堂後有房。〔註283〕

〈少牢饋食禮〉：「腸三、胃三，長皆及俎拒。」〔註284〕鄭《注》：

拒讀爲介距之距。俎距，脛中當橫節也。〔註285〕

《禮記·明堂位》：

俎，有虞氏以梡，夏后氏以嶡，殷以椇，周以房俎。〔註286〕

鄭《注》：

梡，斷木爲四足而已。嶡之言蹶也，謂中足爲橫距之象，《周禮》謂
之距。椇之言枳椇也，謂曲橈之也。房謂足下跗也，上下兩間，有
似於堂房。〔註287〕

總括鄭玄之義：俎的四足兩兩間有木條橫向相連，因此形成上下之別，象堂
與房有所區隔；至於「大房」之上尙有玉飾。《國語·周語》中：

禘郊之事，則有全烝；王公立飫，則有房烝；親戚宴饗，則有殽烝。
〔註288〕

韋昭《注》：

全烝，全其牲體而升之。凡郊禘皆血腥……房，大俎也。《詩》云：
「籩豆大房」，謂半解其體，升之房也。殽烝，升體解節折之俎也。
〔註289〕

周定王向受晉景公之命，前來行聘問之禮的正卿隨會言：天子行宗廟祭祀，用
全牲；與諸侯相會，用半牲，載於「房」，是比較大的俎；招待親友時，牲體須
切塊。〈士冠禮〉醮禮的第一類，三醮時，用乾肉折俎，就是切成塊的肉乾。〈閟
宮〉載魯僖公修復宗廟，舉行祭祀大典，因是諸侯所用，則爲半牲，但所載之
俎也稱「房」，故毛《傳》的說解與《國語·周語》載錄的制度一致。王國維〈說
俎〉上就文字的角度，主張升半體之俎當有兩房，如宮室之有左右兩房，半體
各置其一，合兩房而牲體全，故謂之「房俎」。有虞氏之「梡」與殷商之「椇」
皆全烝之俎；周用半體之俎，而鄭君堂房之說略顯迂遠。〔註290〕卜辭作 𝌀、𝌁、

〔註283〕同上註。
〔註284〕漢·鄭玄注，唐·賈公彥疏：《儀禮注疏》卷四十七，頁562。
〔註285〕同上註。
〔註286〕漢·鄭玄注，唐·孔穎達等正義：《禮記正義》卷三十一，頁583。
〔註287〕同上註。
〔註288〕吳·韋昭注：《國語》卷二，頁48～49。
〔註289〕同上註。
〔註290〕王國維：《觀堂集林》，頁74。

⿱、⿳等形，象置肉俎上，古、金文亦有俎字，作⿳（貉子卣）、⿳（⿳女彝），部分字形顯現俎有分兩房或三房者。〔註291〕包山楚墓出一木質窄面小俎，長三十四公分、寬一點四公分、高十九公分，遣策稱「小房」。相較於一般的俎，寬度略窄。目前考古所見俎有壁形足、四隻足，也有案下附鈴者，〔註292〕然尚未見如鄭玄、許慎所說足間有趺者，也未見王國維所言分隔爲左右兩房之俎。

俎是與鼎、匕配套使用的器具，因此文獻上的記載經常與鼎相連，《周禮·天官冢宰·膳夫》：

> 王日一舉，鼎十有二，物皆有俎。〔註293〕

天子朝食用十二鼎：九牢鼎、三陪鼎；牢鼎之牲肉，須置俎上，是用九俎。《史記·殷本紀》：

> 伊尹名阿衡。阿衡欲奸湯而無由，乃爲有莘氏媵臣，負鼎俎，以滋
> 味說湯，致于王道。〔註294〕

伊尹以滋味說商湯時，除了帶烹煮用的鼎外，同時也攜帶了俎。

俎有盛肉或切肉的功能，《莊子·達生》：

> 祝宗人玄端以臨牢筴，說彘曰：「女奚惡死，吾將三月豢女，十日戒，
> 三日齊，藉白茅，加女肩、尻乎雕俎之上，則女爲之乎？」〔註295〕

可將牲肉置放其上。西周懿、孝時期「瘐壺」銘文載周王賜瘐「麌俎」、「羔俎」，故俎可盛放不同種類的牲體，且各有專名。〔註296〕《史記·項羽本紀》：

> 樊噲曰：「大行不顧細謹，大禮不辭小讓。如今人方爲刀俎，我爲魚
> 肉。何辭爲？」〔註297〕

〔註291〕羅振玉：《殷虛書契考釋》卷中，頁132。

〔註292〕義縣帶鈴俎形器，一九七九年義縣花爾樓出土，器長三十三點五公分、寬十八公分、高十四點五公分、板壁厚零點二公分，重二點五公斤。盤口如槽，呈長方形，下有板狀四足，似几案小；如俎，盤口起沿，故暫稱作俎形器。盤底懸繫二扁體鈴，鈴內有舌，振動發聲，別具一格。板足飾精緻的細雷紋地饕餮紋，造型奇特，用途待考。

魏凡：〈就出土青銅器探索遼寧商文化問題〉，《遼寧大學學報》1983 年第五期，頁 55。

〔註293〕漢·鄭玄注，唐·賈公彥疏：《周禮注疏》卷四，頁57。

〔註294〕漢·司馬遷撰，〔日〕瀧川資言考證：《史記會注考證》卷三，頁200。

〔註295〕周·莊周撰，晉·郭象注，宋·林希逸口義：《南華經》卷十一，頁434～435。

〔註296〕馬承源主編：《中國青銅器》，頁170。

〔註297〕漢·司馬遷撰，〔日〕瀧川資言考證：《史記會注考證》卷七，頁563。

是在俎上切肉之例。羅振玉《古器物識小錄》：

> 古鼎銘往往云作饋彝，饋從爿從肉從匕，蓋象以匕取肉於大鼎而分
>
> 納於旅鼎中；爿則俎形，殆取牲體時暫置俎上以去其潛。〔註298〕

壽縣朱家集楚墓戰國末十字紋俎，四足無花紋，與鼎同出。長三十二點六公分、寬十六點三公分、高十六點三公分，中作四個十字形孔，以去肉汁。〔註299〕可佐證此說。

俎有用木、石、銅等材質製者。木製經久腐朽，不易保存，故數量不多，新石器時代晚期龍山文化陶寺類型遺址，發現長方形木俎。〔註300〕石製者，如安陽西北崗 1001 號殷王陵，曾發現石殘俎二件。〔註301〕殷墟大司空村62M53 貴族墓隨葬石俎一件，長二十二點八公分、寬十三點四公分、高十二公分，兩面雕有兩個獸面紋。青銅製俎多爲商代和西周時器，傳世晚商饕餮蟬紋銅俎，高十八點八公分，上狹長而微凹，四周圍以蟬紋，兩端飾夔紋，兩足微彎，飾以饕餮及蟬紋。河南淅川下寺春秋楚墓二號墓，出俎一件，凹形足，器長三十九點八公分、寬二十一點一公分、高二十二公分。〔註302〕漢畫象磚之切肉器，亦類此形。

4. 匕

匕，取食器，進食前協助自鼎、俎、敦等器皿中，取出食物。匕兼有切割和挑取食物的功用，於傳世文獻中，有許多別稱，且眾說紛紜，但因其爲自名器，透過銅器銘文可知其本名，藉由出土文物可得證其器型。

「匕」字象形，於甲骨文、金文、小篆的字形皆相類似。甲骨文作ᒡ、ᒥ、ᒪ、ᒤ等形，小篆作匕。〔註303〕《說文解字‧匕部》：

> 匕，相與比敘也。从反人。匕亦所吕用比取飯，一名柶，凡匕之屬
>
> 皆从匕。〔註304〕

許慎認爲「匕」字的本義爲「相與比敘」，與「比」字義相同。李孝定則據字

〔註298〕羅振玉：《羅雪堂先生全集》初編七，頁 2845。

〔註299〕容庚、張維持：《殷周青銅器通論》，頁 42。

〔註300〕中國社會科學院考古研究所山西工作隊、臨汾地區文化局：〈1978──1980年山西襄汾陶寺墓地發掘簡報〉，《考古》1983 年第一期，頁 35。

〔註301〕中央研究院歷史語言研究所：《侯家莊 1001 號大墓》，頁 97。

〔註302〕河南省丹江庫區文物發掘隊：〈河南省淅川縣下寺春秋楚墓〉，《文物》1980年第十期，頁 16。

〔註303〕李孝定：《甲骨文字集釋》第八，頁 2679。

〔註304〕漢‧許慎撰，清‧段玉裁注：《說文解字注》八篇上，頁 384～385。

形觀察，主張：「匕」只有一人，無法具有「相與」之義，故其本義實為「匕栖」，乃是象形字。其上端有枝，乃藉以掛於鼎脣以防墜落，如 、 等字可證插於鼎中時，匕有枝之端皆在上。〔註305〕「匕」字有左向或右向者，亦象其放於器中，或置左、或置右之狀態，因之顯現於字形則無定向。

在不同的地域，器物往往有不同的用字與稱呼。匕於《儀禮》又作「枇」、於《禮記》則作「朼」；亦可稱為匙、湯匙或調羹等名。匕與匙相關，許慎《說文解字・匕部》：

> 匙，匕也。從匕，是聲。〔註306〕

段《注》：

> 《方言》曰：「匕謂之匙。」蘇林注《漢書》曰：「北方人名匕曰匙。」
>
> 玄應曰：「匕或謂之匙。」今江蘇所謂楪匙、湯匙也，亦謂之調羹。
>
> 實則古人取飯、載牲之具。其首蓋銳而薄，……亦作「鍉」。玄應曰：
>
> 「《方言》作『提』。」〔註307〕

許慎與揚雄等人皆言「匕」即為「匙」；蘇林又指出北方人稱「匕」為「匙」；實則南方人也用「匙」之名，如段玉裁就說清代江蘇一帶，稱之為「楪匙」、「湯匙」、「調羹」，是更具體的以其調製茶飲、湯品等食物的功能來稱呼之。「匙」的構形：義符為「匕」、聲符為「是」，屬形聲字，造字應較「匕」字晚。二器形狀類近，可能僅是地域上的區別，造成名稱各異。

匕的使用之例，於儀節中屢見。《周易・震卦》卦辭曰：

> 震來虩虩，笑言啞啞；震驚百里，不喪匕鬯。〔註308〕

王弼《注》：

> 匕，所以載鼎實。鬯，香酒，奉宗廟之盛也。〔註309〕

可知匕常使用於典禮之中。就取用的食物區分，匕可分為取牲體、取黍稷及取牲汁三類。如《儀禮・士昏禮》「婦至成禮」章：

> 婦至，主人揖婦以入。及寢門，揖入，升自西階。媵布席于奧。夫
> 入于室即席，婦尊西，南面；媵、御沃盥交。贊者徹尊冪。舉者盥，
> 出，除冪，舉鼎入，陳于阼階南，西面北上。匕俎從設，北面載，

〔註305〕李孝定：《甲骨文字集釋》第八，頁2679～2682。

〔註306〕漢・許慎撰，清・段玉裁注：《說文解字注》八篇上，頁385。

〔註307〕同上註。

〔註308〕魏・王弼、韓康伯注，唐・孔穎達等正義：《周易正義》卷五，頁114。

〔註309〕同上註。

執而俟。匕者逆退，復位于門東，北面西上。〔註310〕

鄭《注》：

匕所以別出牲體也，俎所以載也。〔註311〕

舉行婚禮時，新娘被迎接到新郎家後，須接受其款待。匕與鼎、俎同設，是用來由鼎中取牲肉，置於俎上，以進於席前。至於《儀禮・少牢饋食禮》「祭日視殺視濯」章：

明日，主人朝服，即位于廟門之外，東方南面。宰、宗人西面，北上。牲北首東上。司馬刲羊，司士擊豕，宗人告備，乃退。雍人摡鼎、匕、俎于雍爨，雍爨在門東南，北上。廩人摡甑、甗、匕與敦于廩爨，廩爨在雍爨之北。司宮摡豆、籩、勺、爵、觚、觶、几、洗、篚于東堂下，勺、爵、觚、觶實于篚；宰摡，饌豆、籩與篚于房中，放于西方；設洗于阼階東南，當東榮。〔註312〕

其中雍人與廩人皆需用匕。鄭玄於〈廩人〉之職下《注》云：

匕，所以匕黍稷。〔註313〕

可見雍人所用之匕，仍用來別牲體；廩人掌米糧之藏用，其匕是別黍稷之用。段玉裁《說文解字注》：

匕即今飯匙也，〈少牢饋食禮〉所謂飯橾也。……蓋大於飯匙，其形製略如飯匙，故亦名匕。〔註314〕

亦說明匕是用來取飯的器具。另外《儀禮・有司徹》則用匕取鼎中肉汁，如「主人受尸酢」章：

次賓羞匕湆如尸禮，席末坐啐酒，執爵以興。〔註315〕

是受飲時用匕自鼎中取出煮肉汁之例。十七篇裡有七篇的儀文中載有用匕，僅〈少牢饋食禮〉之「祭日視殺視濯」章，匕與甑、甗、敦同設，用以取黍稷。而由鼎中取物，又可細分為取牲肉或取肉汁二類。故段玉裁又云：

按《禮經》匕有二，匕飯、匕黍稷之匕蓋小，《經》不多見；其所以

〔註310〕漢・鄭玄注，唐・賈公彥疏：《儀禮注疏》卷五，頁50～51。
〔註311〕同上註。
〔註312〕漢・鄭玄注，唐・賈公彥疏：《儀禮注疏》卷四十七，頁559～560。
〔註313〕同上註，頁560。
〔註314〕漢・許慎撰，清・段玉裁注：《說文解字注》八篇上，頁384～385。
〔註315〕漢・鄭玄注，唐・賈公彥疏：《儀禮注疏》卷四十九，頁587。

別出牲體之匕，十七篇中屢見。〔註316〕

誠如其所言，《儀禮》中以取牲體之用爲絕大多數。

　　就文獻觀察，匕有名爲：枇、疏匕、桃匕者，如《儀禮・有司徹》「陳鼎階下設俎俟載」章：

　　　雍人合執二俎，陳于羊俎西，並，皆西縮；覆二疏匕于其上，皆縮俎，西枋。〔註317〕

鄭《注》：

　　　疏匕，匕柄有刻飾者。〔註318〕

說明疏匕是一種柄部有刻紋裝飾的匕。又「主人獻尸從獻者」章：

　　　雍人授次賓疏匕與俎。受于鼎西，左手執俎左廉，縮之，卻右手執匕枋，縮于俎上，以東面受于羊鼎之西。司馬在羊鼎之東，二手執桃匕枋以挹湆，注于疏匕，若是者三。〔註319〕

鄭《注》：

　　　此二匕者，皆有淺升，狀如飯椮；桃，長枋可以抒物於器中。〔註320〕

疏匕與桃匕雖是用來由鼎中取牲肉或牲汁，但與取飯的匕在形狀上實無極大的差異，而桃匕的柄較長，是其特別之處。故聶崇義《三禮圖》即依據《儀禮》經文，將匕分列爲三圖。〔註321〕先秦時期的飲食習慣，與今日不甚相同，《禮記・曲禮》上：

　　　毋摶飯，毋放飯。〔註322〕

吃飯時不可把飯揉搓成一團，已抓起的飯不能放回去。可見當時是用手將飯送入口中，顯示當時人們極少使用食具，取食後直接送進口內，匕是用來取肉入鼎、脊入俎，或盛飯的禮器，而非進食工具。安徽壽縣蔡侯墓出二匕，一隨鼎出、一隨鬲出，亦可佐證。

　　材質有木、銅或骨製等。據前文所引《儀禮》經文及《說文解字》原文，「匕」又作「枇」，「匙」也作「梶」或「鍉」，可見匕以木製者居多，亦有青

〔註316〕漢・許愼撰，清・段玉裁注：《說文解字注》八篇上，頁384～385。
〔註317〕漢・鄭玄注，唐・賈公彥疏：《儀禮注疏》卷四十九，頁582。
〔註318〕同上註。
〔註319〕漢・鄭玄注，唐・賈公彥疏：《儀禮注疏》卷四十九，頁585。
〔註320〕同上註。
〔註321〕宋・聶崇義：《新定三禮圖》卷十三，頁3。
〔註322〕漢・鄭玄注，唐・孔穎達等正義：《禮記正義》卷二，頁41。

銅製者。《詩經・小雅・大東》：

> 有饛簋飧，有捄棘匕。〔註323〕

毛《傳》：

> 匕所以載鼎實。棘，赤心也。〔註324〕

孔《疏》：

> 棘，赤心者。以棘木赤心，言於祭祀賓客皆赤心盡誠也。〔註325〕

棘是一種有刺的棗樹，木心爲赤色，取之製作匕，在祭禮使用，乃諧音取其赤誠眞心之意，藉以表示參加典禮者虔敬眞誠的心。《禮記・雜記》上：

> 枇以桑，長三尺，或曰五尺。畢用桑，長三尺，刊其柄與末。〔註326〕

鄭《注》：

> 此謂喪祭也，吉祭枇用棘。〔註327〕

就使用場合而言，可知吉事用棘木製的匕；凶事用桑樹製的匕，所以用桑者，或亦取其與「喪」字諧音。就考古發掘觀察，地下出土的銅匕較多，木製匕較少，可能由於木料較易腐朽，阜陽雙古堆西漢汝陰侯一號墓出土西漢初期玉柄漆匕一件，採木胎骨、斫製，匙呈舌形，柄爲柱形、嵌白玉管。〔註328〕

匕的形狀如今日的羹匙，體微凹，以方便取物，據容庚《商周彝器通考》論述、分析，其形有三：（1）銳末而柄曲，如商代的「蟬紋匕」；（2）柄短而曲者，如春秋戰國時期的「象紋匕」；（3）體橢圓而柄直者，如春秋戰國時期的「魚鼎匕」。〔註329〕因所匕取之物有別，故其匙葉部分或圓、或尖，例如《陶齋吉金錄》所收之匕，呈桃葉形；羅振玉貞松堂所藏的「昶中匕」，匕銳末圓，可能是爲切肉，故需較爲銳利；至於「魚鼎匕」則爲匕魚之用，魚熟則爛，不適宜銳匕，故末圓。〔註330〕而安徽壽縣蔡侯墓出土匕十五件，隨鼎出者，葉前略平；隨鬲出者，葉前圓。〔註331〕取黍稷用的匕，因不需切割，但圓無妨，加以

〔註323〕漢・毛公傳、鄭玄箋，唐・孔穎達正義：《毛詩正義》卷十三之一，頁437。

〔註324〕同上註。

〔註325〕同上註。

〔註326〕漢・鄭玄注，唐・孔穎達等正義：《禮記正義》卷四十一，頁724。

〔註327〕同上註。

〔註328〕安徽省文物工作隊、阜陽地區博物館、阜陽縣文化局：〈阜陽雙古堆西漢汝陰侯墓發掘簡報〉，《文物》1978年第8期，頁13、20。

〔註329〕容庚：《商周彝器通考》，頁372～373。

〔註330〕羅振玉：《貞松堂集古遺文》（下）卷十一，頁893。

〔註331〕安徽文物管理委員會、安徽省博物館：《壽縣蔡侯墓出土遺物》，頁7。

有時人們需要由食器內取羹，匕的形狀逐由扁平逐漸演變爲凹度加深。〔註332〕

彝器的器名，原多爲宋人所定，但隨著地下發掘的文物數量日豐，從而更加有助於確定器物的名稱及形狀。陝西永壽縣出土一西周中期以後的銅匕，發現時原在鼎內。葉內有銘文兩行，每行四字：

　　　　仲枏父作匕永寶用。〔註333〕

陝西出土微伯瘋匕二件，爲西周晚期器，匕首橢圓而尖，曲柄呈索紋，末端平，上飾鏤孔雙頭獸紋，器首內鑄銘文一行五字：

　　　　微伯瘋作匕。〔註334〕

凡此皆確切的注明其名稱，有助於了解匕的形制。

匕之使用甚早，時間可溯至新石器時代，出土實物有骨製、陶製、銅製、玉製者，舉例如下：

（1）河北武安磁山文化遺址發現骨匕二十三件。

（2）河南裴李崗文化遺址發現許多陶匕，出土時多置於陶罐內，可分配食物用。

（3）長江流域河姆渡文化遺址，出土一件製作精細的骨匕，與現代餐匙形狀接近，唯匙勺略平。

（4）甘肅永靖大何庄齊家文化遺址，出土骨匕一百零六件，柄部都有穿孔，隨葬時置放死者腰側，可能平時多懸於腰間，以備隨時取用。

（5）安徽含山凌家灘遺址墓葬出距今四千五百年的玉匕，與陶鼎、壺、罐同出。〔註335〕

（6）山東王因大汶口文化墓葬出土骨匕，往往置於陶鼎中。〔註336〕

（7）鄭州二里岡殷商出骨匕。〔註337〕

〔註332〕徐海榮主編：《中國飲食史》，頁510。

〔註333〕陝西省文物管理委員會：〈陝西永壽縣、武功縣出土西周銅器〉，《文物》1964年第7期，頁21。

〔註334〕陝西周原考古隊：〈陝西扶風莊白一號西周青銅器窖藏發掘簡報〉，《文物》1978年第3期，頁5。

〔註335〕安徽省文物考古研究所：〈安徽含山凌家灘新石器時代墓地發掘簡報〉，《文物》1989年第四期，頁56。

〔註336〕中國社會科學院考古研究所山東工作隊、濟寧地區文化局：〈山東兗州王因新石器時代遺址發掘簡報〉，《考古》1979年第一期，頁12。

〔註337〕河南省文化局文物工作隊編著、中國科學院考古研究所編輯：《鄭州二里岡》，頁34。

（8）殷墟婦好墓出銅匕、骨匕、玉匕。銅匕一件，通長十公分，頭端作貨貝形，長二點九公分，細長柄，下端較寬，中心稍內凹，出土時，與兩件骨勺同放在一件玉簋內；骨匕十六件，多爲長條形，利用動物的肱骨製成，少數用豬的脛骨或肩胛骨；玉匕二件，形似骨匕，一長十四點七公分、柄端寬二點一公分、厚零點四公分，一長十八點八公分、柄端寬一點九公分、厚零點一五～零點五公分。〔註338〕

（9）湖北省隨縣曾侯乙墓出匕十四件，其中十二件置於鼎內或口沿上，兩件在小銅鬲上。〔註339〕

（10）安徽長豐戰國墓一陶漏瓢，短柄，橢圓形盤內有五個孔眼，有濾去水分的作用。〔註340〕

（11）包山楚墓出端頭爲銅質、柄爲木質髹黑漆的銅匕，通長一百四十四公分、寬十四點九公分、重零點三七公斤，遣策有兩處記有「金比」。〔註341〕

可見約五千年以前初民就已使用餐具切割、取食，象徵飲食文明的進步。

5. 禁

禁，承尊的器座。器型主要依照鄭玄的說解，〈鄉飲酒禮〉「陳設」章：

尊兩壺于房戶間，斯禁，有玄酒在西。〔註342〕

鄭《注》：

斯禁，禁切地無足者。〔註343〕

〈特牲饋食禮〉「視濯視牲」章：

梡在其南，南順，實獸于其上，東首。〔註344〕

鄭《注》：

梡之制，如今大木舉矣，上有四周，下無足。〔註345〕

方形，似輿，四周有欄。《禮記・禮器》：

〔註338〕中國社會科學院考古研究所：《殷墟婦好墓》，頁104、150、206。

〔註339〕湖北省博物館：《曾侯乙墓》，頁216～217。

〔註340〕安徽省文物工作隊：〈安徽長豐楊公發掘九座戰國墓〉，《考古學集刊》第二集，頁55。

〔註341〕湖北省荊沙鐵路考古隊編：《包山楚墓》，頁110。

〔註342〕漢・鄭玄注，唐・賈公彥疏：《儀禮注疏》卷八，頁81。

〔註343〕同上註。

〔註344〕漢・鄭玄注，唐・賈公彥疏：《儀禮注疏》卷四十四，頁522。

〔註345〕同上註。

天子、諸侯之尊廢禁，大夫、士棜禁。〔註 346〕

鄭《注》：

廢猶去也。棜，斯禁也。謂之棜者，無足，有似於棜，或因名云耳。大夫用斯禁，士用棜禁，如今方案，隋長局足，高三寸。〔註 347〕

天子、諸侯之尊下無禁，大夫、士用禁。《禮記・玉藻》：

大夫側尊用棜，士側尊用禁。〔註 348〕

鄭《注》：

棜，斯禁也。無足，有似於棜，是以言棜。〔註 349〕

「禁」又名「棜」、「斯禁」，也稱「棜禁」，名異實同。然而一說「斯禁」無足，一說「棜禁」局足三寸，長方形，狀似方案。鄭玄本身的說解明顯混雜。

禁主要是用來盛放物件，如甒、簋等器，或是獸腊。〈士冠禮〉「醮禮」：「兩甒，有禁。」〔註 350〕鄭《注》：

禁，承尊之器也，名之爲禁者，因爲酒戒也。〔註 351〕

賈《疏》：

醴非飲醉之物，故不設戒也。此用酒，酒是所飲之物，恐醉，因而禁之，故云「因爲酒戒。」若然，玄酒非飲，亦爲禁者，以玄酒對正酒，不可一有一無，故亦同有禁也。〔註 352〕

禁置於器物下面，可以墊高，不必彎身，方便取用，較爲省力。不見得一定放在酒尊之下，據考古發掘的傳世器物觀察，例如簋等器附連方座者所在多有。鄭說因戒酒而設禁，主要是針對盛醴之甒下未設，而賦予的道德意義之說解。除此之外，如前引〈特牲饋食禮〉，棜禁又可用來擺放腊。

傳世和考古發掘的禁不多見，一九○一年寶雞古墓出土「夔蟬紋禁」。而「鼎卣禁」形似箱且正方，中央隆起，可固定鼎卣，使不致移動。「告田觥」

〔註 346〕漢・鄭玄注，唐・孔穎達等正義：《禮記正義》卷二十三，頁 455。
〔註 347〕同上註。
〔註 348〕漢・鄭玄注，唐・孔穎達等正義：《禮記正義》卷二十九，頁 550。
〔註 349〕同上註。
〔註 350〕漢・鄭玄注，唐・賈公彥疏：《儀禮注疏》卷三，頁 28。
〔註 351〕同上註。
〔註 352〕同上註。

下皆有方座，不與上器相連，此應以禁稱之。河南淅川下寺春秋楚墓二號墓，出土禁一件，裝飾有十二個虎形怪獸，器長一百零七公分、寬四十七公分、高二十八公分。〔註353〕

6. 扃

扃，鼎杠，用來舉鼎或關鼎的器具。醮禮鄭《注》：

> 今文扃爲鉉。〔註354〕

《儀禮·公食大夫禮》「陳具」章：「設扃、鼏。」〔註355〕鄭《注》：

> 扃，鼎杠，所以舉之者也。〔註356〕

鼎耳中貫以杠，是爲方便扛抬。《說文解字·戶部》卻說：

> 扃，外閉之關也。从戶、同聲。〔註357〕

指的是門上的橫栓。「扃」解釋作門栓，尚見於《禮記·曲禮》上：

> 入戶奉扃。〔註358〕

進入室門，須雙手手心向上，做出如同捧著扃的動作，以示恭敬。孔《疏》：

> 奉扃之說，事有多家。今謂禮有鼎扃，所以關鼎。今關戶之木與關鼎相似，亦得稱扃。〔註359〕

主張關鼎與關門的作用近似，因此「扃」可兼此二用。至於〈金部〉：

> 鉉，所已舉鼎也。从金、玄聲。《易》謂之鉉，《禮》謂之鼏。〔註360〕

以《周易·鼎卦》爲例，說明扛鼎的器物應稱「鉉」。另〈鼎部〉：

> 鼏，已木橫貫鼎耳舉之。从鼎、冂聲。《周禮》廟門容大鼏七箇。即《易》：「玉鉉大吉」也。〔註361〕

段《注》：

> 按：扃者，假借字。鼏者，正字。鉉者，音近義同字也。以木橫貫鼎耳是曰鼏；兩手舉其木之耑是曰扛鼎。鼏橫於鼎蓋之上，故《禮

〔註353〕河南省丹江庫區文物發掘隊：〈河南省淅川縣下寺春秋楚墓〉，《文物》1980年第十期，頁16。

〔註354〕漢·鄭玄注，唐·賈公彥疏：《儀禮注疏》卷三，頁29。

〔註355〕漢·鄭玄注，唐·賈公彥疏：《儀禮注疏》卷二十五，頁299。

〔註356〕同上註。

〔註357〕漢·許慎撰，清·段玉裁注：《說文解字注》十二篇上，頁587。

〔註358〕漢·鄭玄注，唐·孔穎達等正義：《禮記正義》卷二，頁31。

〔註359〕同上註。

〔註360〕漢·許慎撰，清·段玉裁注：《說文解字注》十四篇上，頁704。

〔註361〕漢·許慎撰，清·段玉裁注：《說文解字注》七篇上，頁319。

《經》必先言抽扃，乃後取鼏。猶扃爲戶外閉之關，故或以扃代之也。
〔註362〕

主張「鼏」是本字，象扛鼎用的木棒穿過鼎耳之形，「鉉」是同義字，「扃」
則是假借字。

　　考古實物極少見，一九七七年冬，山東沂水劉家店子發掘春秋中期墓，十
三件平蓋鼎中除兩件較大的鑊鼎外，其他十一件鼎蓋上都有直徑約一公分的朽
圓木棍橫穿蓋紐和鼎耳，兩端僅及鼎耳外緣，朽木棍較硬，呈黑褐色，觸感與
朽灰不同，因而得以保留。〔註363〕此木扃較短，無法扛擡，可能爲關鼎之用。

　　7. 鼏

　　鼏，鼎蓋。《說文解字·鼎部》：

　　　鼏，鼎覆也。从鼎、冖，冖亦聲。〔註364〕

就字形觀察，从「冖」故有覆蓋之義。此字僅見於《儀禮》、《禮記》，他經未
見。前引〈公食大夫禮〉「陳具」章：「設扃鼏。」〔註365〕鄭玄《注》：

　　　古文「鼏」作「密」。〔註366〕

古文經之「鼏」皆寫作「密」，除得知字音外，亦可證此字後起。

　　鼏是以何物製成，「陳具」章又言：「鼏，若束若編。」〔註367〕鄭《注》：

　　　凡鼎鼏蓋以茅爲之，長則束本，短則編其中央。〔註368〕

經文本身只描述鼎鼏的樣貌是採捆紮或編製，並未解釋材質，而鄭玄則言是
用茅草編成。賈《疏》：

　　　凡鼎鼏蓋以茅爲之者，諸文多言鼎鼏，皆不言所用之物。此經雖言
　　　「若束若編」，亦不指所用之體，故鄭云「蓋」以疑之。然必知用茅
　　　者，《詩》曰：「白茅苞之。」《尚書》孔《傳》云：「苴以白茅。」
　　　茅是絜白之物，故疑用茅也。〔註369〕

賈公彥以《詩經·召南·野有死麕》：「野有死麕，白茅包之。」爲證，斷言

〔註362〕同上註。
〔註363〕山東省文物考古研究所、沂水縣文物管理站：〈山東沂水劉家店子春秋墓發掘
　　　簡報〉，《文物》1984年第九期，頁3。
〔註364〕漢·許慎撰，清·段玉裁注：《說文解字注》七篇上，頁319。
〔註365〕漢·鄭玄注，唐·賈公彥疏：《儀禮注疏》卷二十五，頁299。
〔註366〕同上註。
〔註367〕漢·鄭玄注，唐·賈公彥疏：《儀禮注疏》卷二十五，頁300。
〔註368〕同上註。
〔註369〕同上註。

因古人有用白茅包物的習慣，故亦以茅蓋鼎。取茅草編製鼏的方式，據〈士喪禮〉「陳鼎實」章：「設扃鼏，鼏西末。」〔註370〕賈《疏》：

> 鼏用茅為編，言西末，則茅本在東方。〔註371〕

吳廷華《儀禮章句》：

> 茅長則束，本曰末，則不束者，蓋茅之尾也。〔註372〕

茅草比較長的時候，就捆住其根端，末梢不束；較短者則自中央編結。

基於事死如事生的觀念，陪葬之鼎或亦當有以鼏覆蓋之程序。〔註373〕今見考古發掘的鼎形器，鼎蓋若能完整留存者，通常為銅製，但也不乏在鼎之口沿或足底銹斑中，得見麻布、竹篾、草跡者。「矢王方鼎蓋」銘文作：

> 矢王作寶尊鼎。〔註374〕

可證鼎有蓋。殷墟婦好墓約五十餘件銅器表面，黏附有紡織品殘片，有單層或多層者，經鑑定有麻、絲、絹、綺、羅等。〔註375〕山東沂水劉家店子春秋墓，十三件平蓋鼎，兩件較大的鑊鼎外，其餘十一件青銅鼎蓋上都附著厚約一公分的朽灰，質地疏鬆，呈灰白色，形狀、大小與鼎蓋同，不知原為何物，他器上未見，清理時誤認是庫蓋下塌所形成的板灰而加以剔除，〔註376〕就顏色而言，或許是茅草做的鼎蓋。〔註377〕然而既是覆蓋於鼎蓋之外，則使用方法與《儀禮》不大一致。曾侯乙墓、中山王𧊒墓隨葬的鼎內都尚留有草痕。〔註378〕或許是以草為蓋。

早期鼎無鑄蓋，目前發現春秋戰國之前的鼎幾乎皆無蓋，之後都有蓋。鼎的功能，據聶崇義《新定三禮圖》言：

> 此蓋全其緻密，不洩氣也。〔註379〕

隨著餐飲衛生觀念的進步，為禦塵、防滲、保溫而設，草製的蓋容易損壞，

〔註370〕漢・鄭玄注，唐・賈公彥疏：《儀禮注疏》卷三十六，頁425。
〔註371〕同上註。
〔註372〕清・吳廷華：《儀禮章句》，《皇清經解》卷二百八十二，頁1364。
〔註373〕張光裕：《雪齋學術論文集》，頁33。
〔註374〕羅振玉編：《三代吉金文存》（一）卷十，頁266。
〔註375〕中國社會科學院考古研究所：《殷墟婦好墓》，頁17～18。
〔註376〕山東省文物考古研究所、沂水縣文物管理站：〈山東沂水劉家店子春秋墓發掘簡報〉，《文物》1984年第九期，頁3。
〔註377〕羅勛章：〈劉家店子春秋墓瑣考〉，《文物》1984年第九期，頁13。
〔註378〕張光裕：〈曾侯乙墓出土鼎鈎啟示〉，《江漢考古》1985年第三期，頁33。
〔註379〕宋・聶崇義：《新定三禮圖》卷十三，頁15681。

於是之後製鼎時，多一併製蓋。

三、小　結

〈士冠禮〉冠日飲食視國俗可行醴禮或醮禮。作者將「醴禮」置於前，「醮禮」置於後，可見是把「醴禮」視爲正例，「醮禮」看作變例，其身處時、地或應多行「醴禮」。

醴禮陳於房中，預備醴、脯、醢。飲器用觶；角觶、柶及勺，在行禮前都預先放在觶南的篚中。三加之後，由賓醴冠者。

醮禮無論殺牲與否，皆在堂上設玄酒、酒，玄酒備而不用。凡所進之食皆出自房中，初醮、再醮有脯、醢，三醮有乾肉；若殺牲，則再醮改用葵菹、蠃醢、栗、脯，三醮加特豚、離肺。器用方面，與醴禮接近，但飲器用爵，二觶下皆有禁，以提示飲酒須知所節制。烹牲須用鼎，扃幫助扛抬，上蓋鼏，又設匕、俎以盛載牲肉。

第二節　〈士昏禮〉的飲食陳設

婚禮的意義，根據《禮記・昏義》：

> 昏禮者，將合二姓之好，上以事宗廟，而下以繼後世也，故君子重之。〔註380〕

是兩姓宗族的結合，以祭祀宗廟、綿延後嗣。在婚禮舉行之前，男女雙方未曾見面，因此以豐盛的酒食，表現相互間敬重親愛之誠意。〈士昏禮〉飲食的備置主要見於「將親迎預陳饌」、「贊者醴婦」、「婦饋舅姑」章。

一、將親迎預陳饌

婚禮以六禮爲主體，至「親迎」的階段，新郎爲表示重視，將親自前往女家迎娶新娘，在此同時，於男方家也開始準備餚饌，以候新娘的到來。「將親迎預陳饌」章：

> 期，初昏，陳三鼎于寢門外，東方，北面，北上。其實：特豚，合升，去蹄。舉肺、脊二，祭肺二；魚十有四；腊一肫，髀不升，皆飪，設扃、鼏。設洗于阼階東南，饌于房中，醯醬二豆，菹醢四豆，

〔註380〕漢・鄭玄注，唐・孔穎達等正義：《禮記正義》卷六十一，頁999。

兼巾之。黍稷四敦，皆蓋。大羹湆在爨，尊于室中北墉下，有禁，
玄酒在西，綌冪，加勺，皆南枋。尊于房戶之東，無玄酒，篚在南，
實四爵合卺。〔註381〕

依照兩家在「請期」時約定的日子，當天黃昏舉行親迎。新郎住處所陳設的
食物，分別在四個地點：

其一、寢門外東方：三個鼎，鼎面朝北，以北爲上位。鼎內的食物都煮
熟後，由鼎耳穿過扛鼎用的扃，並蓋上茅草編的鼎蓋。其中所盛
食物，由北而南依次爲：

第一個鼎（最北、近門）：一隻小豬，合左右兩半，去四蹄；兩片
舉肺；兩段脊骨；兩片祭肺。夫妻各一，故都取雙數。

第二個鼎：魚十四條。

第三個鼎（最南）：去掉髀部的全兔腊。

其二、東房：兩豆醯醬，兩豆葵菹，兩豆臝醢；這六個豆同用一條布巾
覆蓋。另有兩敦黍、兩敦稷，此四敦均各有蓋。

其三、竈上：大羹湆。

其四、西室北牆下：置兩甒，皆放在禁上；裝玄酒的在西邊，裝酒的在
東邊。甒上各蓋著粗葛布作的冪，並加勺，勺柄朝南。

其五、房門外東方：另有一裝酒的甒，是爲媵、御所設的外尊；其南置
一篚，篚中有四隻爵，以及一組卺，是爲新人所設。吳廷華《儀
禮章句》：

不設篚于室者，室隘不能容也。〔註382〕

此篚之所以未與內尊同設於室中北牆下，是爲避免造成室內擁擠，影響稍後
「婦至成禮」的進行。

（一）禮　食

親迎預陳之飲爲玄酒和酒。食有特豚、舉肺、祭肺、脊、魚、腊；醯醬、
葵菹、臝醢；黍、稷；大羹湆。此處針對前文尚未討論的部分加以說明。

1. 脊

脊居身體的正中，是脊椎動物軀幹後背的骨柱，鄭《注》：

〔註381〕漢・鄭玄注，唐・賈公彥疏：《儀禮注疏》卷四，頁 42〜43。
〔註382〕清・吳廷華：《儀禮章句》，《皇清經解》卷二百七十二，頁 1282。

脊者，體之正也。食時則祭之，飯必舉之，貴之也。〔註383〕

典禮設脊並於食前祭、舉，非關食用，而是爲表現對神明、祖先的崇敬。賈
《疏》：

一身之上體，總有二十一節，前有肩、臂、臑，後有肫、胳、脊，
在中央有三脊，正、脡、橫脊，而取中央正脊，故曰體之正。〔註384〕

脊椎分正脊、脡脊、橫脊三段，於此所用須爲正脊。褚寅亮《儀禮管見》：

豚合升，則豚解爲七體，而左、右胖皆升矣。穀亦連於胳。脊則分
爲二，令夫婦各一，增脊之一而爲八。〔註385〕

豚解本爲七體，包括小豬的左、右半各分爲肩、髀、胉，加上脊一，士婚禮又
將脊分兩段，則增脊一，得成八。如此一來，遂形成雙數，夫婦可平均分配。

2. 魚

在新石器時代的陶器上，常有用魚網壓印的裝飾紋，表示當時已懂得使
用工具捕魚。《孟子‧告子》上：

孟子曰：「魚，我所欲也；熊掌，亦我所欲也。二者不可得兼，舍魚
而取熊掌者也。」〔註386〕

將魚視爲堪與熊掌並列的珍味。

可供食用的魚種類繁盛，如《詩經》即載有鮪、鱣、鯊、魴、鱧、鰋、
鯉、鰺等，〔註387〕《儀禮》此處所用魚種，在〈記〉補充道：

魚用鮒。〔註388〕

使用的是鮒魚，《莊子‧外物》：

〔註383〕漢‧鄭玄注，唐‧賈公彥疏：《儀禮注疏》卷四，頁42。

〔註384〕同上註，頁43。

〔註385〕清‧褚寅亮：《儀禮管見》，《皇清經解續編》卷一百七十二，頁1137。

〔註386〕漢‧趙岐注，宋‧孫奭疏：《孟子注疏》卷十一下，頁201。

〔註387〕〈衛風‧碩人〉：「河水洋洋，北流活活。施罛濊濊，鱣鮪發發，葭菼揭揭。
庶姜孽孽，庶士有朅。」
〈小雅‧魚麗〉：「魚麗于罶，鱨鯊。君子有酒，旨且多。魚麗于罶，魴鱧。
君子有酒，多且旨。魚麗于罶，鰋鯉。君子有酒，旨且有。」
〈周頌‧潛〉：「猗與漆沮，潛有多魚。有鱣有鮪，鰷鱨鰋鯉。以享以祀，以
介景福。」
漢‧毛公傳、鄭玄箋，唐‧孔穎達等正義：《毛詩正義》，〈衛風‧碩人〉卷三
之二，頁130；〈小雅‧魚麗〉卷九之四，頁341～343；〈周頌‧潛〉卷十九
之三，頁733。

〔註388〕漢‧鄭玄注，唐‧賈公彥疏：《儀禮注疏》卷六，頁60。

周昨來，有中道而呼者。周顧視車轍中，有鮒魚焉。〔註389〕

能容身車轍中，可見是體積小的魚。《廣雅》：

鱗，鮒也。〔註390〕

鮒也稱鱗，俗名鯽。蔡德晉《禮經本義》：

鮒，鯽魚也，以性相依附，故名鮒。〔註391〕

因爲喜歡成群活動的習性而得名。〈記〉又言：

必殺全。〔註392〕

鄭《注》：

不餧敗，不剝傷。〔註393〕

賈《疏》：

魚用鮒者，義取夫婦相依附者也。殺必全者，義取夫婦全節無虧之
理。〔註394〕

婚禮用此魚，乃取其諧音義，表夫婦相依，永不分離。保持魚體的完好不腐
敗、無毀傷，藉以彰顯夫婦守貞的道理。至於湖北荊門包山戰國中晚期二號
楚墓，隨葬品中有鯽魚，可知當時確有食用此種魚。

「將親迎預陳饌」章用魚數爲十四條，據鄭《注》解釋：

凡魚之正十五，而鼎減一爲十四者，欲其敵偶也。〔註395〕

十七篇有需要用到魚的儀節包括：〈公食大夫禮〉魚七，〈士喪禮〉九，〈特牲
饋食禮〉、〈少牢饋食禮〉十五，〈有司徹〉則隨程序進行分別有一、五、七條
不等，唯有婚禮所用爲偶數，主要是爲求夫婦均等，展現了「齊一」的精神。

魚體的處理方式，據《禮記‧內則》：

魚曰作之。〔註396〕

應去鱗、洗淨內臟。又：

魚去乙。〔註397〕

〔註389〕周‧莊周撰，晉‧郭象注，宋‧林希逸口義：《南華經》卷十四，頁 605。
〔註390〕魏‧張揖：《廣雅》卷十，頁 79-615。
〔註391〕清‧蔡德晉：《禮經本義》（上）卷二，頁 11。
〔註392〕漢‧鄭玄注，唐‧賈公彥疏：《儀禮注疏》卷六，頁 60。
〔註393〕同上註。
〔註394〕同上註。
〔註395〕漢‧鄭玄注，唐‧賈公彥疏：《儀禮注疏》卷四，頁 42。
〔註396〕漢‧鄭玄注，唐‧孔穎達等正義：《禮記正義》卷二十八，頁 529。
〔註397〕同上註。

煮魚前要先去除乙，關於「乙」的解釋，歷來有二說，一為魚骨，一為魚腸。將「乙」釋為魚骨者，又有頰骨、下頷骨之分。鄭玄《注》云：

> 乙，魚體中害人者名也。今東海容魚有骨名乙，在目旁，狀如篆乙，
> 食之鯁人不可出。……《字林》云：「鯁，魚骨也。」〔註398〕

鄭玄曾聽聞當時東海出產的容魚有一塊骨頭稱作「乙」，位於眼睛旁邊，形狀像篆書的「乙」字。一旦誤食，被鯁住時，不易取出，又根據《字林》說「鯁」指魚骨，魚骨容易鯁人，因此判斷乙為魚骨。朱彬贊同鄭玄，也主張「乙」是魚骨。〔註399〕王文錦《禮記譯解》：

> 乙，頰骨。〔註400〕

循鄭玄之說，點明即頰骨。王夫之《禮記章句》有不同的看法：

> 乙，魚下頷骨，狀如乙字，鯁人不可出。〔註401〕

認為是下頷骨。部位雖然不一，但都是因其形似「乙」字，而產生的推斷。

魚腸之說，乃根據《爾雅·釋魚》而來：

> 魚枕謂之丁，魚腸謂之乙，魚尾謂之丙。〔註402〕

郭《注》：

> 此皆似篆書字，因以名焉。《禮記》曰：「魚去乙。」然則魚之骨體，
> 盡似丙、丁之屬，因形名之。〔註403〕

魚身體的部位，都因狀似篆書的某字形而得名，因此魚枕稱「丁」，魚腸稱「乙」，魚尾稱「丙」。衛湜引方愨《禮記解中》：

> 《爾雅》言：「魚腸謂之乙。」而魚之餒必自腸始，故魚去乙。謂之
> 乙者，其形屈如其字之文也。〔註404〕

魚開始變質腐敗，多起自腸子，故預先去除，可維持較長時間的鮮度。衛湜又引陸佃言：

> 魚去乙，魚腸謂之乙，魚柔巽隱伏，其內又屈甚矣，去乙以此，亦
> 魚敗自內始。〔註405〕

〔註398〕同上註。
〔註399〕清·朱彬：《禮記訓纂》卷十二，頁201。
〔註400〕王文錦：《禮記譯解》，頁379。
〔註401〕清·王夫之：《禮記章句》卷十二，頁627。
〔註402〕晉·郭璞注，宋·邢昺疏：《爾雅注疏》卷九，頁168。
〔註403〕同上註。
〔註404〕宋·衛湜：《禮記集說》卷七十，頁17695。
〔註405〕宋·衛湜：《禮記集說》卷七十，頁17695。

除了魚腸容易腐壞外，又因其過於彎曲，遂不宜食用。莊有可《禮記集說》：

> 乙亦魚腸，避文複耳。〔註406〕

同樣主張「乙」是魚腸，因避免與〈內則〉同一段文字「狼去腸」重複而改。任平《禮記直解》也認爲「乙」是指腸子。〔註407〕鄭玄舉東海鰫魚的頰骨被稱作「乙」爲例，屬於少數現象，似乎不具普遍性，若依據《爾雅》所言，解釋爲魚腸，或許更切近食物處理的衛生觀念。

3. 腊

於前文〈士冠禮〉「冠日陳設」引《周禮・天官冢宰・腊人》鄭《注》，知「腊」指「小物全乾」，乃取體積較小的動物，不經剖解製成。「腊」本作「昔」，《說文解字・日部》：

> 昔，乾肉也，从殘肉，日已晞之。〔註408〕

今以甲骨文爲證，「昔」字本義與殘肉無關，而是象洪水泛濫形，記錄洪水成災的日子。「腊」寫作「昔」可能是假借。取廣義言之，腊包括脯、腶脩等；从日，表示須經陽光曝曬，《周易・噬嗑》：

> 六三，噬腊肉遇毒，小吝无咎。〔註409〕

陸德明《經典釋文・周易音義》：

> 晞於陽而煬於火曰腊肉。〔註410〕

曬乾後再予以烘烤，此種作法應較光是日曬，更能令肉品乾燥。

經文未言是何種獸腊，但據「將親迎預陳饌」章鄭《注》：

> 兔腊也。肫或作純。純，全也。凡腊用全，髀不升者，近竅賤也。
>
> 〔註411〕

士婚禮用整隻兔子臘製成的乾肉，但髀附近得去除。髀骨又稱胯骨，位於大腿根端；《禮記・內則》則云：

> 兔去尻。〔註412〕

尻在脊椎骨下端。崔豹《古今注》：

〔註406〕清・莊有可：《禮記集說》卷十二，頁625。

〔註407〕任平：《禮記直解》，頁224。

〔註408〕漢・許慎撰，清・段玉裁注：《說文解字注》七篇上，頁307。

〔註409〕魏・王弼、韓康伯注，唐・孔穎達等正義：《周易正義》卷三，頁61。

〔註410〕唐・陸德明：《經典釋文》卷九，頁96～97。

〔註411〕漢・鄭玄注，唐・賈公彥疏：《儀禮注疏》卷四，頁42。

〔註412〕漢・鄭玄注，唐・孔穎達等正義：《禮記正義》卷二十八，頁529。

兔口有闕，尾有九孔。〔註413〕

說兔子的特徵是上脣中裂，尾部有許多孔。其實就動物生理觀察，兔子的尾部未見有多個孔，而是肛門附近靠近大腿處，左右各有一腺體，會產生分泌物，並發出獨特的腥臭，烹製前須予以圓環形切除拋棄，以免影響其他部位的味道。〔註414〕

　　腊肉是經乾燥處理，可久置，保存期限較長的肉品，但〈士昏禮・記〉言：

腊必用鮮。〔註415〕

賈《疏》：

義取夫婦日新之義。〔註416〕

須用新製而非陳年的腊肉，是取日新又新的寓意。

4. 醯 醬

　　醯，醋也，醋也作「酢」，是日用調味品之一，《論語・公冶長》：

子曰：「孰謂微生高直？或乞醯焉，乞諸其鄰而與之。」〔註417〕

論微生高為鄰人借醋之事。《左氏・昭公二十年・傳》：

齊侯至自田，晏子侍于遄臺，子猶馳而造焉。公曰：「唯據與我和夫！」晏子對曰：「據亦同也，焉得為和。」公曰：「和與同異乎？」對曰：「異。和如羹焉，水、火、醯、醢、鹽、梅，以烹魚肉，燀之以薪，宰夫和之，齊之以味，濟其不及，以洩其過。君子食之，以平其心。君臣亦然。君所謂可而有否焉，臣獻其否以成其可；君所謂否而有可焉，臣獻其可，以去其否，是以政平而不干，民無爭心。故《詩》曰：『亦有和羹，既戒既平。鬷嘏無言，時靡有爭。』先王之濟五味、和五聲也，以平其心，成其政也。」〔註418〕

晏平仲以烹調的原理，比喻君臣關係。述說煮魚時要用醋、肉醬、鹽、梅調味。《齊民要術》記載許多利用穀物、豆類、烏梅、蜜等材料製造醋的方法。〔註419〕醬是醯、醢類食品的總名，《周禮・春官冢宰・膳夫》：「凡王之饋，……

〔註413〕晉・崔豹：《古今注》卷中，頁7。
〔註414〕〔日〕江角清一著：劉蘋華譯：《家兔飼養與加工》，頁91。
〔註415〕漢・鄭玄注，唐・賈公彥疏：《儀禮注疏》卷六，頁60。
〔註416〕同上註。
〔註417〕魏・何晏等注，宋・邢昺疏：《論語注疏》卷五，頁46。
〔註418〕晉・杜預注，唐・孔穎達等正義：《春秋左傳正義》卷四十九，頁858～861。
〔註419〕後魏・賈思勰：《齊民要術》卷八，頁401～410。

醬用百有二十甕。」〔註420〕鄭《注》：「醬謂醢、醯也。」而醯醬就是一種含醋偏酸的醬。

醯醬中的醋是何時加入醬中，歷來學者意見分成二說。「將親迎預陳饌」章鄭《注》：

> 以醯和醬，生人尚褻味。〔註421〕

因人性喜嘗味，故爲人而設的肉醬，加醋調和；爲神設者，則不添入調味料。指取既有之肉醬和醋調成。李如圭《儀禮集釋》：

> 醬以醯和之，故名醯醬，下經直言醬也，惟〈公食大夫禮〉及此禮有醯醬。〔註422〕

贊同鄭玄之說，據「婦至成禮」章布席程序之經文單稱「醬」，而此處爲「醯醬」，知醯與醬是同在一豆之中。特別標明，可見相較於一般肉醬，略有不同。吳廷華《儀禮章句》：

> 下只言醬，此云醯醬者，謂以醯酻醬。〔註423〕

也認爲醋是另行添加至醬當中。胡培翬《儀禮正義》：

> 〈膳夫〉醬合醢、醯言，〈醢人〉則曰齊、醢、菹、臡，〈醯人〉則醬、齏、菹。是蓋有用醯而成者，亦有不用醯而成者，《注》所謂和即釀之義，蓋以二者相襍之謂也。〔註424〕

以《周禮》官員職能爲證，並指鄭玄所言之「和」，非指「調和」，而是「釀製」之意，那麼醯醬就是在釀造時即已加入醋這一味材料。

就《三禮》觀察，《儀禮》十七篇唯有〈士昏禮〉、〈公食大夫禮〉設醬，且分別於「將親迎預陳饌」及「爲賓設正饌」章提到「醯醬」，所以在席前只有醬，不另設醯，因此是醬中含醯，而非醯、醬分置。再據前引〈醯人〉，所掌之物中並沒有「醯醬」或「醯醯」。而《周禮·天官冢宰·醯人》：

> 醯人，掌共五齊七菹凡醯物，以共祭祀之齊菹。凡醯醬之物，賓客亦如之。王舉，則共齊菹醯物六十甕，共后及世子之醬齊菹。賓客之禮，共醯五十甕。凡事，共醯。〔註425〕

〔註420〕漢·鄭玄注，唐·賈公彥疏：《周禮注疏》卷四，頁57。
〔註421〕漢·鄭玄注，唐·賈公彥疏：《儀禮注疏》卷四，頁43。
〔註422〕清·李如圭：《儀禮集釋》卷二，頁9。
〔註423〕清·吳廷華：《儀禮章句》，《皇清經解》卷二百七十二，頁1282。
〔註424〕清·胡培翬：《儀禮正義》卷三，頁168。
〔註425〕漢·鄭玄注，唐·賈公彥疏：《周禮注疏》卷六，頁90。

鄭《注》：

> 齊、菹、醬屬醯人者，皆須醯成味。〔註426〕

齊、菹、醬本屬醯人職掌，醯人原掌管醋，兼管這三物是因有時須運用醋增添滋味。孫詒讓《周禮正義》：

> 和醯之醬爲褻味，祭祀所無；此醯醬之物共祭祀之用，則醯與醬各自共之，非和醯之醬明矣。故賈別以醬爲豆醬，豆醬即醯人豆實之醢，未和醯者也。云「賓客亦如之」者，此當并共和醯之醬，而云如祭祀者，明其法數略同。〔註427〕

說明祭祀所用之醬不摻醋，爲賓客所設之醬，則醯與醬混合。至於《禮記‧間傳》：

> 又期而大祥，有醯醬。〔註428〕

又〈喪大記〉：

> 食菜以醯醬。〔註429〕

孝子於大祥祭後，吃菜可以蘸醯醬。足證爲人設之醬，通常是會以醋增加味道的。此外，就醋的功能而論，《禮記‧內則》：

> 三牲用藙，和用醯。〔註430〕

牛、羊、豕三牲配茱萸，用醋調味；「和」就是作「調和」之意。又：

> 炮，取豚若將，刲之刳之，實棗於其腹中，編萑以苴之，塗之以謹塗，炮之，塗皆乾，擘之，濯手以摩之，去其皽，爲稻粉，糔溲之以爲酏，以付豚煎諸膏，膏必滅之，鉅鑊湯以小鼎薌脯於其中，使其湯毋滅鼎，三日三夜毋絕火，而后調之以醯、醢。〔註431〕

鄭《注》：

> 炮者以塗燒之爲名也。將當爲牂。牂，牡羊也。刲、刳、博異語也。謹，當爲墐聲之誤也。墐塗，塗有穰草也。皽，謂皮肉之上䰟莫也。糔溲亦博，異語也。糔讀與滫瀡之滫同。薌脯，謂煮豚若羊於小鼎中，使之香美也。謂之脯者，既去皽則解析其肉，使薄如爲脯然。

〔註426〕同上註。
〔註427〕清‧孫詒讓：《周禮正義》卷十一，頁410。
〔註428〕漢‧鄭玄注，唐‧孔穎達等正義：《禮記正義》卷五十七，頁955。
〔註429〕漢‧鄭玄注，唐‧孔穎達等正義：《禮記正義》卷四十四，頁771。
〔註430〕漢‧鄭玄注，唐‧孔穎達等正義：《禮記正義》卷二十八，頁529。
〔註431〕漢‧鄭玄注，唐‧孔穎達等正義：《禮記正義》卷二十八，頁532。

唯豚全耳，豚、羊入鼎，三日乃内醢醯可食也。〔註432〕

「炮」是古代一種烹調方式，列入「周八珍」之一。取豬或公羊，清理挖空腹部，填入棗子，以萑草蓆包裹，再用泥塗封。待泥乾，掰開泥、去肉膜，沾上加水調好的稻米漿，油煎後取出切成薄片，放入小鼎中，再加水、香料燉三天三夜，最後用醋、肉醬調味。酸性有令肉質更鮮嫩的功效，〈內則〉言：

> 肉腥細者爲膾，大者爲軒；或曰麋、鹿、魚爲菹，麕爲辟雞，野豕爲軒，兔爲宛脾，切蔥若薤，實諸醯以柔之。〔註433〕

鄭《注》：

> 以醯殺腥肉及其氣。〔註434〕

用醋還可以殺菌，去除腥味。另於前文〈士冠禮〉論「醢」，曾敘及製肉醬法，所引鄭《注》及《齊民要術》，是加鹽而不須添醋，因此鄭玄的解釋較爲允當，醋是在陳設前才加入醬中的。

5. 黍

黍爲一年生草本植物，高可至一公尺；若要細分，則有黃、白、黑、赤等品種，《禮記‧內則》：

> 飯：黍、稷、稻、粱、白黍、黃粱、稰、穛。〔註435〕

鄭《注》：

> 黍，黃黍也。〔註436〕

列舉可充當主食的穀類，當中包含黃黍、白黍。《爾雅‧釋草》：

> 虋，赤苗。芑，白苗。秬，黑黍。〔註437〕

赤黍稱「虋」，白黍稱「芑」，黑黍稱「秬」。

就性質來說，可分黏與不黏兩類，除提供飯食之外，也能用來釀酒。《論語‧微子》：

> 子路從而後，遇丈人，以杖荷蓧。子路問曰：「子見夫子乎？」丈人曰：「四體不勤，五穀不分，孰爲夫子？」植其杖而芸。子路拱而立。

〔註432〕同上註。
〔註433〕漢‧鄭玄注，唐‧孔穎達等正義：《禮記正義》卷二十八，頁529。
〔註434〕同上註。
〔註435〕漢‧鄭玄注，唐‧孔穎達等正義：《禮記正義》卷二十七，頁523。
〔註436〕同上註。
〔註437〕晉‧郭璞注，宋‧邢昺疏：《爾雅注疏》卷八，頁137。

止子路宿，殺雞為黍而食之，見其二子焉。明日，子路行以告。子
曰：「隱者也。」使子路反見之。至則行矣。子路曰：「不仕無義。
長幼之節，不可廢也；君臣之義，如之何其廢之？欲絜其身而亂大
倫。君子之仕也，行其義也。道之不行，已知之矣。」〔註438〕

子路接受荷蓧丈人招待，席前有雞和黍飯。《說文解字‧黍部》：

黍，禾屬而黏者也。已大暑而種，故謂之黍。从禾，雨省聲。孔子
曰：「黍可為酒，故从禾入水也。」〔註439〕

引孔子言，說明性黏的黍可供製酒。崔豹《古今注》：

禾之黏者為黍，亦謂之穄，亦曰黃黍。〔註440〕

這種黍也稱「穄」，就是「黃黍」。嚴粲《詩緝》：

黍有二種：黏者為秫，可以釀酒；不黏者為黍，如稻之有秔、糯也。

〔註441〕

認為黏的是「秫」，不黏的是「黍」。羅願《爾雅翼》持同說：

黍大體似稷，故古人併言黍稷，今人謂黍為黍穄。……黍有赤黍、
黑黍，黑黍已別見，虋稱赤苗，恐是赤者。其類有黏、不黏，如稻之
有粳、糯。其不黏者以為飯，黏者別名秫，以為酒，《說文》：「秫，
稷之黏者。」即謂此。〈月令〉：「造酒命大酋，秫稻必齊。」蓋以此
秫與稻之糯為酒。北人謂秫為黃米，亦謂之黃糯。釀酒比糯稻差劣。

〔註442〕

也主張用來釀酒的是黃黍，就是〈月令〉所說的「秫」。名稱不一，有稱「穄」、
「秫」等等，或許是受所處時代、地域的影響所致。

　　黍的種植時間，據《管子‧輕重》丁：

桓公問管子曰：「請問王數之守，終始可得聞乎？」管子曰：「正月
之朝，穀始也。日至百日，黍秫之始也。九月斂實，平麥之始也。」

〔註443〕

冬至過後一百天，可以開始種黍。《呂氏春秋‧仲夏紀》：

〔註438〕魏‧何晏等注，宋‧邢昺疏：《論語注疏》卷十八，頁166。
〔註439〕漢‧許慎撰，清‧段玉裁注：《說文解字注》七篇上，頁329。
〔註440〕晉‧崔豹：《古今注》卷下，頁4。
〔註441〕宋‧嚴粲：《詩緝》卷七，頁3。
〔註442〕宋‧羅願：《爾雅翼》卷一，頁79～262。
〔註443〕周‧管仲撰，明‧凌汝亨輯評：《管子輯評》卷二十四，頁879～880。

（是月也）……乃命百縣，雩祭祀，百辟卿士有益於民者，以祈穀

實。農乃登黍。〔註444〕

「登黍」謂農事收穫後，以新黍薦祖以嘗新，祈求賜福，助成穀實。陳奇猷曰：

黍確係是月始種，未及成熟。〔註445〕

仲夏五月是種黍的季節，則祭祖應是取舊黍爲祭。崔寔《四民月令》：

時雨降，可種黍禾，謂之上時。夏至先後各三日，可種黍。〔註446〕

夏季雨水較爲豐沛，大約夏至前後可以開始種黍。《管子‧輕重》己：

以夏日至始，數四十六日，夏盡而秋始，而黍熟。〔註447〕

經過四十六天，大約秋季的時候成熟。《呂氏春秋‧士容論‧審時》：

得時之黍，芒莖而徼下。穗芒以長，摶米而薄糠。春之易，而食之不

喂而香，如此者不饐。先時者，大本而華，莖殺而不遂，葉薰短穗。

後時者，小莖而麻長，短穗而厚糠，小米鉗而不香。〔註448〕

選擇適當的季候，生長條件良好的黍，結實飽滿，容易春去外殼，烹煮時會
散發香氣。

黍爲北方重要糧食，常用以祭祀。《禮記‧曲禮》下：

黍曰薌合。〔註449〕

於祭時又稱「薌合」，孔《疏》：

夫穀，秫者曰黍。秫既軟而相合，氣息又香，故曰薌合也。〔註450〕

由於蒸煮後軟而黏，且帶有香味，故得名。可見祭祀須用性黏的黍。《管子‧
輕重》己又言：

天子祀於太祖，其盛以黍。黍者，穀之美者也。〔註451〕

是祭祖的最佳品物。《禮記‧月令》：

（仲夏之月）農乃登黍。是月也，天子乃以雛嘗黍。羞以含桃，先

薦寢廟。〔註452〕

〔註444〕秦‧呂不韋著，漢‧高誘注：《呂氏春秋》卷五，頁115。

〔註445〕陳奇猷：《呂氏春秋校釋》（上），頁247。

〔註446〕漢‧崔寔：《四民月令》卷一，頁6。

〔註447〕周‧管仲撰，明‧凌汝亨輯評：《管子輯評》卷二十四，頁900。

〔註448〕秦‧呂不韋著，漢‧高誘注：《呂氏春秋》卷二十六，頁748。

〔註449〕漢‧鄭玄注，唐‧孔穎達等正義：《禮記正義》卷五，頁98。

〔註450〕同上註。

〔註451〕周‧管仲撰，明‧凌汝亨輯評：《管子輯評》卷二十四，頁900。

〔註452〕漢‧鄭玄注，唐‧孔穎達等正義：《禮記正義》卷十六，頁317。

孔《疏》：

> 黍非新成，直取舊黍。〔註453〕

五月時，農官向天子薦黍，以求來年豐收，因黍正是此時節的代表性作物。于省吾〈商代的穀類作物〉統計甲骨卜黍之辭佔一百零六條。又每見商王令臣下或貴婦督導種黍之事，足見重視。如武丁時卜辭：「貞王往省黍。」（《殷綴》318）「貞王立黍受年，一月。」（《丙》74）「卜，穀貞，王其黍。」另：「辛丑卜，于一月辛酉酒黍登。十二月。」（《合集》21221）「黍登」與「登黍」意同，然考之卜辭，登黍月份唯見十二月和一月，且主要在一月舉行，與「令黍」、「立黍」的月份一月相應，〈月令〉登黍則是在仲夏五月，兩者皆是取舊黍薦於祖先，以求來年新黍豐收。〔註454〕

6. 稷

稷，中國古代北方的重要作物，古人視為百穀之長，因此穀神或農官都稱稷。《爾雅・釋草》：

> 粢，稷。〔註455〕

邢昺《疏》：

> 《左傳》云：「粢食不鑿。」粢者，稷也。〈曲禮〉云：「稷曰明粢。」
> 是也。郭云：「今江東人呼粟為粢。」然則粢也、稷也、粟也，正是
> 一物。而《本草》稷米在下品，別有粟米在中品，又似二物，故先
> 儒甚疑焉。〔註456〕

粢就是稷，因為是白色的，祭祀時遂稱為「明粢」。至於粟是否為稷，則頗有爭議。

種植時間，據《管子・臣乘馬》：

> 日至六十日而陽凍釋，七十日而陰凍釋，陰凍釋而秇稷，百日不秇
> 稷，故春事二十五日之內耳也。〔註457〕

於正月始種，徐雪樵《毛詩名物圖說》：

> 曰粢、曰稷、曰穄、曰穄。高誘云：「冀州謂之緊。」皆一物也。惟
> 郭云為粟，恐非。《本草》粟味鹹，稷味甘，實不同也。孔《疏》曰：

〔註453〕同上註。
〔註454〕宋鎮豪：《夏商社會生活史》，頁260。
〔註455〕晉・郭璞注，宋・邢昺疏：《爾雅注疏》卷八，頁135。
〔註456〕同上註。
〔註457〕明・凌汝亨輯評：《管子輯評》卷二十一，頁725。

「黍言離離，稷言苗。」則是黍秀，稷未秀，六月時也。稷之穗，
七月時也。稷之實，八月時也。〔註458〕

七月結穗，八月收割，成長時間比黍稍長。《管子・地員》：

中土曰五悉，五悉之狀，廩焉如坁，潤濕以處，其種，大稷細稷，
赨莖黃秀，慈忍水旱，細粟如麻。〔註459〕

中等的土壤就可生長，耐旱，能適應北方氣候。

稷是農業的象徵，因此也可作爲五穀的總名。《說文解字・禾部》：

稷，齋也。五穀之長。〔註460〕

應劭《風俗通義》：

稷爲五穀之長。五穀眾多，不可徧祭，故立稷而祭之。〔註461〕

穀物的品類眾多，遂舉歲首種植的稷爲代表。邵晉涵《爾雅正義》則認爲：

稷爲庶民所恒食，厥利孔溥。古者重民食，所由以稷名官，又奉稷
而祀之也。〔註462〕

因稷是主要糧食，所以大受重視。錢穆〈中國古代北方農作物考〉一文贊同
此說，並主張稷爲最初僅有的農作物，後雖五穀漸備，但尊稷之風沿襲不改，
因此用作祭祀之粢盛，奉爲五穀之長，甚且對農業改良有所貢獻者，或後世
主管農政者，通常都被稱爲「稷」。〔註463〕《詩經・大雅・生民》：

誕后稷之穡，有相之道。茀厥豐草，種之黃茂。實方實苞，實種實
襃，實發實秀，實堅實好，實穎實栗。即有邰家室。

誕降嘉種，維秬維秠，維穈維芑。恒之秬秠，是穫是畝；恒之穈芑，
是任是負。以歸肇祀。〔註464〕

周人始祖棄從事農業生產，教導人民，爲後世景仰。《左氏・昭公二十九年・傳》：

稷，田正也。有烈山氏之子曰柱，爲稷，自夏以上祀之。周棄亦爲
稷，自商以來祀之。〔註465〕

〔註458〕清・徐雪樵：《毛詩名物圖說》卷五，頁156。見於《詩經動植物圖鑑叢書》。

〔註459〕明・凌汝亨輯評：《管子輯評》卷十九，頁623。

〔註460〕漢・許慎撰，清・段玉裁注：《說文解字注》七篇上，頁321～322。

〔註461〕漢・應劭：《風俗通義》卷八，頁202。

〔註462〕清・邵晉涵：《爾雅正義》卷十四，頁224。

〔註463〕錢穆：《中國學術思想史論叢》（一），頁9。見於《錢賓四先生全集》18。

〔註464〕漢・毛公傳、鄭玄箋，唐・孔穎達等正義：《毛詩正義》卷十七之一，頁592
～594。

〔註465〕晉・杜預注，唐・孔穎達等正義：《春秋左傳正義》卷五十三，頁925。

神農氏的後裔「柱」，也曾被奉爲稷神，加以紀念。顯見稷這種作物的重要性，而土地和糧食是立國要素，所以「社稷」也成爲國家的代稱。甘肅東鄉林家馬家窰遺址不少居室發現五千年前陶器裝盛的粟、稷、大麻籽，一窖穴內發現兩立方公尺的成綑小把帶穗稷。〔註466〕

　　黍、稷皆爲穀類植物，於先秦典籍中經常連言，《尙書》、《詩經》、《左傳》皆然。《尙書・酒誥》、《詩經・鴇羽》等咸以「黍稷」爲農作物的代稱，可見同爲當時的主要農作物。這兩種作物的種植時間不同，《詩經・王風・黍離》：

> 彼黍離離，彼稷之苗。行邁靡靡，中心搖搖。知我者，謂我心憂；
> 不知我者，謂我何求？悠悠蒼天，此何人哉！
> 彼黍離離，彼稷之穗。行邁靡靡，中心如醉。知我者，謂我心憂；
> 不知我者，謂我何求？悠悠蒼天，此何人哉！
> 彼黍離離，彼稷之實。行邁靡靡，中心如噎。知我者，謂我心憂；
> 不知我者，謂我何求？悠悠蒼天，此何人哉！〔註467〕

描述行役者西至宗周鎬京，正值黍生長茂盛時期，與稷的成長狀態並不一致。對於古代的穀物，學者的看法莫衷一是，歷來黍有說是黃米，稷有說是小米或高粱。程瑤田〈辨論黍稷二穀記〉：

> 黍，今之黃米；稷，今之高粱。〔註468〕

陸隴其〈黍稷辨〉：

> 愚嘗合而觀之，黍貴而稷賤，黍早而稷晚，黍大而稷小，黍穗散而稷
> 穗聚。稷即粟也。今俗所謂小米者，稷也；所謂黃米者，黍也。黍有
> 粘有不粘，不粘者，飯黍也；粘者，釀酒之黍也，其辨甚明。〔註469〕

針對黍稷多所比較：黍地位較稷高，成長期較短，穀粒大。黍結穗分散，稷則會聚；黍帶有黏性，稷則沒有。清代學者所見黍、稷的樣貌與品種，與先秦不見得一致，或可提供參考。

　　黍生長期短，耐旱易種、產量豐富，是華北平原主要作物。商代貴黍，「令黍」、「黍於」、「觀黍」、「告麥」之卜辭，在甲骨文中出現頗多。《詩經・周頌・

〔註466〕甘肅省文物工作隊、臨夏回族自治州文化局、東鄉族自治縣文化館：〈甘肅東
　　　　鄉林家遺址發掘報告〉，頁111、154。見於《考古學集刊》第四集。
〔註467〕漢・毛公傳、鄭玄箋，唐・孔穎達等正義：《毛詩正義》卷四之一，頁147～
　　　　148。
〔註468〕清・程瑤田：《九穀考》附錄。
〔註469〕清・陸隴其撰、侯銓編：《三魚堂文集》卷二，頁1325-20。

良耜》：

> 畟畟良耜，俶載南畝，播厥百穀，實函斯活。或來瞻女，載筐及筥，
> 其饟伊黍，其笠伊糾，其鎛斯趙，以薅荼蓼。〔註470〕

毛《傳》：

> 豐年之時，雖賤者猶食黍。〔註471〕

孔《疏》：

> 〈少牢〉、〈特牲〉大夫、士之祭禮，食有黍，明黍是貴也。〈玉藻〉
> 云：子卯稷食菜羹。為忌日貶而用稷，是為賤也。賤者當食稷耳。
>
> 〔註472〕

這是一首慶祝秋收的詩，明貴黍而賤稷。錢穆〈中國古代北方農作物考〉：

> 黍為美品，然而亦僅是較美于稷耳，待其後農業日進，嘉種嗣興，稻、
> 粱、麥諸品并盛，其為食也皆美于黍，而後黍之為食遂亦不見為美品，
> 然其事當在孔子前後，已及春秋中晚期，若論春秋初年以前則中國古
> 代農業固只以黍稷為主，實無五穀并茂之事也。〔註473〕

黍、稷為商、周時主要糧食作物，黍比稷貴重，是「五穀之先」，常用以祭祀
或招待賓客。因經書的作者多半起自西北，周代經濟重心在西北，故亦取黍
稷為典禮之用。

7. 大羹湆

大羹湆，即太古之羹。《禮記・少儀》：

> 凡羞有湆者，不以齊。〔註474〕

說明大羹不加佐料。而〈士昏禮〉「將親迎預陳饌」章鄭《注》：

> 大羹湆，煮肉湆也，無鹽、菜。爨，火上。〔註475〕

是煮肉汁，沒有菜，也不加鹽或任何調味料。《禮記・曲禮》上：

> 羹之有菜者用梜，其無菜者不用梜。〔註476〕

孔穎達《疏》：

〔註470〕漢・毛公傳、鄭玄箋，唐・孔穎達等正義：《毛詩正義》卷十九之四，頁749。
〔註471〕同上註。
〔註472〕同上註。
〔註473〕錢穆：《中國學術思想史論叢》（一），頁16。
〔註474〕漢・鄭玄注，唐・孔穎達等正義：《禮記正義》卷三十五，頁636。
〔註475〕漢・鄭玄注，唐・賈公彥疏：《儀禮注疏》卷四，頁43。
〔註476〕漢・鄭玄注，唐・孔穎達等正義：《禮記正義》卷二，頁43。

無菜者謂大羹湆也，直歠之而已。〔註477〕

肉塊在水中煮過即取出，只有湯汁，因此直接飲用即可，不需使用助食餐具。

在典禮中的意義，依《禮記・郊特牲》：

大羹不和，貴其質也。〔註478〕

原汁無味而性質樸，期藉以報本返始，緬懷先人。

大羹湆在爨上，表示持續加溫，《禮記・內則》：

羹齊視夏時。〔註479〕

羹湯需熱食，故未如牲肉另盛於鼎中，而是待需要時再行升席。爨，竈也；
經文未言其位。《儀禮》中需用大羹湆的禮，尚有〈公食大夫禮〉、〈士虞禮〉
及〈特牲饋食禮〉，據〈公食大夫禮〉「為賓設正饌」章：

大羹湆不和，實于鐙。宰右執鐙，左執蓋，由門入，升自阼階，盡
階，不升堂，授公，以蓋降，出，入反位。〔註480〕

〈士虞禮〉「饗尸、尸九飯」章：

泰羹湆自門入。〔註481〕

既然都是由門入，可知是於門外烹煮；吉事尚右，則其位似應亦在東方。

（二）禮　器

飲器有盛酒器——甒，飲酒器——爵、卺，挹取器——勺。食器，包括
烹煮器——鼎，盛物器——豆、敦，以及其他類——扃、鼏、冪、巾、禁。
部分已於前文敘述，此處針對卺、敦、冪、巾加以討論。

1. 卺

卺，用曬乾剖半的匏瓜製成的酒器。「將親迎預陳饌」章鄭《注》：

合卺，破匏也。〔註482〕

匏是葫蘆的一種，一年生攀緣植物，果實圓大，呈梨形、葫蘆形、圓椎形等，
原產於印度及非洲，古埃及曾記載這種植物，應該早在史前時代就已傳入中
國。〔註483〕長江下游河姆渡文化、良渚文化遺址都曾發現葫蘆。〔註484〕

〔註477〕同上註。

〔註478〕漢・鄭玄注，唐・孔穎達等正義：《禮記正義》卷二十六，頁502。

〔註479〕漢・鄭玄注，唐・孔穎達等正義：《禮記正義》卷二十七，頁523。

〔註480〕漢・鄭玄注，唐・賈公彥疏：《儀禮注疏》卷二十五，頁302～304。

〔註481〕漢・鄭玄注，唐・賈公彥疏：《儀禮注疏》卷四十二，頁497。

〔註482〕漢・鄭玄注，唐・賈公彥疏：《儀禮注疏》卷四，頁43。

〔註483〕潘富俊：《詩經植物圖鑑》，頁65。

匏與瓠是同類植物，如《詩經‧邶風‧匏有苦葉》：

> 匏有苦葉，濟有深涉。深則厲，淺則揭。〔註485〕

毛《傳》：

> 匏謂之瓠，瓠葉苦，不可食也。〔註486〕

認為「匏」就是「瓠」，葉的部分味苦不能食。《說文解字‧包部》：

> 匏，瓠也。〔註487〕

段《注》：

> 瓠下曰匏也，與此為轉注。匏判之曰蠡、曰瓢、曰蠹。〔註488〕

匏、瓠轉注，二字形別義同。剖半的匏又稱「蠡」、「瓢」、「蠹」。崔豹《古今注》：

> 匏，瓠也；壺蘆，瓠之無柄者也。瓠，有柄者，曰懸瓠，可為笙，
> 曲沃者尤善。秋乃可用，用則漆其裏。〔註489〕

若要仔細區分，就外形而言，匏圓且短，瓠瘦而長。陸佃《埤雅》：

> 長而瘦上曰瓠，短頸大腹曰匏。《傳》曰：「匏謂之瓠。」誤矣。蓋
> 匏苦瓠甘，復有長短之殊，定非一物也。子曰：「吾豈匏瓜也哉？焉
> 能繫而不食？」以苦故也。〔註490〕

味道上亦有所區別，引《論語‧陽貨》，說明匏苦而瓠甘。羅願《爾雅翼》：

> 瓠，匏之甘者。……古者王政，瓜、瓠、果、蓏植於疆場。正月可
> 種瓠，六月可畜瓠，八月可斷瓠作甾，《詩》云：「斷壺。」瓠中白
> 膚，所謂張蒼「肥白如瓠」者也，可以飼豕致肥，其瓣可以作燭致
> 明，其葉又可為菜，《詩》所謂「幡幡瓠葉，采之亨之。」是也。然
> 與匏不異，但當以大小、長短、甘苦為間。〔註491〕

是據《詩經‧小雅‧瓠葉》知瓠的嫩葉可食。又據崔寔《四民月令》：

> 正月可種瓠，六月可畜瓠，八月可斷瓠。〔註492〕

說明正月種植，六月結果，八月就能收割。

〔註484〕中國社會科學院考古研究所編：《新中國的考古發現和研究》，頁149～155。
〔註485〕漢‧毛公傳、鄭玄箋，唐‧孔穎達等正義：《毛詩正義》卷二之二，頁87。
〔註486〕同上註。
〔註487〕漢‧許慎撰，清‧段玉裁注：《說文解字注》九篇上，頁434。
〔註488〕同上註。
〔註489〕晉‧崔豹：《古今注》卷下，頁4。
〔註490〕宋‧陸佃：《埤雅》卷十六，頁405。
〔註491〕宋‧羅願：《爾雅翼》卷八，頁79-329～330。
〔註492〕漢‧崔寔：《四民月令》卷一，頁3。

匏實鮮嫩時，可供食用，成熟曬乾後，常被拿來充當飲器、水器、樂器、賞玩或渡河的工具。《詩經·大雅·公劉》：

> 篤公劉，于京斯依。蹌蹌濟濟，俾筵俾几。既登乃依，乃造其曹。
>
> 執豕于牢，酌之用匏，食之飲之，君之宗之。〔註493〕

描述周室祖先公劉率民遷徙豳地，草創時期用匏瓢飲酒。《楚辭·九懷·思忠》：

> 抽庫婁兮酌醴，援瓟瓜兮接糧。〔註494〕

用以接運糧食。《莊子·逍遙遊》：

> 惠子謂莊子曰：「魏王貽我大瓠之種，我樹之成而實五石，以盛水漿，其堅不能自舉也。剖之以爲瓢，則瓠落無所容。非不呺然大也，吾爲其無用而掊之。」〔註495〕

用來盛水、舀水。《尚書·舜典》：

> 二十有八載，帝乃殂落，百姓如喪考妣。三載，四海遏密八音。
>
> 〔註496〕

僞孔《傳》：

> 八音謂：金，鍾也。石，磬也。絲，琴、瑟也。竹，箎、笛也。匏，笙也。土，塤也。革，鼓也。木，柷、敔。〔註497〕

中國古代樂器按製作材料分八類，分別爲：金、石、絲、竹、匏、土、革、木。匏可用來製作吹奏樂器──笙。《鶡冠子·學問》云：

> 中河失船，一壺千金。〔註498〕

陸佃《注》：

> 壺，瓠也。佩之可以濟涉，南人謂之「腰舟」。〔註499〕

嚴粲《詩緝》：

> 苦匏經霜，其葉枯落，然後乾之，腰以渡水。〔註500〕

匏葉乾枯則表示其果實也已乾，水深時將曬乾的空匏繫於腰際，水淺時荷在肩背，可增加浮力，藉以涉水，有「腰舟」之稱。李時珍《本草綱目》：

〔註493〕漢·毛公傳、鄭玄箋，唐·孔穎達正義：《毛詩正義》十七之三，頁619。
〔註494〕宋·洪興祖：《楚辭補注》卷十五，頁455～456。
〔註495〕周·莊周撰，晉·郭象注，宋·林希逸口義：《南華經》卷一，頁38。
〔註496〕漢·孔安國傳，唐·孔穎達等正義：《尚書正義》卷三，頁42。
〔註497〕同上註。
〔註498〕宋·陸佃注：《鶡冠子》卷一，頁50。
〔註499〕同上註。
〔註500〕宋·嚴粲：《詩緝》卷三，頁23。

長瓠、懸瓠、壺蘆、匏瓜、蒲蘆，名狀不一，其實一類各色也。處處有之，但有遲早之殊。……數種並以正、二月下種，生苗引蔓延緣，其葉似冬瓜葉而稍圓，有柔毛，嫩時可食。……五、六月開白花，結實白色，大小長短，各有種色。瓠中之子，齒列而長，謂之瓠犀。竊謂壺匏之屬，既可烹曬，又可為器：大者可為甕盎，小者可為瓢樽，為要舟可以浮水，為笙可以奏樂，膚瓠可以養豕，犀瓣可以澆燭，其利溥矣。〔註 501〕

指出「長瓠」、「懸瓠」、「壺蘆」、「匏瓜」與「蒲蘆」，五者名稱不同，成長期或異，結果形狀略見差別，但其實都屬一類植物。瓜皮、瓜瓤尚可餵養豬隻，種子能用以做燭，可說功用非常之多。

關於「匏」的器型，參考聶崇義《新定三禮圖》所繪「匏爵」，〔註 502〕只畫出一只，婚禮「合匏」應使用對剖的兩只，《禮記・昏義》：

共牢而食，合匏而酳，所以合體，同尊卑，以親之也。〔註 503〕

用一匏剖解而成的兩瓢共飲，表示親密，夫妻一體同心，互敬互愛、尊卑等同。是將相互尊重的精神，落實於實際的禮儀之中。明嘉靖大婚用玉匏；後世婚禮時，夫妻共飲交杯酒，或由此演變而成。

2. 敦

敦，盛食器，盛黍稷飯至席上之用。此器宋代時與簋、盨混同，至清代晚葉方有定論，黃紹箕以金文之「𣪘」、「𣪕」為文獻中的「敦」，自此敦始獨立出來，成為專名。

器型在文獻上的記錄，據〈少牢饋食禮〉「陰厭」章，賈《疏》引《孝經緯鉤命決》：

敦規首，上下圓相連。〔註 504〕

得知敦的基本形是蓋與器各為半圓，合之則成一球形，蓋上有小環耳，反立可以為足。俗名「西瓜鼎」，然於古無徵。〔註 505〕其演變範圍，在於或蓋、器對稱，或蓋大器小，或器腹下無足，或有小足，或環形足，而蓋足形狀多與

〔註 501〕明・李時珍：《本草綱目》卷二十八，頁 968。
〔註 502〕宋・聶崇義：《新定三禮圖》卷十二，頁 15675。
〔註 503〕漢・鄭玄注，唐・孔穎達等正義：《禮記正義》卷六十一，頁 1000。
〔註 504〕漢・鄭玄注，唐・賈公彥疏：《儀禮注疏》卷四十八，頁 569。
〔註 505〕羅振玉：《古器物識小錄》，《羅雪堂先生全集》初編七，頁 2850。

器腹下的足形相對應。〔註506〕敦蓋的功用猶如鼎蓋，可禦塵、保溫，吳廷華《儀禮章句》：

> 有蓋，飯宜溫也。〔註507〕

飯要熱食，以免傷胃。諸器中僅敦、簋蓋得以置於席上，仰置或可充作飯器，然經文未聞。

敦與簋、簠皆屬盛飯器，但形狀及於禮儀中的意義，則有區別。《禮記‧明堂位》：

> 有虞氏之兩敦，夏后氏之四璉，殷之六瑚，周之八簋。〔註508〕

主張黍稷器之制，有虞氏時期用二敦，夏代用四璉，殷商用六瑚，周代用八簋。《爾雅‧釋丘》：「如覆敦者，敦丘。」〔註509〕邢《疏》引《孝經緯》：

> 敦與簋、簠容受雖同，上下、內外皆圓爲異。〔註510〕

三者功用相同，在形狀上則有所區別，同時也都是身分的表徵，金鶚《求古錄禮說補遺‧敦考》：

> 天子、諸侯有簠、簋而無敦，大夫、士有敦而無簠、簋，此一定之制也。魯兼用四代之禮，乃〈明堂位〉夸大之文，並非事實，不可據也。夫周天子、諸侯所以用簠、簋不用敦，而以敦爲大夫、士用者，蓋周禮尚文，簋外方內圓，簠外圓內方，法象天地，又彫鏤而飾以玉，致其華美，而敦爲虞物，其制樸而簡，故用簠、簋而不用敦，大夫、士降殺于天子、諸侯，故用敦也。又天子、諸侯祭備黍、稷、稻、粱，故用簠、簋兩物，大夫、士有黍、稷而無稻、粱，故止用敦一物也。大夫敦飾以金，而士則否，可知齍盛之器以文爲貴；天子、諸侯之豆皆以木爲之，天子又飾以玉，大夫、士則瓦豆，用有虞樸素之物，以此比例更可知大夫、士用敦，而不用簠、簋矣。〔註511〕

認爲盛食器以文爲貴，敦是有虞氏之器，故較爲質樸，簋、簠晚出則較華美；位階高者用簠、簋，低者用敦。又天子、諸侯用黍、稷、稻、粱，種類較多，爲有所區隔，因此用簠、簋二器；大夫、士唯有黍、稷，遂僅用敦，大夫之

〔註506〕國立故宮博物院編輯委員會：《商周青銅粢盛器特展圖錄》，頁77。
〔註507〕清‧吳廷華：《儀禮章句》，《皇清經解》卷二百七十二，頁1282。
〔註508〕漢‧鄭玄注，唐‧孔穎達等正義：《禮記正義》卷三十一，頁583。
〔註509〕晉‧郭璞注，宋‧邢昺疏：《爾雅注疏》卷七，頁115。
〔註510〕同上註。
〔註511〕清‧金鶚：《求古錄禮說補遺》，《皇清經解續編》卷六百七十八，頁218。

敦有金屬裝飾，如〈少牢饋食禮〉「陰厭」章主婦所執爲一「金敦」。

敦之用是否眞如金鶚之言，首先就文獻觀察，容庚《商周彝器通考》針對《儀禮》進行歸納，得出以下看法：

> 〈聘禮〉、〈公食大夫禮〉有簋而無敦。〈士昏禮〉、〈士喪禮〉、〈士虞禮〉、〈少牢饋食禮〉，有敦而無簋。〈特牲饋食禮〉敦七見而簋一見。〔註512〕

確實各篇中唯獨〈特牲饋食禮〉「敦」、「簋」並見，且就版本查考，應非傳鈔之誤，由此觀之，則士有用簋者。另《禮記・內則》：

> 父母、舅姑之衣衾、簟、席、枕、几不傳；杖、屨祇敬之，勿敢近。
>
> 敦、牟、卮、匜，非餕莫敢用。〔註513〕

侍奉父母、公婆必須態度恭敬，縱使是所用的物品，也應當謹愼的對待，不隨便移動位置、也不任意使用。所述日用器物中有敦，可知其施用之普遍。其次就出土實物考察，隨著文明演進，器用的種類愈繁，數量愈多。若論簋、簠、敦三類黍稷器，當是簋先出現、簠次、敦最後。敦類器晚出，約通行於春秋戰國間。〔註514〕今見敦之自名器多出自齊國一帶，如：「齊侯敦」、「齊孟姜敦」、「陳侯午敦」、「陳侯因𦣞敦」等。「齊侯敦」銘文曰：

> 齊侯作食敦，其萬年永保用。〔註515〕

「齊孟姜敦」自銘曰：「膳敦。」〔註516〕是諸侯或其夫人餐食用敦，故實際上並不是只有大夫、士用敦。可能由於《儀禮》非出自一時一地一人之手，加以「齊、魯多儒」，故稱器名時，有用統名者爲「簋」，有用析名，即地域性名稱者，則爲「敦」。

3. 冪

冪，是遮蓋器物的布。《周禮・天官冢宰・敘官》「冪人」下，鄭《注》：

> 以巾覆物曰冪。〔註517〕

甲骨文作「冂」，羅振玉《殷虛書契考釋》：

> 象巾覆尊上。〔註518〕

〔註512〕容庚：《商周彝器通考》，頁324。
〔註513〕漢・鄭玄注，唐・孔穎達等正義：《禮記正義》卷二十七，頁519。
〔註514〕容庚、張維持：《殷周青銅器通論》，頁40。
〔註515〕羅振玉：《三代吉金文存》（二），頁728。
〔註516〕羅振玉：《三代吉金文存》（二），頁855。
〔註517〕漢・鄭玄注，唐・賈公彥疏：《周禮注疏》卷一，頁16。

字从「冖」，表示覆蓋的意思。又作「幎」，《說文解字・巾部》：

> 幎，幔也。从巾，冥聲。《周禮》有幎人。〔註519〕

段《注》：

> 《禮經》鼎有鼏，尊彝有幎。其字亦作「幂」，俗作「羃」。筭家「幎積」是此字。〈魏都賦〉《注》引《左傳》：「幎館宮室。」塗墍曰幎者，亦謂冡其上也。今本作「塓」，乃俗字。〔註520〕

俗字作「羃」或「塓」。

幎於《儀禮》之記載，隨質料的不同，而有綌、絺、疏布、功布、葦席數種：

（1）綌幎：用比較粗的葛布製作，〈士昏禮〉、〈鄉飲酒禮〉、〈鄉射禮〉、〈特牲饋食禮〉都有使用。

（2）絺幎：質地較細的葛布。〈士虞禮〉用「絺布」，「陳虞祭牲羞酒醴器具」章：「幎用絺布。」〔註521〕賈《疏》：

> 絺、綌，以葛爲之，布則以麻爲之。今絺布並言，則此麻、葛雜，故有兩號。是以鄭云「葛屬也」。〔註522〕

賈公彥認爲絺布是麻、葛混紡，不同於單稱「絺」者。王引之《經義述聞》：

> 幎用絺布者，夏用絺，冬用布也。〔註523〕

主張是季節的差異，夏用細葛布，冬用麻布，則「絺布」當是「用絺若布」的省文；胡培翬據〈燕禮〉、〈大射儀〉贊同此說。據經文觀察，〈燕禮〉及〈大射儀〉皆爲「用錫若絺」，「錫」指細布，是用細麻布或細葛布製幎，然而〈士虞禮〉在「絺」與「布」間並無「若」字，則賈公彥的說法似較允當。

（3）疏布：比較粗的麻布，〈士喪禮〉、〈既夕禮〉用。《周禮・天官冢宰・幎人》：

> 掌共巾幎。祭祀以疏布巾幂八尊，以畫布巾幂六彝。凡王巾皆黼。
>
> 〔註524〕

〔註518〕羅振玉：《殷虛書契考釋》卷中，頁134。

〔註519〕漢・許慎撰，清・段玉裁注：《說文解字注》七篇下，頁358。

〔註520〕同上註。

〔註521〕漢・鄭玄注，唐・賈公彥疏：《儀禮注疏》卷四十二，頁493。

〔註522〕同上註。

〔註523〕清・王引之：《經義述聞》（一）卷十，頁1009～1010。

〔註524〕漢・鄭玄注，唐・賈公彥疏：《周禮注疏》卷六，頁91。

鄭《注》：

> 以疏布者，天地之神尚質。宗廟可以文畫者。〔註 525〕

祭祀天地以質樸爲上，天子祭天地之冪用「疏布」，祭祖則用細而有紋飾者，凡天子所用者，皆繡有黑白相間的斧紋。

（4）功布：經鍛漂灰治之麻布，〈士喪禮〉「饌小斂奠及設東方之盥」章：「冪奠用功布。」〔註 526〕鄭《注》：

> 功布，鍛濯灰治之布也。〔註 527〕

夏炘《學禮管釋・釋布》上：

> 先以水打濯其麻，繼以灰治之，然後績之以爲縷，俗所謂「灰麻布」是也。〔註 528〕

將麻浸洗，再加灰揉搓，後紡線織成，〈既夕禮〉也用。

（5）「葦席」：葦編的席，〈士喪禮〉包裹於重鬲之外。

冪的主要成分爲葛或麻，二者在棉花引進前，是重要的服裝素材。取葛加工織製衣物的最早紀錄爲《詩經・周南・葛覃》：

> 葛之覃兮，施于中谷。維葉莫莫，是刈是濩。爲絺爲綌，服之無斁。
>
> 〔註 529〕

毛《傳》：

> 濩，煮之也。精曰絺，麤曰綌。〔註 530〕

葛是一種蔓生韌皮植物，莖部細長，由膠質和纖維組成。紡織前，割下以沸水煮過，去除部分膠質，纖維可作爲織布的原料，這一過程稱「脫膠」。〔註 531〕製成的葛布，粗糙的稱「綌」，精細的名「絺」。《墨子・節用》：

> 古者聖王制爲衣服之法曰：「冬服紺緅之衣，輕且暖，夏服絺綌之衣，輕且清，則止。」諸加費不加於民利者，聖王弗爲。〔註 532〕

布料質地輕薄涼爽，可製衣、鞋，適合夏季穿著。《越絕書・越絕外傳記越地傳》：

〔註 525〕同上註。

〔註 526〕漢・鄭玄注，唐・賈公彥疏：《儀禮注疏》卷三十六，頁 424。

〔註 527〕同上註。

〔註 528〕清・夏炘：《學禮管釋》，《皇清經解續編》卷九百八十，頁 354。

〔註 529〕漢・毛公傳、鄭玄箋，唐・孔穎達等正義：《毛詩正義》卷一之二，頁 30。

〔註 530〕同上註。

〔註 531〕上海紡織科學研究院 裴晉昌、王裕中：〈中國古代的葛、麻紡織〉，《中國古代科技成就》，頁 536。

〔註 532〕清・孫詒讓：《墨子閒詁》卷六，頁 151。

　　葛山者，句踐罷吳種葛，使越女織治葛布，獻於吳王夫差。〔註533〕
越王句踐在葛山種葛，織成布後，獻給吳王夫差，故知南方也用葛布。麻也
屬韌皮植物，同樣也須「脫膠」，《詩經・陳風・東門之池》：

　　　東門之池，可以漚麻。彼美淑姬，可與晤歌。

　　　東門之池，可以漚紵。彼美淑姬，可與晤語。

　　　東門之池，可以漚菅。彼美淑姬，可與晤言。〔註534〕

將大麻或苧麻浸泡於池水中，以脫去膠質。《齊民要術》記載：

　　　漚欲清水，生熟合宜。〔註535〕

自《注》：「濁水則麻黑，水少則麻脆。生則難剝，大爛則不任。暖泉不冰凍，
冬日漚者，最為柔明也。」〔註536〕浸麻的水質必須清澈，以免影響麻的顏色；
也須留意水量，太少則麻皮難以剝除，時間須確實掌握，防止泡得太爛，冬
天是比較適合的季節。

　　據考古發現，用麻、葛織品的時代甚早。一九七二年江蘇吳縣草鞋山新
石器時代遺址，曾發現五千多年前的葛布殘片三塊，屬羅紋組織，呈山形或
菱形斜紋。浙江湖州錢山漾出土數塊苧麻布殘片。〔註537〕而河北藁城臺西商
代遺址，墓葬出土的青銅器上，往往發現有絲帛包裹或覆蓋的痕跡，在第三
十八號墓出土的銅觚上，附貼痕最為清晰，至少有四種以上。〔註538〕是用絲
織品為冪之例。

4. 巾

　　巾也是蓋在器物上的布，〈士昏禮〉「將親迎預陳饌」章房中的六個豆共
一巾，鄭《注》：

　　　巾為禦塵。〔註539〕

目的在避免灰塵掉落食物之中。

　　巾的材質與冪相同，以葛或麻為主。〈士喪禮〉「陳襲」章：

〔註533〕漢・袁康：《越絕書》卷八，頁6。
〔註534〕漢・毛公傳、鄭玄箋，唐・孔穎達等正義：《毛詩正義》卷七之一，頁252～253。
〔註535〕後魏・賈思勰：《齊民要術》卷二，頁84。
〔註536〕同上註。
〔註537〕上海紡織科學研究院　裴晉昌、王裕中：〈中國古代的葛、麻紡織〉，《中國古
　　　　代科技成就》，頁535。
〔註538〕河北省博物館、文管處臺西考古隊、河北省藁城縣臺西大隊理論小組：《藁城
　　　　臺西商代遺址》，頁60。
〔註539〕漢・鄭玄注，唐・賈公彥疏：《儀禮注疏》卷四，頁43。

> 布巾，環幅不鑿。〔註540〕

用麻織製的巾替死者覆面。「陳大斂衣奠及殯具」章：

> 兩籩無縢，布巾。〔註541〕

蓋於籩上，也用「布巾」。至於〈特牲饋食禮・記〉：

> 籩，巾以綌也。〔註542〕

是以粗葛布製的巾覆蓋籩。遂知《儀禮》中器物的名目區分細密，同樣是蓋物之器，覆鼎者稱鼏，蓋尊者稱冪，覆籩、豆者稱巾。

二、贊者醴婦

婦拜見舅姑後，贊者以醴款待新婦。「贊者醴婦」章：

> 贊醴婦，席于戶牖間。側尊甒醴于房中，婦疑立于席西。贊者酌醴，
> 加柶，面枋，出房，席前北面。婦東面拜受。贊西階上北面拜送。
> 婦又拜。薦脯醢。婦升席，左執觶，右祭脯醢，以柶祭醴三：降席，
> 東面坐，啐醴；建柶，興，拜。贊答拜。婦又拜，奠于薦東，北面
> 坐取脯，降，出，授人于門外。〔註543〕

贊者於堂上室門西、室牖東的位置設席，席面朝南，婦立於席的西邊。賈《疏》：

> 以其賓客位於此，是以醴子、醴婦、醴賓客皆於此，尊之故也。
> 〔註544〕

此位乃是客席，婦席設在這裡，是為表示男方對新婦的重視。

（一）禮　食

「側尊甒醴」，表示設一甒，內盛醴。另外，由「贊者酌醴，加柶，……左執觶，右祭脯醢。」知道除了醴之外，還有脯、醢。

（二）禮　器

贊者以醴饗婦，所用宜與「冠日陳設」一致，故除就經文得知盛器用甒，飲器為觶，有柶以取醴糟外，應有勺以舀酒，與觶一同放在篚中，另有籩、豆盛脯、醢。

〔註540〕漢・鄭玄注，唐・賈公彥疏：《儀禮注疏》卷三十五，頁413。
〔註541〕漢・鄭玄注，唐・賈公彥疏：《儀禮注疏》卷三十七，頁433。
〔註542〕漢・鄭玄注，唐・賈公彥疏：《儀禮注疏》卷四十六，頁548。
〔註543〕漢・鄭玄注，唐・賈公彥疏：《儀禮注疏》卷五，頁53～54。
〔註544〕同上註，頁54。

三、婦饋舅姑

　　贊者醴婦後，緊接著就是新婦饋饗公婆。「婦饋舅姑」章：

　　　　舅姑入于室，婦盥饋。特豚，合升，側載，無魚、腊，無稷，並南

　　　　上，其他如取女禮。〔註545〕

鄭《注》：

　　　　並南上者，舅姑共席于奧，其饌各以南爲上。〔註546〕

在室中舉行，舅姑於奧的位置共席，席面朝東，另爲婦設對席，面朝西。三

人之肴饌，皆以南邊爲上位。此儀節的意義，據《禮記·昏義》：

　　　　舅姑入室，婦以特豚饋，明婦順也。〔註547〕

新娘致贈公婆小豬等食物，是爲藉此表示孝順的心意。

（一）禮　食

　　經文言「其他如取女禮」，表示器用須參照「將親迎預陳饌」，但略爲簡

省。於是飲設有玄酒、酒。食有特豚、舉肺、祭肺、脊、醢醬、葵菹、蠃醢、

黍、大羹湇；而無魚、兔腊及稷。

　　「婦饋舅姑」與「將親迎預陳饌」同樣的都準備了一隻小豬，於鼎內合

左右半一起烹煮，不同處在於載俎時爲「側載」，依據鄭《注》：

　　　　側載者，右胖載之舅俎，左胖載之姑俎，異尊卑。〔註548〕

豚的右半載於舅俎、左半載於姑俎，是爲明尊卑之別。吉事所用的牲體貴右，

故順理成章的作了這樣的安排。〔註549〕

（二）禮　器

　　酒器包括瓵、爵、勺、篚，瓵下應有禁。食器則爲鼎、匕、俎，豆、敦。

其形制皆可參閱前文。

四、小　結

　　〈士昏禮〉以豐盛的筵席迎接新娘，「將親迎預陳饌」飲設玄酒、酒各一，

共兩瓵；食包括特豚、魚、兔腊各一，共三鼎，又有醢醬、葵菹、蠃醢各二，

〔註545〕漢·鄭玄注，唐·賈公彥疏：《儀禮注疏》卷五，頁54。

〔註546〕同上註。

〔註547〕漢·鄭玄注，唐·孔穎達等正義：《禮記正義》卷六十一，頁1001。

〔註548〕同註545。

〔註549〕彭美玲：《古代禮俗左右之辨研究——以三禮爲中心》，頁108～109。

共六豆，黍、稷各二，共四敦，及大羹湆一登。「贊者醴婦」贊禮者以醴接待新婦，薦脯、醢以供食祭。「婦饋舅姑」新婦以飲食饋宴公婆，所用與「將親迎預陳饌」相近，但少魚、腊與稷。

第三節　結　語

〈士冠禮〉視風俗可行「醴禮」或「醮禮」，但都以「三加」為重，透過依序穿著爵弁服、皮弁服、玄端服，提醒冠者知道個人在國家、社會、家庭應盡的責任與義務，故飲食的部分較簡；〈士昏禮〉以「六禮」為主，男方為表現對新娘的歡迎，或新娘為向公婆表達孝順的心意，都準備了豐盛的菜饌。

禮有以質為盛者，〈士冠禮〉由於醴事質而禮盛，故「醴禮」用醴，脯、醢是為獻酬而薦。期盼冠者見質樸之物，體念先人恩德。「醮禮」飲設玄酒和酒，食的部分第一類尚薦乾肉，第二類用特豚一鼎，葵菹、蠃醢二豆，栗、脯二籩，明顯較為豐美。安排玄酒的用意，同樣是教人不忘本。

禮也有以豐富取勝者，〈士昏禮〉「將親迎預陳饌」用特豚、魚、腊三鼎，醢醬、葵菹、蠃醢各二豆，合計六豆，黍、稷各二，合計四敦，大羹湆一登。「婦饋舅姑」所用如「將親迎預陳饌」，但無魚、腊、稷。此二階段席前皆設醢醬，表示是為人而設的餐食；用三鼎、設黍稷飯，就士而言，屬於比較隆重的儀節。

〈士昏禮〉所用盛酒器也是甒，加勺；飲酒器則因所設飲料的不同，而有所差異，其於「贊者醴婦」用醴，「將親迎預陳饌」、「婦饋舅姑」用玄酒和酒，於是「將親迎預陳饌」用爵、卺，「贊者醴婦」用觶，「婦饋舅姑」用爵。

婚禮的器用，亦顯現其禮儀特性。新人合卺且同牢共饌，都是欲藉此協助兩人建立夫妻一體，齊心同德，互敬互愛的觀念。「婦饋舅姑」，表現婦女順從的美德，至於款待公婆的小豬，合升而異俎，則是為彰明男女尊卑之別。

第四章　射鄉之禮的飲食品物

「射鄉之禮」為以飲酒或射箭為主的社交活動，《儀禮》中載有〈鄉飲酒禮〉、〈鄉射禮〉、〈燕禮〉及〈大射儀〉，共計四篇，在五禮中皆屬嘉禮。

〈鄉飲酒禮〉、〈燕禮〉的內容詳於賓主酬酢，〈鄉射禮〉、〈大射儀〉則對較射的過程敘述詳盡，關於餚饌方面的著墨相形簡省。雖然〈鄉飲酒禮〉、〈鄉射禮〉屬士禮，〈燕禮〉、〈大射儀〉屬於諸侯禮，位階不同，然而由於典禮的性質接近，故無論是器用乃至程序等各方面的安排，都極其類似。

第一節　〈鄉飲酒禮〉的飲食陳設

鄉飲酒禮是在鄉學舉行的飲酒禮。「鄉」是古行政單位，據《周禮・地官・大司徒》：

> 正月之吉，始和布教于邦國都鄙。乃縣教象之灋于象魏，使萬民觀教象，挾日而斂之。乃施教灋于邦國都鄙，使之各以教其所治民。令五家為比，使之相保；五比為閭，使之相受；四閭為族，使之相葬；五族為黨，使之相救；五黨為州，使之相賙；五州為鄉，使之相賓。[註1]

又〈地官・鄉師〉：

> 凡四時之徵令有常者，以木鐸徇於市朝。以歲時巡國及野，而賙萬民之囏阨，以王命施惠。歲終，則考六鄉之治以詔廢置。正歲，稽其鄉器，比共吉凶二服，閭共祭器，族共喪器，黨共射器，州共賓器，鄉共吉凶禮樂之器。若國大比，則攷教察辭，稽器展事，以詔

〔註1〕　漢・鄭玄注，唐・賈公彥疏：《周禮注疏》卷十，頁159。

　　誅賞。〔註2〕

得知天子所居都城百里之郊分六鄉，鄉之下有州、黨、族、閭、比五層行政等級。五家爲比，五比爲閭，四閭爲族，五族爲黨，五黨爲州，五州爲鄉。各級行政長官分別爲比長、閭胥、族師、黨正、州長、鄉大夫。如此則一鄉共一萬二千五百家。諸侯管轄之行政區與天子分級相同，但只有三鄉。賈公彥《疏》在〈鄉飲酒禮〉大題下引鄭玄《三禮目錄》：

　　諸侯之鄉大夫三年大比，獻賢者、能者於其君，以禮賓之，與之飲
　　酒。〔註3〕

鄉設有鄉學，稱爲「庠」，由致仕的官員擔任鄉先生，教導鄉中子弟。三年學成，稱爲「學士」。鄉內每隔三年舉行一次「大比」，薦舉學士中有才德者，供天子或諸侯任用。爲表示重視，鄉大夫以主人的身分主持酒會。賈《疏》：

　　凡鄉飲酒之禮，其名有四。案：此賓賢能謂之鄉飲酒，一也。又案：
　　〈鄉飲酒義〉云：「六十者坐，五十者立侍。」是黨正飲酒，亦謂之
　　鄉飲酒，二也。鄉射州長春秋習射，於州序先行鄉飲酒，亦謂之鄉
　　飲酒，三也。案：〈鄉飲酒義〉又有鄉大夫、士飲國中賢者用鄉飲酒，
　　四也。其〈王制〉云：「習射尚功，習鄉尚齒。」還是鄉飲酒黨飲酒
　　法。〔註4〕

行鄉飲酒禮的時機有四種：其一、如鄭玄所言，爲推舉人才而舉辦，並可提倡尊重賢達的風氣；其二、黨正爲祭鬼神，聚集民眾於序飲酒；其三、舉行鄉射禮前，先行飲酒禮；其四、鄉大夫、士宴飲國中賢者。所以《禮記・王制》提到鄉飲酒禮的施行目的，在教民尊敬年長者。

　　〈鄉飲酒禮〉正式開始前有「飲前之儀」，是行禮前的準備工作。飲食的安置主要見於「陳設」、「速賓迎賓拜至」及〈記〉三部分。

一、陳　設

　　〈鄉飲酒禮〉由「謀賓、戒賓」開始，鄉大夫與鄉先生根據學成者德行才能的高下，確定賓及介的人選，並予以邀請後，再設置飲食。「陳設」章：

　　乃席賓、主人、介。眾賓之席，皆不屬焉。尊兩壺于房戶閒，斯禁，

〔註2〕　漢・鄭玄注，唐・賈公彥疏：《周禮注疏》卷十一，頁176。
〔註3〕　漢・鄭玄注，唐・賈公彥疏：《儀禮注疏》卷八，頁80。
〔註4〕　同上註。

有玄酒在西。設篚于尊南，東肆，加二勺于兩壺。設洗于阼階東南，
南北以堂深，東西當東榮，水在洗東，篚在洗西，南肆。〔註5〕

鄭《注》：

賓席，牖前南面；主人席，阼階上西面；介席，西階上東面。〔註6〕

有司在堂上為賓、主人和介布席：賓席在室的窗前，面朝南，眾賓的席彼此
不相連；主人席在阼階上，面朝西；介席在賓階上，面朝東。又於房門與室
門之間設兩壺，「吉事尚左」，故玄酒在西，酒在東；壺下都有禁。在兩壺的
南邊橫放一篚，其首端朝西、尾朝東。壺上分別各置一隻勺，兩勺柄皆應朝
南，與〈士昏禮〉「將親迎預陳饌」章相同，這樣在拿取時會比較順手。堂下
阼階東南設洗，洗的西邊為堂下之篚。

（一）禮　食

堂上設酒與玄酒的意義，據《禮記・鄉飲酒義》：

鄉人、士、君子，尊於房中之間，賓、主共之也。尊有玄酒，貴其
質也。羞出自東房，主人共之也。〔註7〕

此位適於賓、主之間，便於共用。又：

尊有玄酒，教民不忘本也。〔註8〕

以質樸為貴，有返本尚樸之義，令參與者見玄酒而興飲水思源之心。「陳設」
章賈《疏》：

凡設尊之法，但醴尊，見其質皆在房內，故〈士冠禮〉禮子、〈婚禮〉
禮婦，醴皆在房隱處。……設酒之尊，皆於顯處，見其文，是以此
及醮子與〈鄉射〉、〈特牲〉、〈少牢〉、〈有司徹〉皆在房戶之間是也。

〔註9〕

醴尊下無禁，設於房中；酒尊常與玄酒同設，下有禁，多設於房戶之間，主
要是因為醴和酒質文有別。盛玄酒的壺在西邊，與冠昏之禮的設置相同。

另外，在其後進行「主人獻賓」、「賓酢主人」、「主人獻眾賓」、「獻工」、
「獻笙」、「賓拜賜」各階段時，都有薦脯、醢的程序，主要供食祭之用。

〔註5〕　漢・鄭玄注，唐・賈公彥疏：《儀禮注疏》卷八，頁81。
〔註6〕　同上註。
〔註7〕　漢・鄭玄注，唐・孔穎達等正義：《禮記正義》卷六十一，頁1004。
〔註8〕　漢・鄭玄注，唐・孔穎達等正義：《禮記正義》卷六十一，頁1008。
〔註9〕　漢・鄭玄注，唐・賈公彥疏：《儀禮注疏》卷八，頁81～82。

（二）禮　器

本章所用器具，就經文本身觀察，有壺、禁、勺、篚、冪。篚用來盛放飲器，〈記〉：

> 獻，用爵；其他用觶。〔註10〕

張爾岐《儀禮鄭注句讀》：

> 設篚貯爵，在禁之南，向東陳之，其首在西。壺各有勺，以備挹酌。
> 〔註11〕

是根據下經「主人獻賓」、「賓酢主人」、「主人酬賓」等章，所用爲爵與觶而得的推論。堂上之篚所盛器物的種類與數量，〈記〉：

> 獻工與笙取爵于上篚，既獻奠于下篚。〔註12〕

鄭《注》：

> 明其異器敬也。如是則獻大夫亦然，上篚三爵。〔註13〕

更爵是爲表現尊敬之意。褚寅亮《儀禮管見》：

> 此篚內實三爵一觶。獻賓、獻遵、獻工，皆爵；酬賓用觶。〈記〉言：
> 賓至而徹冪，其節一也。第此則覆冪面即加勺，彼俟徹冪而始加勺，
> 爲少異耳。〔註14〕

包括三隻爵、一隻觶；三爵分別於「獻賓」、「遵入獻酬之禮」及「獻工與笙」時使用，觶用於「酬賓」。阼階東南方的堂下之篚所盛之器，褚寅亮《儀禮管見》又云：

> 此篚內實三觶。一爲司正所舉而奠之；其二爲二人舉觶、行無算爵；
> 前一人舉觶爲旅酬始者，仍奠於篚。故止三觶。〔註15〕

內有三觶，是爲「司正安賓」、「旅酬」、「二人舉觶」時所設。

所用器物多數已於前文討論過，以下僅說明壺的形制。

（1）壺

「壺」，甲骨文作、、、，金文作、、、等形，小篆

〔註10〕漢‧鄭玄注，唐‧賈公彥疏：《儀禮注疏》卷十，頁103。
〔註11〕清‧張爾岐：《儀禮鄭注句讀》卷四，頁125。
〔註12〕漢‧鄭玄注，唐‧賈公彥疏：《儀禮注疏》卷十，頁104。
〔註13〕同上註。
〔註14〕清‧褚寅亮：《儀禮管見》，《皇清經解續編》卷一百七十四，頁1143。
〔註15〕同上註。

作𦥔。〔註16〕《說文解字・壺部》：

> 壺，昆吾圓器也。象形。〔註17〕

屬象形。《急就篇》：

> 圓器也，腹大而有頸。〔註18〕

多爲圓形器，羅振玉《殷虛書契考釋》：

> 上有蓋，旁有耳，壺之象也。〔註19〕

其字形皆上象壺蓋，下象壺體，有頸，兩側有繫且腹部龐大，圈足。

壺，仿瓠的形狀而成，初爲陶製。《詩經・豳風・七月》：

> 七月食瓜，八月斷壺。〔註20〕

毛《傳》：

> 壺，瓠也。〔註21〕

孔《疏》：

> 以壺與食瓜連文，則是可食之物，故知壺爲瓠。〔註22〕

「壺」與「瓠」是音義相近的同源詞。《禮記・郊特牲》：

> 器用陶匏，尚禮然也。三王作牢，用陶匏。〔註23〕

遠古器用多陶質者，乾瓠可作爲盛酒漿的器具，但不易久存，故製陶壺代瓠。《周禮・春官・小宗伯》：

> 辨六尊之名物以待祭祀、賓客。〔註24〕

鄭《注》引鄭司農曰：

> 六尊，獻尊、象尊、壺尊、著尊、太尊、山尊。〔註25〕

準備六尊用於祭祀或款待賓客之禮，其中有壺尊，即壺形酒器。《公羊・昭公二十五年・傳》：

〔註16〕 李孝定：《甲骨文字集釋》第十，頁3221。
〔註17〕 漢・許慎撰，清・段玉裁注：《說文解字注》十篇下，頁495。
〔註18〕 漢・史游撰，唐・顏師古注，宋・王應麟補，清・王懿榮校：《急就篇》卷三，頁9。
〔註19〕 羅振玉：《殷虛書契考釋》卷中，頁128。
〔註20〕 漢・毛公傳、鄭玄箋，唐・孔穎達正義：《毛詩正義》八之一，頁285。
〔註21〕 同上註。
〔註22〕 同上註。
〔註23〕 漢・鄭玄注，唐・孔穎達等正義：《禮記正義》卷二十六，頁506。
〔註24〕 漢・鄭玄注，唐・賈公彥疏：《周禮注疏》卷十九，頁291。
〔註25〕 同上註。

國子執壺漿。〔註26〕

何休《注》：

壺，禮器。腹方口圓曰壺，反之曰方壺。有爵飾。〔註27〕

壺通常是腹方口圓，方壺則腹圓口方。就考古觀察，青銅製者有圓、方、扁等形；殷代者少，通行於周代者多，尤盛行於春秋戰國。春秋末期以後多無蓋。〔註28〕而在《儀禮》中往往是以冪爲蓋，〈記〉「器具牲羞之屬」章：

尊綌冪，賓至，徹之。〔註29〕

壺上覆蓋粗葛布的冪，賓至才徹。

屬盛酒器，考古出土實物多自鑄器名。文獻記載，如《詩經・大雅・韓奕》：

韓侯出祖，出宿于屠。顯父餞之，清酒百壺。〔註30〕

韓侯受顯父盛宴款待，壺酒無數。《周禮・秋官・掌客》載四方賓客來聘，若其身分爲上公，所用有「壺四十」，侯、伯「壺三十二」，子、男「壺二十四」。〔註31〕鄭《注》：

壺，酒器也。〔註32〕

銅器銘文，可證壺的功用及使用場合，如「夋季良父壺」銘：「用盛旨酒。」〔註33〕「觴仲多壺」銘：「觴仲多作醴壺。」〔註34〕「伯庶父壺」銘：「伯庶父作醴壺。」〔註35〕「鄭枏叔賓父壺」銘：「鄭枏叔賓父作醴壺，子子孫孫永寶用。」〔註36〕壺皆作盛酒、醴之用。而西周後期「頌壺」銘：

頌敢對揚天子丕顯魯休，用作朕皇考龔叔、皇母龔姒寶尊壺。〔註37〕

說明是爲祭祀先人製作此器。「曾伯陭壺」銘：

用自作醴壺，用饗賓客。〔註38〕

〔註26〕漢・何休注，唐・徐彥疏：《春秋公羊傳注疏》卷二十四，頁302。

〔註27〕同上註。

〔註28〕容庚、張維持：《殷周青銅器通論》，頁57。

〔註29〕漢・鄭玄注，唐・賈公彥疏：《儀禮注疏》卷十，頁103。

〔註30〕漢・毛公傳、鄭玄箋，唐・孔穎達正義：《毛詩正義》十八之四，頁681。

〔註31〕漢・鄭玄注，唐・賈公彥疏：《周禮注疏》卷三十八，頁583。

〔註32〕同上註。

〔註33〕羅振玉：《三代吉金文存》（三），頁1249。

〔註34〕同上註，頁1208。

〔註35〕同上註，頁1216。

〔註36〕同上註，頁1223。

〔註37〕同上註，頁1253～1254。

明白指出提供宴饗賓客之用。

二、速賓迎賓拜至

「陳設」完畢，緊接著的就是「速賓迎賓拜至」章：

> 羹定。主人速賓，賓拜辱，主人答拜，還，賓拜辱，介亦如之。賓
> 及眾賓皆從之。〔註39〕

鄭《注》：

> 肉謂之羹。定猶孰也。〔註40〕

招請與迎接賓的儀節，須於「羹定」，即牲肉煮熟後，方得以展開。據此遂知除了玄酒與酒外，尚有準備佳餚待客，然後「坐燕」時可進用。

（一）禮　食

羹中所煮之肉，依照〈記〉「器具牲羞之屬」章言：

> 其牲，狗也；亨于堂東北。〔註41〕

知〈鄉飲酒禮〉用牲為狗，在堂的東北方烹煮。

1. 狗

鄉飲酒禮也以肉饗人，《詩經‧豳風‧七月》：

> 朋酒斯饗，曰殺羔羊，躋彼公堂，稱彼兕觥，萬壽無疆！〔註42〕

毛《傳》：

> 鄉人以狗，大夫加以羔羊。〔註43〕

鄉人用狗，大夫則用小羊。

用狗的原因，〈記〉「器具牲羞之屬」章鄭《注》：

> 狗取擇人。祖陽氣之所始也，陽氣主養，《易》曰：「天地養萬物，
> 聖人養賢，以及萬民。」〔註44〕

採陰陽說解釋之。賈《疏》：

> 此據〈鄉飲酒義〉而言，以正月三陽生之月，萬物出地盛於東南，

〔註38〕同上註，頁 1245。
〔註39〕漢‧鄭玄注，唐‧賈公彥疏：《儀禮注疏》卷八，頁 82。
〔註40〕同上註。
〔註41〕漢‧鄭玄注，唐‧賈公彥疏：《儀禮注疏》卷十，頁 103。
〔註42〕漢‧毛公傳、鄭玄箋，唐‧孔穎達等正義：《毛詩正義》卷八之一，頁 286。
〔註43〕同上註。
〔註44〕漢‧鄭玄注，唐‧賈公彥疏：《儀禮注疏》卷十，頁 103。

故云祖陽氣之所始也。引《易‧頤‧彖》辭者，義取養賢能而賓舉
之事也。〔註45〕

鄭玄與賈公彥的理論，乃是依據《禮記‧鄉飲酒義》：

> 天地嚴凝之氣，始於西南，而盛於西北；此天地之尊嚴氣也，此天
> 地之義氣也。天地溫厚之氣，始於東北，而盛於東南；此天地之盛
> 德氣也，此天地之仁氣也。……亨狗於東方，祖陽氣之發於東方也。
> 〔註46〕

天地間的嚴肅凝重之氣始於西南，盛於西北，溫厚仁愛之氣始於東北，盛於
東南。傚效天地之氣，順著仁德之心以待賓，故也在東方烹煮狗羹。另《周
易‧說卦》：

> 艮，東北之卦也，萬物之所成終而所成始也，故曰「成言乎艮。」……
> 艮爲狗。〔註47〕

八卦若與方位、畜獸相對應，艮屬東北方，畜爲狗。故褚寅亮《儀禮管見》：

> 學惟一門，固不可烹於門外，而必在堂之東北者，〈鄉飲酒義〉所謂
> 其祖陽氣之發於東方也，《注》蓋本此。又艮爲狗，位在東北，所烹
> 之方亦與其物合。〔註48〕

贊同鄭、賈之說，並指出鄉學只有一個門，所以不適合在門外烹煮。而敖繼
公《儀禮集說》：

> 用狗者，用〈燕禮〉之牲也，〈鄉飲〉與〈燕〉類也。而〈燕〉於君
> 禮爲差輕，〈鄉飲〉於臣禮爲差重，故牲亦不嫌其同。〔註49〕

主張是比照性質接近的〈燕禮〉而來。此外，郝敬《儀禮節解》：

> 鄭解牲狗爲取其擇人，迂也。〔註50〕

不認爲用狗牲與選拔賢能有任何關聯。姚際恒《儀禮通論》：

> 狗于牲爲賤，用之不可詳。〔註51〕

吳廷華《儀禮章句》：

〔註45〕同上註。
〔註46〕漢‧鄭玄注，唐‧孔穎達等正義：《禮記正義》卷六十一，頁1005、1008。
〔註47〕魏‧王弼、韓康伯注，唐‧孔穎達等正義：《周易正義》卷九，頁184～185。
〔註48〕清‧褚寅亮：《儀禮管見》，《皇清經解續編》卷一百七十四，頁1145。
〔註49〕元‧敖繼公：《儀禮集說》卷四，頁19081。
〔註50〕明‧郝敬：《儀禮節解》卷四，頁594。
〔註51〕清‧姚際恒：《儀禮通論》卷六，頁206。

用狗義未詳。《注》云：「取擇人」，存參。〔註52〕

明顯不同意鄭玄的解釋，卻都無法提出具體說解，姚際恒甚至認為狗較其他種類牲畜的等級來得低。

狗是六畜之一，容易餵養、繁殖力強，可供食用。《禮記・內則》提到「犬羹」；而「八珍」之「肝膋」，也與狗有關：

取狗肝一，幪之以其膋，濡，炙之，舉燋其膋，不蓼。〔註53〕

取狗肝一副，用狗腸間的脂肪包裹，放在火上燒炙，等脂透肝熟，不需調味，即可食用。烹調技法頗為繁複，除《周禮》、《禮記》外，他書未見，足見珍稀。《國語・越語》上：

生丈夫：二壺酒、一犬；生女子：二壺酒、一豚。〔註54〕

越王句踐為增強國力以對抗吳國，遂獎勵人民生育。規定生男孩，賞兩壺酒、一條狗；生女孩，賞兩壺酒、一頭小豬。兵丁當然是用男子，故知狗應比豬來得珍貴。《史記》載荊軻與狗屠為友，聶政、樊噲也都曾為狗屠。屠狗成為專業，說明養狗普遍，食用者眾。

初民開始畜養動物的目的，是如司馬貞〈三皇本紀〉：

養犧牲以庖廚，故曰庖犧。〔註55〕

為謀求穩定的肉類來源，充作祭品，乃至食用；抑或是如美國社會學家羅伯特・路威所說：

並不是為圖利，而是由一種非經濟的、可是一樣有人間味的理由——

他愛把牠們帶在身旁做伴侶或是供娛樂。〔註56〕

當作寵物。恐怕就禮制的發展、生理的需求而言，前者較為可能，然而正因狗之於人類有看顧、守護、協助狩獵種種功能，所以很早就被視為夥伴，《禮記・檀弓》下：

仲尼之畜狗死，使子貢埋之，曰：「吾聞之也：『敝帷不棄，為埋馬也；敝蓋不棄，為埋狗也。』丘也貧，無蓋；於其封也，亦予之席，毋使其首陷焉。」路馬死，埋之以帷。〔註57〕

〔註52〕清・吳廷華：《儀禮章句》，《皇清經解》卷二百七十四，頁1294。
〔註53〕漢・鄭玄注，唐・孔穎達等正義：《禮記正義》卷二十八，頁533。
〔註54〕吳・韋昭注：《國語》卷二十，455。
〔註55〕漢・司馬遷撰，〔日〕瀧川資言考證：《史記會注考證》，頁30。
〔註56〕〔美〕羅伯特・路威著；呂祖湘譯：《文明與野蠻》，頁58。
〔註57〕漢・鄭玄注，唐・孔穎達等正義：《禮記正義》卷十，頁197～198。

孔子養的狗死了，不忍埋葬時其頭部下陷，遂命子貢以席包裹之。《晏子春秋·諫》下：

> 景公走狗死，公令外共之棺，內給之祭。晏子聞之，諫。〔註 58〕

齊景公欲以人禮爲過世的愛犬安葬，下令提供棺木，並舉行喪祭，充分展現疼愛之心。考古發掘商代墓葬經常可見狗殉，如殷墟婦好墓壙穴中有殉狗六隻；〔註 59〕藁城台西商代遺址，101 號墓內殉狗配戴精美玉器。〔註 60〕隨縣曾侯乙墓中有狗棺一具，素面無漆，內有狗骨，〔註 61〕應是生前愛寵之物，故與之隨葬。隋、唐以來，主食中已不見狗、兔、狐狸、馬等。〔註 62〕加以後世更賦與「狗是人類最忠實的朋友」之名，於是大多明令禁食。鄉飲酒禮雖由鄉大夫主持，但參加的賓客身分是士，因而採用士禮，《禮記·王制》：

> 諸侯無故不殺牛，大夫無故不殺羊，士無故不殺犬、豕，庶人無故
> 不食珍。〔註 63〕

《國語·楚語》上：

> 屈到嗜芰。有疾，召其宗老而屬之，曰：「祭我必以芰。」及祥，宗
> 老將薦芰，屈建命去之。老曰：「夫子屬之。」子木曰：「不然。夫
> 子承楚國之政，其法刑在民心而藏在王府，上之可以比先王，下之
> 可以訓後世，雖微楚國，諸侯莫不譽。其祭典有之曰：國君有牛享，
> 大夫有羊饋，士有豚、犬之奠，庶人有魚炙之薦，籩、豆、脯、醢，
> 則上下共之。不羞珍異，不陳庶侈。夫子不以其私欲干國之典。」
> 遂不用。〔註 64〕

按禮制規定，祭祀或有事時，用牲爲：國君用牛，大夫用羊，士以下官員用豬或狗，庶人則用煎魚。如此看來，士可以用犬或小豬，爲何〈鄉飲酒禮〉不似冠禮及婚禮用小豬，應是如敖繼公所言，爲同於燕禮。

〔註 58〕明·凌稚隆評：《晏子春秋》卷二，頁 115。
〔註 59〕中國社會科學院考古研究所：《殷墟婦好墓》，頁 9。
〔註 60〕河北省博物館、文管處臺西考古隊、河北省藁城縣臺西大隊理論小組：《藁城臺西商代遺址》，頁 21。
〔註 61〕棺長一百三十三公分、寬五十三公分、高五十七公分。
　　　　隨縣擂鼓墩一號墓考古發掘隊：〈湖北隨縣曾侯乙墓發掘簡報〉，《文物》1979年第七期，頁 3。
〔註 62〕尚秉和：《歷代社會狀況史》，頁 162。
〔註 63〕漢·鄭玄注，唐·孔穎達等正義：《禮記正義》卷十二，頁 245。
〔註 64〕吳·韋昭注：《國語》卷十七，383。

狗牲的選用及牲體的處理方式，《禮記・內則》：

> 狗去腎。〔註65〕

處理狗肉時，應去掉腎臟。衛湜引方愨《禮記解中》：

> 〈鄉飲酒〉云：「亨狗于東方。」以祖陽氣之發。則狗固陽畜，腎又
> 陽精之，今目惡夫陽之太勝也，故狗去腎。〔註66〕

方愨認為狗屬陽畜，腎又為陽精，若食狗肉又食狗腎，熱性將會太過。衛湜
又引陸佃言：

> 狗去腎，以其熱與。俗云：「凡腎，豕不如羊，羊不如狗。」〔註67〕

也認為狗腎性熱，與狗肉同食不宜。王夫之《禮記章句》：

> 狗腎，《本草》云有毒。〔註68〕

據《本草經》所言，以證狗腎有毒。傳統醫學有取狗腎為藥方，但日常食用
時，對一般人而言或許太熱，並不適合，故宜去除。又：

> 狗赤股而躁，臊。〔註69〕

狗的後腿內側無毛而且舉動急躁，其肉必臊。鄭《注》：

> 赤股，股裏無毛也。〔註70〕

孔《疏》：

> 狗赤股而躁臊者。臊謂臊惡。赤股，股裏無毛。躁謂舉動急躁，狗
> 若如此，其肉臊惡。〔註71〕

赤股並不是形容肉是紅色的，而是指後腿內側的毛都脫落了，有如此症狀的
狗應該是生病了。方愨《禮記解中》：

> 赤股者，赤之為色，宣佈著見。股無毛則股著見矣，故以赤言之。
> 躁則言其性之不靜。〔註72〕

王夫之《禮記章句》：

> 赤股，股裏無毛也；躁，數吠齧也。〔註73〕

〔註65〕漢・鄭玄注，唐・孔穎達等正義：《禮記正義》卷二十八，頁529。
〔註66〕宋・衛湜：《禮記集說》卷七十，頁17695。
〔註67〕同上註。
〔註68〕清・王夫之：《禮記章句》卷十二，頁627。
〔註69〕漢・鄭玄注，唐・孔穎達等正義：《禮記正義》卷二十八，頁529。
〔註70〕同上註。
〔註71〕同上註。
〔註72〕宋・衛湜：《禮記集說》卷七十，頁17695。
〔註73〕清・王夫之：《禮記章句》卷十二，頁628。

由於患病因此性情急躁，靜不下來，經常吠叫或咬東西。這樣的狗，肉必然臊臭。

牲體所用部位，據〈記〉「器具牲羞之屬」章：

> 俎由東壁，自西階升。賓俎：脊、脅、肩、肺。主人俎：脊、脅、臂、肺。介俎：脊、脅、胉、胳、肺。肺皆離。皆右體，進腠。〔註74〕

用鑊鼎煮好的牲肉載於俎，先放在東壁，之後從西階升堂進上。由於須祭舉，所以都有狗脊、脅和肺。此外，賓俎上尚載有肩；主人俎上尚有臂；介俎上還有胉、胳。是爲生人所設之肺，故所載都是離肺。牲肉都取自牲體右半，於俎上皆骨的根端朝前，方向一致，比較整齊、美觀。鄭《注》：

> 凡牲前脛骨三：肩、臂、臑也。後脛骨二：膊、胳也。尊者俎尊骨，卑者俎卑骨。〈祭統〉曰：「凡爲俎者，以骨爲主。骨有貴賤。」凡前貴後賤。……腠，理也。進理謂前其本也。〔註75〕

鄭玄乃是據《禮記·祭統》立說：

> 凡爲俎者，以骨爲主。骨有貴賤，殷人貴髀；周人貴肩，凡前貴於後。俎者，所以明祭之必有惠也。是故，貴者取貴骨，賤者取賤骨，貴者不重，賤者不虛，示均也。〔註76〕

俎所盛載的牲肉，孰貴孰賤，以骨頭的部位做爲判別標準。殷人以髀骨爲貴；周人以肩骨爲貴，凡前骨都貴於後骨。因此，賓俎用前脛骨上段——肩的部分，主人俎用其下段——臂的部分，介俎則用後脛——胳的部分。藉此示尊卑之分。

（二）禮　器

羹是用肉或菜煮的湯，表示狗牲放在鼎中加水煮熟，所以必然有用鼎，且「主人獻賓」等章有設俎的程序，則勢必用匕觲、以俎盛載。此三器之形制，可參見前文。

三、小　結

〈鄉飲酒禮〉在堂上房門與室門間，設玄酒和酒，賓主共用，以示同歡無別。用兩圓壺，下皆有禁，壺上各覆冪、加勺，勺柄朝南。堂上壺的南邊，及堂下阼階東南對準東邊屋翼處，洗的西邊，各設一篚，用來盛放獻用的爵，

〔註74〕漢·鄭玄注，唐·賈公彥疏：《儀禮注疏》卷十，頁103。

〔註75〕同上註。

〔註76〕漢·鄭玄注，唐·孔穎達等正義：《禮記正義》卷四十九，頁836。

及酢、酬、舉時用的觶。堂上之篚實三爵一觶，堂下之篚實三觶。

牲用狗，鄭玄擇狗如擇人的解釋，學者多不表贊同，敖繼公認為是同於〈燕禮〉，此說應較為合理。在堂的東北方煮熟，則可推斷用鼎烹煮，有匕、俎協助盛取。鄭玄、賈公彥以《禮記‧鄉飲酒義》為據，指因天地溫厚之氣始自東北方，故於此處烹牲，褚寅亮補充鄉學僅一門，遂不適合在門外。

第二節　〈鄉射禮〉的飲食陳設

鄉射禮，是在州序舉行的射箭比賽。賈《疏》於〈鄉射禮〉大題下引鄭玄《三禮目錄》：

> 州長春秋以禮會民，而射於州序之禮。謂之鄉者，州，鄉之屬，鄉
> 大夫或在焉，不改其禮。〔註77〕

州長在每年春、秋二季於州的學校舉行射禮，因為州為鄉的下級單位，鄉大夫將會蒞臨，所以典禮名稱亦冠以「鄉」字。弓箭為狩獵或戰爭的工具，也是武勇的象徵，故《禮記‧內則》：

> 子生，男子設弧於門左，女子設帨於門右。〔註78〕

生男孩就在門的左邊懸掛弓。射箭屬於一種軍事訓練，孔子以六藝教授學生，其中有射，但練習的同時，也為這項活動賦與了禮樂教化的意義，《論語‧八佾》：

> 子曰：「君子無所爭，必也射乎！揖讓而升，下而飲，其爭也君子。」
> 〔註79〕

教人謙沖好禮的君子之風。甲骨卜辭中有「小射」、「多射」等與射事相關的官名，還有集合大隊演練的「三百射」。〔註80〕據考西周穆王時期的「靜簋」銘文曰：

> 丁卯，王令靜司射學宮。〔註81〕

記錄靜在學宮主持習射。

鄉射即州民一同習武，也是一種軍事教育。《禮記‧射義》：

> 古者諸侯之射也，必先行燕禮；卿大夫、士之射也，必先行鄉飲酒

〔註77〕漢‧鄭玄注，唐‧賈公彥疏：《儀禮注疏》卷十一，頁109。
〔註78〕漢‧鄭玄注，唐‧孔穎達等正義：《禮記正義》卷二十八，頁534。
〔註79〕魏‧何晏等注，宋‧邢昺疏：《論語注疏》卷三，頁26。
〔註80〕陳夢家：《殷墟卜辭綜述》，頁512～513。
〔註81〕羅振玉：《三代吉金文存》（二），頁674。

之禮。故燕禮者，所以明君臣之義也；鄉飲酒之禮者，所以明長幼

之序也。〔註82〕

古代諸侯舉行射禮，必先行燕禮；卿大夫、士舉行射禮，必先行鄉飲酒禮。是以《儀禮》各本，如大、小戴本、劉向《別錄》本及今本之篇次順序，皆為〈鄉飲酒禮〉、〈鄉射禮〉、〈燕禮〉、〈大射儀〉，縱使殘存七篇的武威漢簡本，也是先〈燕禮〉後〈泰射〉。〔註83〕職是之故，〈鄉射禮〉射事之前的程序與〈鄉飲酒禮〉幾乎一致，可相互參照，飲食的預備同樣見於「陳設」、「速賓」及〈記〉。

一、陳　設

〈鄉射禮〉於「戒賓」之後開始設置飲食，「陳設」章：

乃席：賓，南面，東上。眾賓之席繼而西。席主人於阼階上，西面。

尊於賓席之東，兩壺，斯禁。左玄酒，皆加勺。篚在其南，東肆。

設洗于阼階東南，南北以堂深，東西當東榮。水在洗東，篚在洗西，

南肆。〔註84〕

賓席布於堂的正中，席面朝南，首朝東；眾賓之長三人之席在賓的西邊。主人之席在阼階上，面朝西。賓席東方設兩壺，置於禁上，玄酒在西，壺上都加勺。篚在尊南，首朝西。洗在阼階東南，水在洗東，另一篚在洗西，首朝北。此處言「尊於賓席之東」，而非如〈鄉飲酒禮〉「陳設」章之「尊兩壺于房戶之間」，盛世佐《儀禮集編》：

此不言房戶間而言賓席之東者，容或有射於序者，無房戶可言也。

賓席隨地而移，故依之以見設席之處，且與前互備，此古人立言之

法。〔註85〕

因在序舉行射箭禮，無房戶可為標的，遂以賓席的位置為判斷。

（一）禮　食

同樣是準備酒及玄酒。而獻酬的過程中，都有薦脯醢，〈記〉：

〔註82〕漢・鄭玄注，唐・孔穎達等正義：《禮記正義》卷六十二，頁1014。

〔註83〕甘肅省武威縣西漢墓，出土《儀禮》簡本。甲本共七篇，〈士相見禮〉第三、〈服傳〉第八、〈特牲〉第十、〈少牢〉第十一、〈有司〉第十二、〈燕禮〉第十三、〈泰射〉第十四。乙本只〈服傳〉一篇。丙本僅〈喪服〉經文一篇。中國科學院考古研究所、甘肅省博物館編：《武威漢簡》，頁10。

〔註84〕漢・鄭玄注，唐・賈公彥疏：《儀禮注疏》卷十一，頁109～110。

〔註85〕清・盛世佐：《儀禮集編》卷八，頁110-306。

　　　　醢以豆，出自東房。〔註86〕

醢盛在豆中，省文未言脯在籩中，都應預置東房。〈鄉飲酒禮〉未言，但脯、醢應該一樣是取自東房。

（二）禮　器

　　飲器用壺，其下各有禁，壺上也都各置一勺。篚內放飲酒器，無論是堂上或堂下者，其中的爵或觶，數量應也是與〈鄉飲酒禮〉相同。另外，〈記〉：

　　　　尊綌冪。賓至，徹之。〔註87〕

壺上蓋粗葛製的冪禦塵。

　　食器應有盛脯、醢的籩、豆。

二、速　賓

　　「陳設」之後，接著就是「速賓」的節目：

　　　　羹定，主人朝服，乃速賓。賓朝服出迎，再拜。主人答再拜，退。

　　　　賓送，再拜。賓及眾賓遂從之。〔註88〕

羹煮熟後，主人邀請賓及眾賓。〈記〉：

　　　　其牲，狗也；亨于堂東北。〔註89〕

牲用狗，在堂的東北方烹煮。賈《疏》：

　　　　〈鄉飲酒〉、〈鄉射〉義取擇賢士爲賓，天子已下燕亦用狗，亦取擇

　　　　人可與燕者。〔註90〕

注解與〈鄉飲酒禮〉相仿，以選舉賢德解釋用狗爲牲的原因。

（一）禮　食

　　牲用狗，所用部位據〈記〉：

　　　　俎由東壁，自西階升。賓俎：脊、脅、肩、肺。主人俎：脊、脅、

　　　　臂、肺。肺皆離。皆右體也。進腠。……獲者之俎：折脊、脅、肺、

　　　　臑。……釋獲者之俎：折脊、脅、肺，皆有祭。〔註91〕

〔註86〕漢・鄭玄注，唐・賈公彥疏：《儀禮注疏》卷十三，頁146。

〔註87〕漢・鄭玄注，唐・賈公彥疏：《儀禮注疏》卷十三，頁146。

〔註88〕漢・鄭玄注，唐・賈公彥疏：《儀禮注疏》卷十一，頁110。

〔註89〕漢・鄭玄注，唐・賈公彥疏：《儀禮注疏》卷十三，頁146。

〔註90〕同上註。

〔註91〕漢・鄭玄注，唐・賈公彥疏：《儀禮注疏》卷十三，頁146～150。

在堂東北載俎,再取徑屋與東壁之間,從西階升堂進上。賓俎上載有狗脊、脅、肩、肺,主人俎上是狗脊、脅、臂、肺,顯現以賓爲尊的態度。爲生人設,故所載都是離肺,牲肉都取自牲體的右半邊,於俎上皆骨頭的根端朝前。報靶人和放算籌者的俎上,都各有脊、脅、離肺、祭肺,此外報靶人又多放一塊臑。

(二)禮 器

所用食器同於〈鄉飲酒禮〉。烹牲用鼎,載俎用匕、俎。

三、小 結

〈鄉射禮〉於飲食的安排,與〈鄉飲酒禮〉全然一致,甚或《經》、《記》有〈鄉飲酒禮〉沒有記載的部分,彼此可互文補足。

堂上賓席之東設玄酒和酒,以西爲上,兩壺都蓋冪、加勺,下有禁。堂上及堂下的篚,內置飲酒器,數量應同於〈鄉飲酒禮〉。用狗牲,烹於鼎,匕、俎協助盛載。並配合飲酒的儀節,薦脯、醢、折俎。

脯醢預設東房、賓俎及主人俎上的牲體部位,以及俎由堂東北經東壁、西階升堂入東房的方式,皆可補〈鄉飲酒禮〉所未言。

第三節 〈燕禮〉的飲食陳設

「燕」通「宴」,有安樂、安逸之義。國君閒暇無事,與羣臣飲酒,以增進彼此情感;獎勵本國卿大夫之功;款待來聘使者;接待四方來聘賓客,凡遇以上時機,都可舉行燕禮。賈《疏》於〈燕禮〉大題下引鄭玄《三禮目錄》:

> 諸侯無事,若鄉大夫有勤勞之功,與羣臣燕飲以樂之。〔註92〕

《儀禮·燕禮》爲君臣無事一同飲酒娛樂的禮。《左氏·昭公九年·傳》:

> 晉荀盈如齊逆女,還,六月,卒于戲陽。殯于絳,未葬。晉侯飲酒,樂。膳宰屠蒯趨入,請佐公使尊,許之。而遂酌以飲工,曰:「女爲君耳,將司聰也。辰在子卯,謂之疾日,君徹宴樂,學人舍業,爲疾故也。君之卿佐,是謂股肱。股肱或虧,何痛如之?女弗聞而樂,是不聰也。」又飲外嬖嬖叔,曰:「女爲君目,將司明也。服以旌禮,

---

〔註92〕漢·鄭玄注,唐·賈公彥疏:《儀禮注疏》卷十四,頁158。

禮以行事，事有其物，物有其容。今君之容，非其物也；而女不見，
是不明也。」亦自飲也，曰：「味以行氣，氣以實志，志以定言，言
以出令。臣實司味，二御失官，而君弗命，臣之罪也。」公說，徹
酒。初，公欲廢知氏而立其外嬖，為是悛而止。秋，八月，使荀躒
佐下軍以說焉。〔註93〕

魯昭公九年六月晉大夫荀盈卒於河南戲陽，靈柩停放絳地，尙未下葬，晉侯
彪就召侍臣師曠、李調陪飲，並擊鐘奏樂，屠蒯遂入寢宮為之忠諫。此事亦
見於《禮記·檀弓》下，是國君私燕屬臣之例。

　　〈燕禮〉飲食的預備，見於「告誡設具」及〈記〉。

一、告誡設具

　　燕禮正式開始前，有司先陳設所需飲食，「告誡設具」章：

燕禮，小臣戒與者。膳宰具官饌于寢東。樂人縣。設洗、篚于阼階
東南，當東霤。罍水在東，篚在洗西，南肆。設膳篚在其北，西面。
司宮尊于東楹之西，兩方壺，左玄酒，南上。公尊瓦大兩，有豐，
冪用綌若錫，在尊南，南上。尊士旅食于門西，兩圜壺。司宮筵賓
于戶西，東上，無加席也。射人告具。〔註94〕

又〈記〉：

燕：朝服，於寢。〔註95〕

舉行地點在路寢，是國君處理政務之處。飲與食設置如下：

　　其一、寢的東側：膳宰安設款待羣臣用的酒食。

　　其二、阼階東南：面對東霤的地方，有盥洗用的洗。洗的東邊設罍，其
　　　　　中裝洗手用水。洗的西邊置一篚，篚首朝北。膳篚在篚的北邊，
　　　　　首朝西。

　　其三、堂上東楹之西：司宮設尊，卿大夫的尊是兩個方壺，盛玄酒的壺
　　　　　在酒壺左邊，以南為上位，則玄酒在南，酒在其北。方壺南邊，
　　　　　為君設兩個甒，都放在豐上，覆蓋著粗葛布或細布製的冪，亦以
　　　　　南為上位。

〔註93〕晉·杜預注，唐·孔穎達等正義：《春秋左傳正義》卷四十五，頁780～781。
〔註94〕漢·鄭玄注，唐·賈公彥疏：《儀禮注疏》卷十四，頁158～160。
〔註95〕漢·鄭玄注，唐·賈公彥疏：《儀禮注疏》卷十五，頁179。

其四、寢門內西側：爲士旅食者置兩圓壺。士旅食者，據鄭《注》：「旅，眾也。士眾食，謂未得正祿，所謂庶人在官者也。」〔註96〕是未得爵祿之士。

（一）禮　食

爲國君與卿大夫設玄酒與酒，褚寅亮《儀禮管見》：

> 凡設尊之人必面其鼻而設之，元酒在左，酌酒亦面鼻酌。〈燕禮〉、〈大
> 射〉在尊後酌取不背君，故元酒於君仍在左，於酌者則爲右。〔註97〕

通常設尊或酌酒時，都是面對酒尊的正面；〈燕禮〉和〈大射儀〉國君的席位在阼階上面朝西，司宮爲避免背對國君，故在尊後。由此可知，此時堂上的方壺和瓦甒都是面朝東，則由南至北，依次爲：君甒（玄酒）、君甒（酒）、卿大夫方壺（玄酒）、卿大夫方壺（酒）。又爲士旅食者設酒，賈《疏》：

> 凡無玄酒者，直陳之而已，不言上下。是以此尊士旅食，直云「兩
> 圓壺」。〔註98〕

經文未明言兩壺所盛，表示無上下之別，均內盛酒，沒有玄酒。除此之外，獻酬時，與〈士冠禮〉、〈鄉飲酒禮〉、〈鄉射禮〉同樣須薦脯醢。

經文雖未說明，但仍有備食，〈記〉：

> 其牲，狗也，亨于門外東方。〔註99〕

牲用狗，烹於路寢的門外東方。鄭《注》：

> 狗取擇人也，明非其人不與爲禮也。亨於門外，臣所掌也。〔註100〕

在此鄭玄的說解較注解〈鄉飲酒禮〉時簡略，僅說選狗象徵選賢。賈《疏》：

> 此君禮，故云臣使掌。〈公食·記〉云：「亨于門外東方。」《注》云：
> 「必於門外者，大夫之事也。」《注》不同者，以其饗食在廟，嚴凝
> 宜親監視，不得言臣所掌，故《注》云：「大夫之事也。」〈鄉飲酒〉
> 亨狗于堂東北者，非君禮，是臣。於堂東北不在外者，宜主人親供，
> 又法陽氣之所始。故三者《注》皆不同也。〔註101〕

〈燕禮〉爲諸侯禮，故不在堂東北。又因不似〈公食大夫禮〉，國君須親自至

〔註96〕漢·鄭玄注，唐·賈公彥疏：《儀禮注疏》卷十四，頁159。
〔註97〕清·褚寅亮：《儀禮管見》，《皇清經解續編》卷一百七十六，頁1153。
〔註98〕漢·鄭玄注，唐·賈公彥疏：《儀禮注疏》卷十四，頁159。
〔註99〕漢·鄭玄注，唐·賈公彥疏：《儀禮注疏》卷十五，頁179。
〔註100〕同上註。
〔註101〕同上註。

門外監督陳具或迎賓，而逕由有司負責，故鄭玄言「臣所掌」。其實烹於門外東方為多數禮儀的現象，如〈士昏禮〉、〈士喪禮〉等，並非〈燕禮〉之特殊處。牲用狗的原因，鄭玄、賈公彥提出的陽氣或擇人之說，皆甚難服人，但其最初的原由，目前尚無從得知。至於為何〈鄉飲酒禮〉烹於堂東北，除了前述為配合陽氣生發的向位，以及鄉學僅一門的兩項因素外，賈公彥在此又提出另一說解，乃是基於主人須親設折俎，故不宜於門外。

設俎的對象，據〈記〉：

> 唯公與賓有俎。〔註102〕

只為國君與賓設俎，卿大夫、士旅食者等皆無。

（二）禮　器

參與典禮的人士，依照身分而使用不同的酒器。盛酒器，為國君設「瓦大」，此即甒的別名，其上蓋冪；為卿大夫設方壺，士旅食者圓壺。形制均可參看前文。

堂下阼階東南的篚及膳篚，都用來盛放飲酒器。據下經所載飲酒的程序，推測〈燕禮〉應是獻用觚，其他用觶，則篚中有角觚和角觶；膳篚中有象觚、象觶，即器上有象牙為飾者。在此針對豐及觚進行說明。

1. 豐

承尊、爵之器。「告誡設具」章鄭《注》：

> 豐，形似豆，卑而大。〔註103〕

形狀接近盛食之豆，但高度略低，也比較大。除了如〈燕禮〉、〈大射儀〉、〈聘禮〉置於君尊瓦甒之下外，也可用來安放飲酒器，〈鄉射禮〉「飲不勝者」章：

> 司射適堂西，命弟子設豐。弟子奉豐升，設于西楹之西，乃降。勝者之弟子洗觶，升酌，南面坐奠于豐上；降袒執弓，反位。〔註104〕

鄭《注》：

> 將飲不勝者，設豐，所以承其爵也。豐形蓋似豆而卑。〔註105〕

射箭比賽獲勝者飲不勝者，用豐托承罰飲之觶。〈公食大夫禮〉「為賓設正饌」章：

〔註102〕漢・鄭玄注，唐・賈公彥疏：《儀禮注疏》卷十五，頁181。
〔註103〕漢・鄭玄注，唐・賈公彥疏：《儀禮注疏》卷十四，頁159。
〔註104〕漢・鄭玄注，唐・賈公彥疏：《儀禮注疏》卷十二，頁131。
〔註105〕同上註。

> 飲酒，實于觶，加于豐。〔註106〕

飲酒盛在觶中，置於豐上，與〈鄉射禮〉形式相同。

2. 觚

觚，飲酒器。據前文賈《疏》引《韓詩外傳》言，其容量為二升。《禮記·禮器》：

> 有以小為貴者，宗廟之祭，貴者獻以爵，賤者獻以散；尊者舉觶，
> 卑者舉角。〔註107〕

鄭《注》：

> 凡觴，一升曰爵，二升曰觚，三升曰觶，四升曰角，五升曰散。
> 〔註108〕

《論語·雍也》：

> 子曰：「觚不觚，觚哉！觚哉！」〔註109〕

何晏《注》：

> 馬曰：「觚，禮器。一升曰爵，二升曰觚。」〔註110〕

引馬融的說法為據，可知鄭玄的解釋應承自師門。而《周禮·冬官考工記·梓人》：

> 觚三升。〔註111〕

卻解釋觚的容量為三升，《說文解字·角部》：

> 觚，鄉飲酒之爵也。一曰：觴受三升者觚。〔註112〕

許慎所言，應根據《周禮》。或許當時學派各有所本，因此才會產生說解歧異的現象。

現今所通稱的觚，乃沿用宋人的定名，由於目前尚未發現自名觚的器物，因此無從確定是否即為文獻所載的觚。器型特徵為長身、細腰、闊底、侈口、圈足，口與底部都呈喇叭狀。其所以名為觚，有謂因其四面有觚稜，但傳世之器不盡有稜，可見非必要條件。盛行於商代前期至西周，考古發掘常與爵

〔註106〕漢·鄭玄注，唐·賈公彥疏：《儀禮注疏》卷二十五，頁303。
〔註107〕漢·鄭玄注，唐·孔穎達等正義：《禮記正義》卷二十二，頁454。
〔註108〕同上註。
〔註109〕魏·何晏等注，宋·邢昺疏：《論語注疏》卷六，頁54。
〔註110〕同上註。
〔註111〕漢·鄭玄注，唐·賈公彥疏：《周禮注疏》卷四十一，頁638。
〔註112〕漢·許慎撰，清·段玉裁注：《說文解字注》四篇下，頁187。

成組相伴出土。〔註113〕

二、小　結

　　諸侯國君與卿大夫無事聚會歡飲，於路寢堂上東楹之西，爲國君與卿大夫各設玄酒和酒，門內西方爲士旅食者只設酒。牲用狗，烹於門外東方，但只君與賓席前設俎。

　　器物方面，君尊瓦甒，卿大夫方壺，士旅食者圓壺，其上應各有勺。國君使用的甒上有冪，下有豐。飲酒器盛於篚，其中有角觚與角觶；國君使用膳篚，內有象觚、象觶。既有烹牲，則必有鼎，且匕、俎從設。

第四節　〈大射儀〉的飲食陳設

　　〈大射儀〉爲諸侯將要舉行大型祭祀，於是舉行射箭比賽，選拔可與祭官員之禮。賈《疏》在〈大射儀〉大題下引鄭玄《三禮目錄》：

　　　　名曰大射者，諸侯將有祭祀之事，與其羣臣射，以觀其禮，數中者
　　　　得與於祭，不數中者不得與於祭。〔註114〕

鄭玄乃據《禮記・射義》而得此推論。〔註115〕諸侯舉行射箭的儀式，顯現古人尚武的精神。《儀禮》中唯獨〈大射儀〉以「儀」爲名，而不稱「禮」，《禮記・中庸》：

　　　　禮儀三百，威儀三千。〔註116〕

儀是禮的具體呈現，彼此互爲表裡，其實並無二致。

　　大射實際上是安插在燕禮中的一項競賽，因此飲食的部分大致與〈燕禮〉相同，主要見於「射日陳燕具席位」、「獻獲者」章。

〔註113〕馬承源主編：《中國青銅器》，頁182。

〔註114〕漢・鄭玄注，唐・賈公彥疏：《儀禮注疏》卷十六，頁187。

〔註115〕〈射義〉：「是故古者天子之制，諸侯歲獻貢士於天子，天子試之於射宮。
　　　　其容體比於禮，其節比於樂，而中多者，得與於祭。其容體不比於禮，其
　　　　節不比於樂，而中少者，不得與於祭。」又：「天子將祭，必先習射於澤。
　　　　澤者，所以擇士也。已射於澤，而后射於射宮。射中者得與於祭；不中者
　　　　不得與於祭。不得與於祭者有讓，削以地；得與於祭者有慶，益以地。進
　　　　爵絀地是也。」
　　　　漢・鄭玄注，唐・孔穎達等正義：《禮記正義》卷六十二，頁1015、1019。

〔註116〕漢・鄭玄注，唐・孔穎達等正義：《禮記正義》卷五十三，頁897。

一、射日陳燕具席位

大射禮舉行的當日，天亮時開始陳設，「射日陳燕具席位」章：

> 厥明，司宮尊于東楹之西，兩方壺；膳尊兩甒在南，有豐，幂用錫若
> 綌，綴諸箭，蓋幂，如勺，又反之，皆玄尊，酒在北。尊士旅食于西
> 鐏之南，北面，兩圓壺。又尊于大侯之乏東北，兩壺獻酒。設洗于阼
> 階東南，罍水在東，篚在洗西，南陳，設膳篚在其北，西面。又設洗
> 于獲者之尊西北，水在洗北，篚在南，東陳。小臣設公席于阼階上，
> 西鄉，司宮設賓席于戶西，南面，有加席。卿席賓東，東上。小卿賓
> 西，東上。大夫繼而東上，若有東面者，則北上。席工于西階之東，
> 東上。諸公阼階西，北面東上。官饌，羹定。〔註117〕

以位置區分所設品物如下：

> 其一、東楹西邊：司宮設兩方壺，其南為君設兩甒，甒下都有豐。尊上
> 蓋幂，幂用細布或細葛布製成，兩端各綴一小竹，方便張幂，幂
> 上再加放勺，然後將幂下垂的兩端撩起來覆蓋在勺上。兩方壺和
> 兩甒中各有一尊是玄酒，酒尊都放在玄酒的北邊。故自南而北，
> 依序為：君甒（玄酒）、君甒（酒）、臣方壺（玄酒）、臣方壺（酒）。
> 應如〈燕禮〉，均面朝西。
>
> 其二、西鐏南邊：在西階西邊懸掛的鐏之南，為士旅食者設酒，兩圓壺，
> 壺面朝北。
>
> 其三、大侯避箭掩體的東北邊：設兩壺獻酒。鄭《注》：「為隸、僕人、
> 巾車、糝侯、豻侯之獲者獻。」〔註118〕是為隸、僕人、巾車、糝
> 侯、豻侯等工作人員設的酒尊。
>
> 其四、阼階東南：設洗，其東有罍盛水。篚在洗的西邊，首朝北。膳篚
> 在篚的北邊，面朝西。獲者之洗在其兩壺的西北邊，水在洗北，
> 篚在洗南，首朝西。為百官準備食物，各放在他們的席位前。
>
> 其五、門外東方：「羹定」，應也用狗牲，烹煮的位置亦與〈燕禮〉同。

（一）禮　食

堂上東楹的西邊，為君及卿大夫皆設玄酒和酒，堂下為士旅食者及獲者，

〔註117〕漢・鄭玄注，唐・賈公彥疏：《儀禮注疏》卷十三，頁190～191。
〔註118〕同上註，頁191。

都只設酒。獻酬時薦脯醢、折俎。既言「羹定」，則必有牲，經文雖未明言，然應如〈燕禮〉用狗，烹於門外東方。

（二）禮　器

盛酒器，君用瓦甒，上蓋幂，下有豐；卿大夫用方壺；士旅食者用圓壺；獻獲者之壺應同樣是圓壺。食器鼎、匕、俎之用，宜同於〈燕禮〉。

二、獻獲者

〈大射儀〉向擔任大侯報靶工作的服不獻酒，特別放在他的面前，以與大侯之乏東北邊，爲三侯獲者等人所設有所區分。「獻獲者」章：

> 司宮尊侯于服不之東北，兩獻酒，東面南上，皆加勺；設洗于尊西北，篚在南，東肆，實一散于篚。司馬正洗散，遂實爵，獻服不。服不侯西北三步，北面拜受爵。司馬正西面拜送爵，反位。宰夫有司薦，庶子設折俎。〔註119〕

司宮在服不的東北方設兩壺獻酒，面朝東，以南方爲上位。壺上都各有勺，其西北方設洗，洗的南邊有一篚，內實一散。宰夫進獻脯、醢，庶子設折俎。

（一）禮　食

獻酒，既言「南上」，應有上下之別，或許如堂上所設酒尊，玄酒在南，酒在北。爲食祭設脯、醢、折俎。俎上的牲體，應與〈鄉射禮・記〉獲者之俎相同，有折脊、脅、離肺、祭肺。

（二）禮　器

盛酒器爲圓壺，其上均加勺，飲酒器用散，置於篚。既薦脯、醢、折俎，盛食器則爲籩、豆、俎。以下說明散的形制。

1. 散

散，前文引《韓詩外傳》及鄭玄《注》，都說明容量爲五升。可作爲容酒器或溫酒器。羅振玉《殷墟書契考釋》：

> 今傳世古飲器有斝無散，大於角者，唯斝而已，故諸經中「散」字疑皆「斝」字之譌。〔註120〕

根據器物考證，認爲「散」應作「斝」，二字爲形近之誤。王國維《觀堂集林・

〔註119〕漢・鄭玄注，唐・賈公彥疏：《儀禮注疏》卷十八，頁214～215。
〔註120〕羅振玉：《殷虛書契考釋》卷中，頁130。

說斝》也認為「散」為「斝」之訛。〔註121〕

斝，裸禮盛鬱鬯的酒器。《周禮·春官·司尊彝》：

> 秋嘗、冬烝，裸用斝彝、黃彝，皆有舟。〔註122〕

秋、冬二季於宗廟祭祀先王，行裸禮之器為斝。《禮記·明堂位》：

> 灌尊，夏后氏以雞夷，殷以斝，周以黃目。〔註123〕

則說明夏代用雞彝，商代用斝，周代用黃目。據考古發掘實物觀察，新石器時代已有陶斝，青銅斝盛行於商至西周時期。形似爵，但較爵大，有三足、兩柱、一鋬，殷墟婦好墓出方體四足帶蓋斝，是極少見的器型。

三、小 結

〈大射儀〉所用近於〈燕禮〉，為國君、卿大夫、服不皆設酒和玄酒，為士旅食者、隸、僕人、巾車、三侯獲者等，都只設酒。牲用狗，獻酬時薦脯、醢、折俎。

盛酒器，國君為瓦甒，卿大夫為方壺，餘者皆為圓壺。飲酒器置於篚，內有角觚、角觶；國君用膳篚，實象觚、象觶；服不所用的篚中，只有一散。

冪普遍用於覆蓋酒尊，國君用細麻或細葛布製品，兩端綴小竹，覆在甒上，原應下垂的部分又反蓋於勺，此一設置方式，可補〈燕禮〉之未言。

第五節 結 語

射鄉之禮重在飲射之儀。秦蕙田《五禮通考》：

> 〈鄉飲酒〉與〈燕〉，其牲皆狗，然骨體致敬，庶羞盡愛，亦可云食。
>
> 而曰飲者，飲者有舉有薦，薦為舉設，故曰飲也。〔註124〕

以飲為主，食乃為飲而設，雖有牲，獻酬時設脯、醢、折俎，然相較於他禮，略顯簡約。

〈鄉飲酒禮〉、〈鄉射禮〉堂上設壺，賓主共用，沒有區別；〈燕禮〉、〈大射儀〉所用器具，則有尊卑之分，國君、卿大夫、士旅食者等，各有專用的尊。國君所用器具與其他參與者不同，盛酒器用瓦甒，上蓋冪，下有豐；用

〔註121〕王國維：《觀堂集林》，頁68～69。

〔註122〕漢·鄭玄注，唐·賈公彥疏：《周禮注疏》卷二十，頁305。

〔註123〕漢·鄭玄注，唐·孔穎達等正義：《禮記正義》卷三十一，頁581。

〔註124〕清·秦蕙田著：《五禮通考》（五）卷一百四十三，頁3。

膳篚，盛象觚、象觶。餘人皆用壺，卿大夫用方壺，其餘用圓壺；飲酒器亦盛篚中，多為角觚、角觶，〈大射禮〉服不用散。〈鄉射禮〉與〈大射儀〉都有獻獲者的程序，且〈大射儀〉特為獲者等人員設酒尊，是為感謝他們的辛勞。

酒尊上覆蓋冪，以防灰塵掉落其中。〈鄉飲酒禮〉、〈鄉射禮〉用綌冪，〈燕禮〉國君用綌或錫，〈大射禮〉國君用錫或絺，因應典禮的性質，質料也愈趨細緻。

《儀禮》中以狗為牲者，僅射鄉之禮。禮自上起，〈鄉飲酒禮〉、〈鄉射禮〉皆用狗，是為同於〈燕禮〉，而〈大射禮〉是在燕禮中間安排射箭活動，因此也用狗牲。〈燕禮〉用狗，最初的原因已無可考，但應與陰陽說、身分或擇賢無關。在烹煮位置方面，〈鄉飲酒禮〉、〈鄉射禮〉因鄉學或州學只有一門，且主人須親設折俎，故烹於堂東北；〈燕禮〉、〈大射儀〉為諸侯禮，則烹於門外東方。

第五章　朝聘之禮的飲食品物

古代天子爲諸侯定下朝覲的制度，其品類極繁，如《周禮・秋官・小行人》：

> 朝、覲、宗、遇、會、同，君之禮也。存、覜、省、聘、問，臣之
> 禮也。〔註1〕

朝、覲、宗、遇、會、同，是國君的禮制；存、覜、省、聘、問，是臣下的
禮制。諸侯有朝見天子之禮，據《禮記・王制》：

> 諸侯之於天子也，比年一小聘，三年一大聘，五年一朝。〔註2〕

《禮記・聘義》：

> 故天子制諸侯：比年小聘，三年大聘，相厲以禮。……諸侯相厲以
> 禮，則外不相侵，內不相陵。此天子之所以養諸侯，兵不用，而諸
> 侯自爲正之具也。〔註3〕

諸侯每年須派遣大夫進行一次小聘問，三年派大夫進行一次大聘問，五年親
往朝見一次。其目的在藉此使諸侯相互勉勵，如此一來，除了凝聚諸侯的向
心力，使諸侯能夠尊王，效忠王室外，更不會彼此侵犯，各諸侯國中君臣間
亦不相互欺凌，這是天子以禮撫慰諸侯，不動干戈，而使諸侯自行正道的辦
法。《左傳》、《國語》、《國策》等典籍，多載及相關禮事。

〈聘禮〉所載爲三年舉行一次的大聘，出訪國與受訪國間的致贈、接待
之禮。〈公食大夫禮〉記每年舉行一次的小聘之禮，尤其側重其中賜食的部分。
〈覲禮〉爲諸侯朝見天子的禮節。以上各禮之程序中都有宴飲的部分，邱濬

〔註1〕 漢・鄭玄注，唐・賈公彥疏：《周禮注疏》卷三十七，頁 567。
〔註2〕 漢・鄭玄注，唐・孔穎達等正義：《禮記正義》卷十一，頁 225。
〔註3〕 漢・鄭玄注，唐・孔穎達等正義：《禮記正義》卷六十三，頁 1028。

《大學衍義補・王朝之禮》：

> 人君賜宴於臣，人臣受宴於君，非徒飲之食之而已也。內則以廣恩
> 惠，外則以觀威儀。施恩者固當以禮，受賜者尤當以敬。苟進退拜
> 起之無節，固臣之罪矣；若夫酒殽之或虧精潔，禮度之或至簡略，
> 亦豈人君禮待其下之道哉？〔註4〕

期藉由宴會歡聚的機會，增進彼此情誼，透過儀式的進行，國君展現其慈愛
寬厚的胸懷，臣子表現其尊崇敬謹之意。

第一節　〈聘禮〉的飲食陳設

聘禮，又稱大聘，或大問。是諸侯無事，爲維繫國誼，派遣使者出訪他
國的外交禮節。賈公彥《疏》於〈聘禮〉大題下引鄭玄《三禮目錄》：

> 大問曰聘，諸侯相於久無事，使卿相問之禮。小聘使大夫。《周禮》
> 曰：「凡諸侯之邦交，歲相問也，殷相聘也，世相朝也。」〔註5〕

賈《疏》：

> 此聘禮是侯伯之卿大聘，以其《經》云：「五介。」上介奉束錦，士
> 介四人皆奉玉錦。又云：入竟張旜，孤卿建旜，據侯伯之卿之聘者，
> 必見侯伯之卿聘者，周公作經，互見爲義，此見侯伯之卿大聘。〔註6〕

殷相聘，指三年一大聘。聘禮的層級較高，率領使節團的使者身分爲上大夫，
小聘則爲大夫。《禮記・聘義》：

> 聘禮，上公七介，侯伯五介，子男三介，所以明貴賤也。〔註7〕

於是賈公彥依據介的人數，以及贈禮、使節旗幟等器用類型，認爲《儀禮・
聘禮》是侯伯之聘禮。

〈聘禮〉待賓，有饗、食、燕三禮，饗禮最重，有大牢、有酒。「主國君
臣饗食賓介之法」章：

> 公於賓，壹食再饗，燕與羞，俶獻無常數。〔註8〕

鄭玄《注》：

〔註4〕　明・邱濬：《大學衍義補》卷四十六，頁 66-583。
〔註5〕　漢・鄭玄注，唐・賈公彥疏：《儀禮注疏》卷十九，頁 226。
〔註6〕　同上註。
〔註7〕　漢・鄭玄注，唐・孔穎達等正義：《禮記正義》卷六十三，頁 1027。
〔註8〕　漢・鄭玄注，唐・賈公彥疏：《儀禮注疏》卷二十二，頁 267。

饗，謂亨大牢以飲賓也。〔註9〕

聘禮之饗，烹大牢以享賓。《周禮‧秋官‧大行人》則言：

> 上公之禮，……饗禮九獻，食禮九舉。……諸侯之禮，饗禮七獻，
> 食禮七舉。……諸伯執躬圭，其他皆如諸侯之禮。諸子，……饗禮
> 五獻，食禮五舉。……諸男執蒲璧，其他皆如諸子之禮。〔註10〕

五等爵待賓之禮，公行九獻九舉，侯伯七獻七舉，子男五獻五舉。《左氏‧僖
公二十二年‧傳》：

> 丁丑，楚子入饗于鄭。九獻，庭實旅百，加籩豆六品。〔註11〕

載鄭文公以九獻饗楚成王。

　　〈聘禮〉於飲食的設置，主要見於「致館設飧」章，至於「歸饔餼於賓
介」、「夫人歸禮賓介」、「大夫餼賓介」章，雖亦載豐美的禮食，然而其性質
屬於饋贈，並非在典禮進行間實際享用，故暫不討論。

一、致館設飧

　　來聘使節進入受聘國國境後，接受招待，〈致館設飧〉章：

> 至于朝，主人曰：「不腆先君之祧，既拚以俟矣。」賓曰：「俟閒。」
> 大夫帥至于館，卿致館。賓迎再拜，卿致命，賓再拜稽首，卿退，
> 賓送再拜。宰夫朝服設飧：飪一牢，在西，鼎九，羞鼎三；腥一牢，
> 在東，鼎七。堂上之饌八，西夾六。門外米、禾皆二十車，薪芻倍
> 禾。上介：飪一牢，在西，鼎七，羞鼎三；堂上之饌六；門外米、
> 禾皆十車，薪芻倍禾。眾介皆少牢。〔註12〕

此章可分至朝、致館、設飧三階段，其中與飲食相關者為設飧；由宰夫著朝
服，在館舍中為使者、副使及隨行人員設便宴。鄭《注》：

> 食不備禮曰飧。《詩》云：「不素飧兮。」《春秋傳》曰：「方食魚飧。」
> 皆謂是。〔註13〕

引〈魏風‧伐檀〉、《左傳》等文為證，說明「飧」指陳設禮食不夠完備。賈
《疏》：

〔註9〕　同上註。
〔註10〕　漢‧鄭玄注，唐‧賈公彥疏：《周禮注疏》卷三十七，頁562。
〔註11〕　晉‧杜預注，唐‧孔穎達等正義：《春秋左傳正義》卷十五，頁249。
〔註12〕　漢‧鄭玄注，唐‧賈公彥疏：《儀禮注疏》卷二十，頁238～240。
〔註13〕　同上註，頁239。

云食不備禮曰飧者，對饔餼也。生與腥飪俱有餘物又多，此飧雖有

腥飪而無生，餘物又少，故云不備禮也。〔註14〕

所謂的不完備，是相對於「歸饔餼」而言的，因此時所陳較「歸饔餼」少，

又無活牲。所設食物如下：

　　首先，為來聘使者設食，包含：

　　其一、庭中之饌：熟食一牢，置於庭中西邊。連同其他熟食於庭西共九

　　　　　　鼎，另外有三個陪鼎。生食一牢，在庭中東邊，連同其他生食在

　　　　　　庭東一共列放七鼎。

　　其二、堂上之饌：堂上八豆，西夾六豆。

　　其三、館舍門外：米、禾各二十車，薪柴、飼草各四十車。

再者，為副使上介設食，則有：

　　其一、熟食一牢，在庭中西邊，連同其他熟食於庭西共七鼎，還有三陪

　　　　　　鼎。

　　其二、堂上之饌：六豆。西夾無豆。

　　其三、館舍門外：米、禾各十車，薪柴、飼草各二十車。

最後，為眾介設食：僅少牢。

（一）禮 食

　　聘禮所用豐盛，庭中有鼎，堂上有豆，門外有車。

　　用牲都置於庭中，凡熟食皆置於庭西，生食則在庭東。使者有熟食、生

食各一大牢；熟食正鼎九、陪鼎三，生食七鼎。「致館設飧」章鄭《注》：

　　孰在西，腥在東，象春秋也。……羞鼎則陪鼎也。以其實言之則曰

　　羞，以其陳言之則曰陪。〔註15〕

煮熟的食物放西邊，生的食物在東邊，取萬物春初生、秋成熟之象。羞鼎又

稱陪鼎，因作盛肉之用，故稱羞鼎；相對於牢鼎、正鼎，故稱陪鼎。《左氏·

昭公五年·傳》：

　　是以聖王務行禮，不求恥人。朝聘有珪，享覜有璋，小有述職，大

　　有巡功。設机而不倚，爵盈而不飲；宴有好貨，飧有陪鼎，入有郊

　　勞，出有贈賄，禮之至也。〔註16〕

〔註14〕同上註。

〔註15〕漢·鄭玄注，唐·賈公彥疏：《儀禮注疏》卷二十，頁239。

〔註16〕晉·杜預注，唐·孔穎達等正義：《春秋左傳正義》卷四十三，頁746。

是朝聘之禮有陪鼎之例。出土器物如春秋時期的「武生致鼎」，即自名「羞鼎」。

　　「致館設飧」章經文對於禮食的內容敘述稍顯簡略，主要是因省文，參照〈歸饔餼於賓介〉章，〔註 17〕可知其實際項目。正使兼有熟食與生食，熟食正鼎爲：（1）牛、（2）羊、（3）豕、（4）魚、（5）腊、（6）腸胃、（7）膚、（8）鮮魚、（9）鮮腊；陪鼎爲：（1）膷、（2）臐、（3）膮。生食無陪鼎，所盛與熟食同，只是未經煮熟煮，七鼎即減去鮮魚、鮮腊。副使上介熟食一大牢，用七鼎。鄭《注》：

> 無鮮魚、鮮腊。〔註 18〕

即如正使熟食，但減去鮮魚、鮮腊。眾介熟食少牢，用五鼎，鄭《注》：

> 亦飪，在西。鼎五：羊、豕、腸胃、魚、腊。新至尚孰。堂上之饌：
> 四豆、四籩、兩鉶、四壺，無簠。〔註 19〕

相較於正使之飪，沒有牛、膚、鮮魚、鮮腊鼎。褚寅亮《儀禮管見》：

> 少牢上牲爲羊，下牲爲豕，彼〈少牢饋食〉是臣禮，故上牲一鼎而腸胃從之，下牲豕與膚爲二鼎。〈玉藻〉及此經是人君禮，故上牲羊與腸胃爲二鼎，而下牲止一鼎，以此示別，豈可混而同之，所以然者，〈特牲〉無羊，止三鼎，〈少牢〉有羊，以體與腸胃分爲二，故五鼎。大夫雖得用少牢，而不敢純同人君朔月之食，故以豕之膚代羊之腸胃也。若此則正應用諸矦禮矣。《疏》生人食與祭異之說，尚未得禮意。歸饔餼盛禮而士介無堂上之饌，此亦宜無，《注》所云俟訂。〔註 20〕

〔註 17〕「歸饔餼於賓介」章：「君使卿韋弁歸饔餼五牢。上介請事，賓朝服禮辭。有司入陳。饔：飪一牢，鼎九，設于西階前，陪鼎當內廉，東面北上，上當碑，南陳：牛、羊、豕、魚、腊、腸、胃同鼎，膚、鮮魚、鮮腊，設扃、鼏。膷、臐、膮，蓋陪牛、羊、豕。腥二牢，鼎二七，無鮮魚、鮮腊，設于阼階前，西面，南陳如飪鼎，二列。堂上八豆，設于戶西，西陳，皆二以並，東上韭菹，其南醓醢，屈。八籩繼之，黍其南稷，錯。六鉶繼之，牛以西羊、豕，豕南牛，以東羊、豕。兩簠繼之，粱在北。八壺設于西序，北上，二以並，南陳。西夾六豆，設于西墉下，北上韭菹，其東醓醢，屈。六籩繼之，黍其東稷，錯。四鉶繼之，牛以南羊，羊東豕，豕以北牛。兩簠繼之，粱在西，皆二以並，南陳。六壺西上，二以並，東陳。饌于東方，亦如之。西北上。」漢・鄭玄注，唐・賈公彥疏：《儀禮注疏》卷二十，頁 255～257。
〔註 18〕漢・鄭玄注，唐・賈公彥疏：《儀禮注疏》卷二十，頁 240。
〔註 19〕同上註。
〔註 20〕清・褚寅亮：《儀禮管見》，《皇清經解續編》卷一百七十八，頁 1164。

一樣是用少牢，但因禮的屬性不同，則鼎食放置的方式也或有差異，例如於〈少牢饋食禮〉，羊肉與其腸胃同置，〈聘禮〉則分置。

除陳鼎食外，堂上和西夾亦有設食。堂上之饌，其實不只有豆，豆僅是用來總括堂上豐盛的食物。正使之食，鄭《注》：

> 八、六者，豆數也。凡饌以豆為本。堂上八豆、八簋、六鉶、兩簠、八壺。西夾：六豆、六簋、四鉶、兩簠、六壺。其實與其陳亦如饗
> 餼。〔註21〕

堂上含：八豆、八簋、六鉶、兩簠、八壺。西夾有：六豆、六簋、四鉶、兩簠、六壺。依據〈歸饗餼於賓介〉章賈《疏》，八豆包括韭菹、醓醢、昌本、麋臡、菁菹、鹿臡、葵菹、蝸醢；〔註22〕參照《周禮・醢人》，前六類屬「朝事之豆」，後二類屬「饋食之豆」。八簋為黍、稷各四；六鉶為牛羹、羊羹、豕羹各二；兩簠為稻、粱；八壺為稻酒、粱酒各四。西夾六豆：韭菹、醓醢、昌本、麋臡、菁菹、鹿臡；六簋：黍、稷各三；四鉶：二牛羹、一羊羹、一豕羹；兩簠：稻、粱各一；六壺：稻酒、粱酒各三。上介及眾介在西夾皆無設食，上介堂上：六豆、六簋、四鉶、兩簠、六壺，應與西夾為正使所設相同。眾介用數遞減，為四豆、四簋、兩鉶（羊羹、豕羹各一）、四壺，無簠。

門外有裝載米、禾、薪柴、飼草之車，鄭《注》：

> 諸侯之禮車，米視生牢，禾視死牢。牢十車，大夫之禮，皆視死牢
> 而已。雖有生牢，不取數焉。米陳門東，禾陳門西。〔註23〕

米在門東，連穗帶稈的禾在門西。正使米、禾各二十車，薪柴、飼草各四十車；副使米、禾各十車，薪柴、飼草各二十車。眾介則無。

以下探究前章未言之禮食，包括牛、羊、膚、腳、臐、膮、韭菹、醓醢、菁菹、鉶羹、稻、粱。

1. 牛

牛在六畜中為最貴重的一種，常用作祭牲，《禮記・曲禮》下：

> 凡祭宗廟之禮：牛曰「一元大武」。〔註24〕

在祭祀時稱作「一元大武」，鄭《注》：

〔註21〕漢・鄭玄注，唐・賈公彥疏：《儀禮注疏》卷二十，頁239。
〔註22〕漢・鄭玄注，唐・賈公彥疏：《儀禮注疏》卷二十，頁256。
〔註23〕同上註。
〔註24〕漢・鄭玄注，唐・孔穎達等正義：《禮記正義》卷五，頁98。

元，頭也。武，迹也。〔註25〕

牛若肥則腳大，腳大則足跡也會比較大，故得此名。《說文解字‧牛部》：

像角頭三，封尾之形也。〔註26〕

「牛」字象形，是取其頭部、肩甲高起，尾下垂的特徵構形。

典禮用牛，如前引〈郊特牲〉載殷、周郊祀都有牲牛，《史記‧五帝本紀》：

歸至于祖禰廟，用特牛禮。〔註27〕

載舜以特牛牲祭祖廟。牛在商代已大量飼養，主要用於祭祀、食用、畜力。甲骨文中有許多關於用牛祭祀的記載，殷墟曾發現專門埋牛的祭祀坑，如安陽苗圃一圓坑，內埋一具水牛架；白家墳北發現牛角一堆，共四十餘隻，放置有序，像是祭祀遺跡；〔註28〕部分小墓也有用牛頭、牛腿或其他獸骨隨葬的。〔註29〕用牲少則數十，多則數百，周代只用一隻，數量明顯較少。

牲牛的選擇，如《禮記‧王制》：

宗廟之牛，角握；賓客之牛，角尺。〔註30〕

祭祀宗廟用牛角長一握者，宴饗賓客的牛，角長一尺。《國語‧楚語》下：

王曰：「其小大何如？」對曰：「郊禘不過繭栗，烝嘗不過把握。」

〔註31〕

楚昭王問祭祀犧牲的大小，觀射夫回答郊祭與禘祭時，牲角如蠶繭或栗子那麼大，烝祭和嘗祭時，牲角不超過一手把握的大小。可見祭祀用的牲體較小，宴饗用的牲體較大。至於其健康與否，有一些判斷方法，《詩經‧小雅‧無羊》：

爾牛來思，其耳濕濕。〔註32〕

陸佃《埤雅》：

《詩》曰：「爾牛來斯，其耳溼溼。」溼溼，言潤澤也。蓋牛之為物，病則耳燥，安則溫潤而澤。故古視牛者以耳。〔註33〕

〔註25〕同上註。

〔註26〕漢‧許慎撰，清‧段玉裁注：《說文解字注》二篇上，頁50。

〔註27〕漢‧司馬遷撰，〔日〕瀧川資言考證：《史記會注考證》卷一，頁111。

〔註28〕中國社會科學院考古研究所：《殷墟發掘報告1958～1961》，頁27、115。

〔註29〕中國社會科學院考古研究所安陽工作隊：〈1969～1977年殷墟西區墓葬發掘報告〉，《考古學報》1979年第一期，頁59。

〔註30〕漢‧鄭玄注，唐‧孔穎達等正義：《禮記正義》卷十二，頁245。

〔註31〕吳‧韋昭注：《國語》卷十八，頁405。

〔註32〕漢‧毛公傳、鄭玄箋，唐‧孔穎達正義：《毛詩正義》卷十一之二，頁388。

〔註33〕宋‧陸佃：《埤雅》卷三，頁75。

通常牛的耳朵看起來應該是濕潤的樣子，如果是乾燥的，大概就是生病了。〈內則〉提到：

> 牛夜鳴則庮。〔註34〕

夜間鳴叫的牛，其肉必然惡臭。鄭《注》：

> 庮，惡臭也。《春秋傳》曰：「一薰一庮。」〔註35〕

孔《疏》：

> 牛夜鳴則庮者。庮是臭惡之氣，牛夜鳴則其肉庮臭。……引《春秋傳》者，僖四年《左傳》文論晉獻公卜娶驪姬，其繇曰：「一薰一蕕，十年尚猶有臭。」薰謂香草，蕕謂臭草，薰、蕕一時相和，十年臭氣尚在，言善易銷，惡難除也。蕕比於驪姬之惡也。〔註36〕

可知「庮」是「薰」的反義詞，爲一種彌漫在空氣中，久久無法消散的臭味。《說文解字·廣部》：

> 庮，久屋朽木。從廣，酉聲。《周禮》曰：「牛夜鳴則庮。」臭如朽木。〔註37〕

說明這種味道就像是老屋中朽壞的木頭所散發出的腐爛氣味。牛隻在夜間鳴叫是反常的行爲，表示牠可能已罹患疾病。王與之《周禮訂義》引易祓《周禮總義》曰：

> 牛畫作夜息，無故而夜鳴，則反常矣，其肉必庮。〔註38〕

牛在早晨協助耕作，晚間就應該休息，如今非但沒有睡覺，竟然還發出叫聲，對此衛湜引方慤《禮記解中》言：

> 夜鳴謂非時而鳴。〔註39〕

解釋是牛未於正確的時間鳴叫。莊有可《禮記集說》：

> 牛畫勞則夜當息，夜鳴非時，牛有疾也。庮，朽木臭也。〔註40〕

牛於夜間鳴叫是不正常的現象，根據古人的經驗，應該是生病了，其肉必會發出腐臭，王夫之《禮記章句》：

〔註34〕漢·鄭玄注，唐·孔穎達等正義：《禮記正義》卷二十八，頁529。
〔註35〕同上註。
〔註36〕同上註。
〔註37〕漢·許慎撰，清·段玉裁注：《說文解字注》九篇下，頁445~446。
〔註38〕宋·王與之：《周禮訂義》卷六，頁15784。
〔註39〕宋·衛湜：《禮記集說》卷七十，頁17695。
〔註40〕清·莊有可：《禮記集說》卷十二，頁625。

此皆不可食者也，盾臭如久屋朽木也。〔註41〕

說明此肉臭到令人無法下嚥。《本草綱目》：

〈內則〉云：「牛夜鳴則盾。」臭不可食。病死者有大毒，令人生疔
暴亡。《食經》云：「牛自死，白首者，食之殺人。」〔註42〕

病牛的肉不宜食用，尤其是病死牛的肉含有劇毒，吃下後臉上、手上會生出
如豌豆大小的惡瘡，患者可能發燒、發冷，甚至暴斃。

2. 羊

羊也是常用的牲畜，幼羊稱「羔」，成齡稱「羊」。《說文解字‧羊部》：

羊，祥也。从丷，象四足尾之形。孔子曰：「牛羊之字，以形舉也。」
〔註43〕

屬象形字，取羊首、足、尾的特徵建構字形。

常用於食用、祭祀或隨葬，《說文解字》又言：

美，甘也，从羊、大。羊在六畜主給膳也。〔註44〕

羊大則肥美，經常供應膳食使用。《禮記‧曲禮》下：

羊曰柔毛。〔註45〕

祭祀時稱羊為「柔毛」，是取其毛柔軟的特徵。甲骨文有大量用羊祭祀的記載，
小屯村北發掘丙組基址時，曾在丙一基址附近發現多座羊坑，如 M338 坑內埋
羊七、犬三，M339 坑內埋羊三隻，應屬祭祀遺跡；〔註46〕另外小型墓如西區
M429、M467 各用一隻羊隨葬。〔註47〕

牲體的選擇，據《禮記‧內則》：

羊泠毛而毳羶。〔註48〕

羊的毛稀疏而且聚結，其肉必然羶臭。鄭《注》：

泠毛毳，毛別聚旃不解者也。……泠，結毛如氈也。〔註49〕

〔註41〕清‧王夫之：《禮記章句》卷十二，頁 628。
〔註42〕明‧李時珍：《本草綱目》，頁 1516。
〔註43〕漢‧許慎撰，清‧段玉裁注：《說文解字注》四篇上，頁 145。
〔註44〕同上註，頁 146。
〔註45〕漢‧鄭玄注，唐‧孔穎達等正義：《禮記正義》卷五，頁 98。
〔註46〕石璋如：《小屯第一本──殷墟建築遺存》，表 123。
〔註47〕中國社會科學院考古研究所安陽工作隊：〈1969～1977 年殷墟西區墓葬發掘報
告〉，《考古學報》1979 年第一期，頁 49。
〔註48〕漢‧鄭玄注，唐‧孔穎達等正義：《禮記正義》卷二十八，頁 529。
〔註49〕同上註。

孔《疏》：

> 羶謂羶氣。泠謂毛本稀，泠毳謂毛頭毳結。羊若如此其肉羶氣。〔註50〕

認為是羊的毛根稀少，又末端打結。《周禮·內饔》：「羊泠毛而毳羶」下，鄭《注》：

> 泠毛，毛長總結也。〔註51〕

則說是毛長而打結。賈《疏》：

> 泠毛謂毛長也；而毳謂毛別聚結者。此羊肉必羶也。〔註52〕

賈公彥根據鄭玄《周禮注》所言，也認為「泠毛」是毛長之意。王夫之《禮記章句》：

> 泠，聚也。毳，結也，謂毛不周勻或聚生而毳結也。〔註53〕

解釋是毛分布不均，成團或打結。莊有可《禮記集說》：

> 泠毛，毛本稀而清寒也。毳，毛端聚旃如結也。〔註54〕

也贊同孔穎達之說。「泠」可引申為清澈之意，而「毳」本義為獸類細毛，因此孔穎達所言或較賈公彥允當。羊毛主要為編織之用，自然以柔軟為上，王與之《周禮訂義》引易祓《周禮總義》曰：

> 羊以柔毛為貴，毛長而結聚，則非善矣，其肉必羶。〔註55〕

羊的毛稀疏打結，可能是患有疾病，羊肉本就帶有羶味，病羊的肉應該更是臭到無法食用。

3. 膚

指身體的表皮，〈少牢饋食禮〉「羹定實鼎饌器」章：

> 雍人倫膚九，實于一鼎。〔註56〕

鄭《注》：

> 倫，擇也。膚，脅革肉，擇之取美者。〔註57〕

選用自腋下至肋骨盡頭的部分，這區塊的獸皮口感較佳，帶皮稍肥，嚼來有韌性。〔註58〕

〔註50〕同上註。
〔註51〕漢·鄭玄注，唐·賈公彥疏：《周禮注疏》卷四，頁62。
〔註52〕同上註。
〔註53〕清·王夫之：《禮記章句》卷十二，頁628。
〔註54〕清·莊有可：《禮記集說》卷十二，頁625～626。
〔註55〕宋·王與之：《周禮訂義》卷六，頁15784。
〔註56〕漢·鄭玄注，唐·賈公彥疏：《儀禮注疏》卷四十七，頁561。
〔註57〕同上註。
〔註58〕吳達芸：《儀禮特牲少牢有司徹祭品研究》，頁25。

膚載俎須切塊，《禮記‧內則》：「麋膚。」〔註59〕鄭《注》：

> 膚，切肉也。〔註60〕

〈少牢饋食禮〉「將祭、即位、設几、加勺、載俎」章：

> 膚九而俎，亦橫載，革順。〔註61〕

鄭《注》：

> 列載曰俎，令其皮相順。〔註62〕

張爾岐《儀禮鄭注句讀》：

> 亦橫載，上牲體橫載，此膚亦然。革順者，膚相次而作行列，則其
> 皮順也。〔註63〕

在俎上九條膚相次橫放，並令其肌理方向一致。

5. 臄、臐、膮

臄、臐、膮都是煮肉，烹煮時只有肉，而沒有加入任何菜。〈公食大夫禮〉「爲賓設加饌」章：

> 臄以東，臐、膮、牛炙。〔註64〕

鄭《注》：

> 臄、臐、膮，今時臛也。牛曰臄，羊曰臐，豕曰膮，皆香美之名也。
> 〔註65〕

臄是煮牛肉，臐是煮羊肉，膮是煮豬肉，漢代可統稱爲「臛」。《禮記‧內則》：

> 膳：臄、臐、膮。〔註66〕

上大夫之禮，即備有臄、臐、膮。

6. 韭菹

韭菹是以韭菜爲材料，所製作的醃菜。韭，菜名，葉扁平而細長。〈曲禮〉：

> 韭曰豐本。〔註67〕

〔註59〕漢‧鄭玄注，唐‧孔穎達等正義：《禮記正義》卷二十七，頁523。
〔註60〕同上註。
〔註61〕漢‧鄭玄注，唐‧賈公彥疏：《儀禮注疏》卷四十七，頁563。
〔註62〕同上註。
〔註63〕清‧張爾岐：《儀禮鄭注句讀》卷十六，頁712。
〔註64〕漢‧鄭玄注，唐‧賈公彥疏：《儀禮注疏》卷二十五，頁305。
〔註65〕同上註。
〔註66〕漢‧鄭玄注，唐‧孔穎達等正義：《禮記正義》卷二十七，頁523。
〔註67〕漢‧鄭玄注，唐‧孔穎達等正義：《禮記正義》卷五，頁98。

因其成長特徵得名，祭祀時稱「豐本」，指種植後根部極長，且易於生長。《說文解字・韭部》：

> 韭，菜也。一種而久生者也，故謂之韭。象形。〔註68〕

生長期長，一經栽植，可多次割剪，故取「久」之諧音，名之曰「韭」。羅願《爾雅翼》：

> 諺亦曰：「韭者，懶人菜。」以其不須歲種也，又利病人。可久食，
> 大抵高三寸即翦，初種之歲止一翦之，一歲之中不過五翦矣。首
> 春色黃，未出土時最美，故曰「春初早韭，冬末晚菘。」〔註69〕

韭長至三寸就可割取，但一年不能超過五次，春天是最適合食用的季節。

7. 醓　醢

汁多的肉醬。《詩經・大雅・行葦》：

> 醓醢以薦。〔註70〕

毛《傳》：

> 以肉曰醓醢。〔註71〕

是以肉為材料製成的一種醬。〈醢人〉：「醓醢。」〔註72〕鄭《注》：

> 醓，肉汁也。〔註73〕

相較於其他種類的醢，醬汁稍多。《儀禮》中唯〈聘禮〉、〈公食大夫禮〉用此物。

8. 昌　本

取昌蒲根製作的醃菜。昌蒲的生長特性，據《呂氏春秋・士容論・任地》：

> 冬至後五旬七日，菖始生。菖者，百草之先生者也，於是始耕。
>
> 〔註74〕

高誘《注》：

> 菖，菖蒲，水草也。冬至後五十七日而挺生。〔註75〕

〔註68〕 漢・許慎撰，清・段玉裁注：《說文解字注》七篇下，頁336。
〔註69〕 宋・羅願：《爾雅翼》卷五，頁79-302。
〔註70〕 漢・毛公傳、鄭玄箋，唐・孔穎達正義：《毛詩正義》卷十七之二，頁601。
〔註71〕 同上註。
〔註72〕 漢・鄭玄注，唐・賈公彥疏：《周禮注疏》卷六，頁89。
〔註73〕 同上註。
〔註74〕 秦・呂不韋著，漢・高誘注：《呂氏春秋》卷二十六，頁741。
〔註75〕 同上註。

屬水生植物，春季萌芽。〈醢人〉：「昌本。」〔註76〕鄭《注》：

> 昌蒲根切之四寸爲菹。〔註77〕

菹一般切成四寸長，昌本也不例外。

朝聘之禮常見使用昌本，如《周禮・籩人》所掌「朝事之籩」中有昌本；《儀禮》之〈聘禮〉、〈公食大夫禮〉亦見。《左氏・僖公三十年・傳》：

> 冬，王使周公閱來聘，饗有昌歜、白黑、形鹽。辭曰：「國君，文足昭也，武可畏也，則有備物之饗，以象其德：薦五味，羞嘉穀，鹽虎形，以獻其功。吾何以堪之？」〔註78〕

杜預《注》：

> 昌歜，昌蒲菹。〔註79〕

周襄王派大宰周公閱到魯國訪問，僖公宴請他時，席前有昌歜、白黑、形鹽。昌歜即昌本。

9. 菁菹

菁菹所用之菁，看法分歧，有蔓菁或韭荂花二說。〈醢人〉：「菁菹。」〔註80〕鄭《注》：

> 菁，蔓菁也。〔註81〕

鄭玄認爲是蔓菁。《說文解字・艸部》：

> 菁，韭華也。〔註82〕

將菁解釋爲韭荂花。《廣雅》：

> 韭、虈、蕎，其華謂之菁。〔註83〕

孫詒讓《周禮正義》主張八豆中已有韭菹，又用韭荂花製的菹，未免有重複之嫌，因是贊同鄭說。〔註84〕此外，既然韭、虈、蕎的花都可稱爲「菁」，可見只是一種通稱，不見得專指韭花，則蔓菁之說，或許較爲適宜。

〔註76〕漢・鄭玄注，唐・賈公彥疏：《周禮注疏》卷六，頁89。
〔註77〕同上註。
〔註78〕晉・杜預注，唐・孔穎達等正義：《春秋左傳正義》卷十七，頁285。
〔註79〕同上註。
〔註80〕漢・鄭玄注，唐・賈公彥疏：《周禮注疏》卷六，頁89。
〔註81〕同上註。
〔註82〕漢・許慎撰，清・段玉裁注：《說文解字注》一篇下，頁24。
〔註83〕魏・張揖：《廣雅》卷十，頁79-613。
〔註84〕清・孫詒讓：《周禮正義》卷十，頁398。

10. 鉶 羹

鉶羹，用菜、肉煮成的羹湯。《禮記·曲禮》上：

> 羹之有菜者用梜，其無菜者不用梜。〔註85〕

孔穎達《疏》：

> 有菜者，謂鉶羹是也，以其有菜交橫非梜不可；無菜者謂大羹湆
> 也，直歠之而已。其有肉調者，犬羹、兔羹之屬，或當用七也。
>
> 〔註86〕

羹在先秦時，大致可分為三類，一是煮肉汁，無肉塊、無菜，也不加調味料者，如大羹湆；一是有肉塊及調味料者，如犬羹、兔羹等；一是除肉塊、調味料之外，還有菜者，如鉶羹。又《周禮·天官·亨人》：

> 祭祀共大羹、鉶羹。〔註87〕

鄭《注》：

> 大羹，肉湆。鄭司農云：「大羹，不致五味也。鉶羹，加鹽、菜矣。」
>
> 〔註88〕

鉶羹，指除肉類之外，另加菜同煮，並加鹽調味的膳食，與今日的湯接近。

鉶羹中所加的菜，據〈公食大夫禮·記〉云：

> 鉶芼：牛藿、羊苦、豕薇，皆有滑。〔註89〕

鄭《注》：

> 滑，堇、茛之屬。〔註90〕

牛肉羹中放藿菜、羊肉羹中放苦菜、豬肉羹中放薇菜。此外，各羹中又加入堇、茛、枌、榆之類的菜調味。

11. 稻

稻為水生植物，初係由野生稻經人類栽培而得，原產於亞洲熱帶地區，商代是否已經出現於北方，目前尚有爭議。稻作的栽培，迄今最少有四千年的歷史，依科學研究，初民所栽植的稻，當屬較不黏的品種。

稻也稱「稌」，《詩經·周頌·豐年》：

〔註85〕漢·鄭玄注，唐·孔穎達等正義：《禮記正義》卷二，頁43。

〔註86〕同上註。

〔註87〕漢·鄭玄注，唐·賈公彥疏：《周禮注疏》，卷四，頁63。

〔註88〕同上註。

〔註89〕漢·鄭玄注，唐·賈公彥疏：《儀禮注疏》卷二十六，頁315。

〔註90〕同上註。

豐年多黍多稌，亦有高廩，萬億及秭。

爲酒爲醴，烝畀祖妣，以洽百禮。降福孔皆。〔註91〕

毛《傳》：

稌，稻也。〔註92〕

《爾雅・釋草》也記載：

稌，稻。〔註93〕

郭《注》：

今沛國呼稌。〔註94〕

沛人稱稻爲「稌」。邢《疏》：

〈周頌・豐年〉：「多黍多稌。」〈內則〉：「牛宜稌。」〈豳風〉：「十
月穫稻。」是一物也。案：沛國謂稻爲糯。秔，稻屬也。《字林》云：
「糯，黏稻也。秔，稻不黏者。《本草》以粳米、稻米爲二物。『秔』
與『粳』古今字。然秔、糯甚相類，黏、不黏爲異耳。依《說文》
稌稻即糯也。江東呼『糯』，乃亂切。」〔註95〕

稻就其質性，可分黏與不黏兩種，黏者稱「糯」，不黏者稱「粳」、「秔」或「秈」，
「粳」與「秔」爲古今字。《禮記・曲禮》下：

稻曰嘉蔬。〔註96〕

祭祀時稱稻爲「嘉蔬」。

適合於南方生長，主要在長江流域華南地區種植，黃河流域栽種較少。《詩
經》有五篇提到稻，分別爲〈七月〉、〈鴇羽〉、〈甫田〉、〈白華〉、〈豐年〉，則
華北地區最遲在西周時已有種稻，應無可疑。《戰國策・東周策》：

東周欲爲稻，西周不下水，東周患之。蘇子謂東周君曰：「臣請使西
周下水，可乎？」乃往見西周之君曰：「君之謀過矣！今不下水，所
以富東周也。今其民皆種麥，無他種矣；君若欲害之，不若一爲下水
以病其所種。下水，東周必復種稻，種稻而復奪之。若是則東周之民，
可令一仰西周而受命於君矣。」西周君曰：「善！」遂下水。蘇子亦

〔註91〕漢・毛公傳、鄭玄箋，唐・孔穎達正義：《毛詩正義》卷十九之三，頁731。
〔註92〕同上註。
〔註93〕晉・郭璞注，宋・邢昺疏：《爾雅注疏》卷八，頁137。
〔註94〕同上註。
〔註95〕同上註。
〔註96〕漢・鄭玄注，唐・孔穎達等正義：《禮記正義》卷五，頁98。

得兩國之金也。〔註97〕

戰國時，於洛陽一帶水量豐富時種稻，水少則種麥。北方稻作一年一穫，蔡邕《月令章句》：

> 十月穫稻，人君嘗其先熟，故在九月熟者，謂之「半夏稻」。〔註98〕

一般在十月收割，若在九月成熟的，又稱「半夏稻」。

稻食珍稀，可供釀酒或飯食。《論語‧陽貨》：

> 宰我問：「三年之喪，期已久矣。君子三年不爲禮，禮必壞；三年不爲樂，樂必崩。舊穀既沒，新穀既升，鑽燧改火，期可已矣。」子曰：「食夫稻，衣夫錦，於女安乎？」曰：「安。」「女安則爲之！夫君子之居喪，食旨不甘，聞樂不樂，居處不安，故不爲也。今女安，則爲之！」宰我出。子曰：「予之不仁也！子生三年，然後免於父母之懷。夫三年之喪，天下之通喪也。予也有三年之愛於其父母乎？」〔註99〕

孔子論三年之喪，言語間提及稻，視爲珍食。《儀禮》中唯〈聘禮〉、〈公食大夫禮〉、〈士喪禮〉用稻，雖已列入祭祀宴饗，但使用機率不高，可見北方種植不普遍，產量少，自然愈顯珍稀。金鶚《求古錄禮說‧五穀考》：

> 六穀以稻、粱爲美，古人貴者、老者食稻、粱，賤者、少者食黍、稷。黍、稷、稻、粱爲常食，麥、苽則暫食之。〔註100〕

通常只有較隆重的典禮或年長者，才有機會食用。徐雪樵《毛詩名物圖說》：

> 稻者，或謂穬穀之通名，或謂漑種之通稱。蓋有粳、糯二種。糯米白如霜，粒圓，黏可作酒。〈月令〉：「秫稻必齊。」是也。粳米不黏，煮飯食之。《論語》：「食夫稻。」是也。統得稻名。蓋「稻」字從「禾」，以種通其稱。「粳」、「糯」字從米，以色味別其名也。〔註101〕

糯米色白、粒圓，可用作製酒原料；粳米適合蒸煮成飯，供餐食之用。

考古發現用稻的遺跡，如距今七千至四千年左右，長江中游大溪文化，紅陶常以稻殼作羼和料，一些遺址的紅燒土中也每見稻殼和稻草末。屈家嶺、石家河遺址也如此，〔註102〕顯示此地區先民很早就以種植稻米爲主要食物來

〔註97〕漢‧劉向纂、高誘注，宋‧姚宏補：《戰國策》卷一，19。
〔註98〕清‧黃奭：《黃氏逸書考》（一），頁644。
〔註99〕魏‧何晏等注，宋‧邢昺疏：《論語注疏》卷十七，頁157～158。
〔註100〕清‧金鶚：《求古錄禮說》，《皇清經解續編》卷六百六十五，頁30。
〔註101〕清‧徐雪樵：《毛詩名物圖說》卷六，頁172。
〔註102〕中國社會科學院考古研究所編：《新中國的考古發現和研究》，頁127～136。

源，據鑒定屬於粳稻，品種顆粒比較大。〔註103〕馬家濱文化時期稻米是主要食糧，品種有秈稻和粳稻。安徽巢湖附近含山大城墩遺址第一期文化層出距今約三千六百年的炭化稻穀，經鑒定有秈稻和粳稻。〔註104〕二里頭文化時期，亦見炭化水稻。

12. 粱

粱也是中國北方重要糧食作物。或曰爲小米，或曰爲高粱，目前尚無定論。可作爲穀類的通名，如《說文解字・米部》：

> 粱，禾米也。〔註105〕

楊泉《物理論》：

> 粱者，黍稷之總名。〔註106〕

總稱黍、稷、稻、麥等穀物。析言則可指粟類，羅願《爾雅翼・釋草》：

> 粱，今之粟類。古不以粟爲穀之名，但米之有孚殼者，皆稱粟。今人以穀之最細而圓者爲粟，則粱是其類。……古天子之飯，所以有白粱、黃粱者，明取黃、白二種耳。〔註107〕

認爲粱是粟的其中一種，粒圓而細。徐雪樵《毛詩名物圖說》引蘇恭言：

> 粱雖粟類，細論則別。黃粱：穗大、毛長，穀米麤。白粱：穗大，多毛且長，而穀粗扁，不似粟圓也。青粱：穀穗有毛，粒青，米亦微青，而細于黃、白粱。〔註108〕

則再細分，說明白粱和黃粱米粒較粗扁，青粱比較細。

可供釀酒、飯食之用，如前文引《禮記・內則》提到飯有白粱、黃粱，飲有「粱醴」。而《左氏・哀公十一年・傳》載陳轅頗出奔鄭，途中轅咺進「粱糗」。《禮記・曲禮》下：

> 粱曰薌萁。〔註109〕

祭祀時若用粱，則稱「薌萁」。

〔註103〕丁穎：〈江漢平原新石器時代紅燒土中的稻穀殼考查〉，《考古學報》1959 年第四期，頁 32～33。

〔註104〕安徽省文物考古研究所：〈安徽含山大城墩遺址發掘報告〉，《考古學集刊》第六集，1989 年。

〔註105〕漢・許愼撰，清・段玉裁注：《說文解字注》七篇上，頁 330。

〔註106〕清・黃奭：《黃氏逸書考》（三），頁 2057。

〔註107〕宋・羅願：《爾雅翼》卷一，頁 79-264。

〔註108〕清・徐雪樵：《毛詩名物圖說》卷六，頁 173。

〔註109〕漢・鄭玄注，唐・孔穎達等正義：《禮記正義》卷五，頁 98。

經常與稻連言，如《詩經・小雅・甫田》：

> 黍稷稻粱，農夫之慶。報以介福，萬壽無疆。〔註110〕

《詩經・唐風・鴇羽》：

> 肅肅鴇行，集于苞桑。王事靡盬，不能蓺稻粱。父母何嘗？悠悠蒼
> 天，曷其有常。〔註111〕

可見亦屬珍食。《左氏・哀公十三年・傳》：

> 吳申叔儀乞糧於公孫有山氏，曰：「佩玉縈兮，余無所繫之；旨酒一
> 盛兮，余與褐之父睨之。」對曰：「粱則無矣，麤則有之。若登首山
> 以呼曰『庚癸乎。』則諾。」王欲伐宋，殺其丈夫而囚其婦人。大
> 宰嚭曰：「可勝也，而弗能居也。」乃歸。〔註112〕

孔《疏》：

> 食以稻、粱爲貴，故以粱表精，若求粱米之飯則無矣，麤者則有之。
>
> 〔註113〕

《孟子・告子》上：

> 孟子曰：「欲貴者，人之同心也。人人有貴於己者，弗思耳矣。人之
> 所貴者，非良貴也。趙孟之所貴，趙孟能賤之。《詩》云：『既醉以
> 酒，既飽以德。』言飽乎仁義也，所以不願人之膏粱之味也。令聞
> 廣譽施於身，所以不願人之文繡也。」〔註114〕

趙岐《注》：

> 膏粱，細粱如膏者也。〔註115〕

都認爲是指品質較精緻的穀類。《儀禮》中唯〈聘禮〉、〈公食大夫禮〉用粱，且
〈聘禮〉眾介無簠，表示不爲之設稻粱。又前文曾引《禮記・曲禮》下，言歲
凶年穀不登時，大夫不食粱。據此推知，應是大夫以上身分者，才能夠使用。

（二）禮　器

本章所用盛酒器爲壺。食器包括烹牲器——鼎，盛食器——俎、豆、簋、
簠、鉶。此處針對前文未言之簋、簠、鉶進行分析。

〔註110〕漢・毛公傳、鄭玄箋，唐・孔穎達等正義：《毛詩正義》卷十四之一，頁471。
〔註111〕漢・毛公傳、鄭玄箋，唐・孔穎達等正義：《毛詩正義》卷六之二，頁225。
〔註112〕晉・杜預注，唐・孔穎達等正義：《春秋左傳正義》卷五十九，頁1029。
〔註113〕同上註。
〔註114〕漢・趙岐注，宋・孫奭疏：《孟子注疏》卷十一下，頁204～205。
〔註115〕同上註。

1. 簋、簠

簋與簠皆屬食器，可用於祭祀、宴饗等場合。由於均爲自名器，因此器型與功能大致可以確定。

簋與簠於文獻上時有連言，可見應是同類型的器物。《左氏·哀公十一年·傳》：

> 孔文子之將攻大叔也，訪於仲尼，仲尼曰：「胡簋之事，則嘗學之矣；甲兵之事，未之聞也。」〔註116〕

《周禮·地官·舍人》云：

> 凡祭祀共簠、簋，實之陳之。〔註117〕

鄭玄《注》：

> 方曰簠，圓曰簋。盛黍稷稻粱器。〔註118〕

黍、稷、稻、粱皆爲穀類植物。舍人的職務之一，乃是於祭祀時負責將它們置於簠、簋之中，並陳設妥當。可知二者爲盛飯的器具，但在器型方面，簋圓而簠方。許愼於《說文解字·竹部》言：

> 簠，黍稷方器也。〔註119〕

說簠是方形器。又云：

> 簋，黍稷圓器也。〔註120〕

解釋簋乃是圓形器。關於簠和簋的形狀，鄭玄與許愼之說正好相反。對此現象，凌廷堪於《禮經釋例》說道：

> 竊謂簠乃稻粱器，非黍稷器，當以經文爲正。〔註121〕

認爲應以經文爲本。

就字形觀察，「簋」於金文作「𣪘」，有 𣪘、𣪘 等形，〔註122〕古文作「匭」等字形，小篆作𥫱；〔註123〕由於金文與古文、小篆乃至隸定以後的字形略有差異，故宋代以來眾說紛紜。自清代錢坫《十六長樂堂古器款識考》之後，方辨𣪘非敦。黃紹箕〈說𣪘〉申錢坫、韓崇之說，遂成確論。至於「簠」，金

〔註116〕晉·杜預注，唐·孔穎達等正義：《春秋左傳正義》卷五十八，頁1019。
〔註117〕漢·鄭玄注，唐·賈公彥疏：《周禮注疏》卷十六，頁252。
〔註118〕同上註。
〔註119〕漢·許愼撰，清·段玉裁注：《說文解字注》五篇上，頁193。
〔註120〕漢·許愼撰，清·段玉裁注：《說文解字注》五篇上，頁194。
〔註121〕清·凌廷堪：《禮經釋例》卷十一，頁322。
〔註122〕周法高：《金文詁林補》卷五，頁1453。
〔註123〕漢·許愼撰，清·段玉裁注：《說文解字注》五篇上，頁193～194。

文作匴、匳、𠥫、𣃗諸形，〔註124〕小篆作𥳑。〔註125〕據今日所見考古發掘的
銅器考證，銘文自名爲「簋」者，如「貞簋」、「不嬰簋」等，其器物多屬圓
形；但凡自名爲「𥳑」者，如「史兔𥳑」、「召夫山父𥳑」等，則器型呈長方
形。故以字形與銅器銘文爲證，遂知鄭玄簋圓𥳑方之言爲是。

　　簋、𥳑皆屬飯器，形狀有別，其功用也略見差異。《詩經・秦風・權輿》：

　　　　於我乎，每食四簋。〔註126〕

毛《傳》：

　　　　四簋，黍、稷、稻、粱。〔註127〕

鄭《注》：

　　　　內方外圓曰簋，以盛黍稷；外方內圓曰𥳑，用貯稻粱。〔註128〕

毛亨解釋四簋之中裝盛的是黍、稷、稻、粱；鄭玄則更進一步說明：簋用來
盛黍稷，𥳑則盛稻粱。至於「內方外圓」的簋，或「外方內圓」的𥳑目前俱
未發現；鄭玄所言器型與出土彝器不合，或許是未見實物所致的誤認。〔註129〕
至於《周禮・秋官・掌客》：

　　　　凡諸侯之禮，上公五積，皆眡飧牽。三問，皆脩。群介、行人、宰、
　　　　史，皆有牢，飧五牢、食四十、簋十、豆四十、鉶四十有二、壺四
　　　　十、鼎簋十有二。〔註130〕

鄭《注》：

　　　　簋，稻粱器也。……簋，黍稷器也。〔註131〕

鄭玄所述與前引〈權輿〉之注解相同。然而《禮記・玉藻》：

　　　　朔月，少牢五俎、四簋。〔註132〕

鄭《注》：

　　　　朔月四簋，則日食粱、稻各一簋而已。〔註133〕

〔註124〕周法高：《金文詁林補》卷五，頁1460。
〔註125〕漢・許慎撰，清・段玉裁注：《說文解字注》五篇上，頁194。
〔註126〕漢・毛公傳、鄭玄箋，唐・孔穎達正義：《毛詩正義》六之四，頁246。
〔註127〕同上註。
〔註128〕同上註。
〔註129〕容庚：《商周彝器通考》（上），頁356。
〔註130〕漢・鄭玄注，唐・賈公彥疏：《周禮注疏》卷三十八，頁582～583。
〔註131〕同上註，頁583。
〔註132〕漢・鄭玄注，唐・孔穎達等正義：《禮記正義》卷二十九，頁545。
〔註133〕同上註。

則言簋中所盛者爲稻粱，其說似有矛盾之處。實則依據〈公食大夫禮〉「爲賓設正饌」章：

　　　　宰夫設黍稷六簋于俎西，二以竝，東北上。〔註134〕

又「爲賓設加饌」章：

　　　　宰夫膳稻于粱西。〔註135〕

鄭《注》：

　　　　進稻粱者以簠。〔註136〕

及「賓食饌三飯」章：

　　　　賓北面自間坐，左擁簠粱、右執涪以降。〔註137〕

大夫席前的正饌暨加饌中，有黍、稷、稻、粱，並且是簋盛黍、稷，簠盛稻、粱。另參考銅器銘文，如「曾伯霥簠」記載：

　　　　余用自作旅簠，以征以行，用盛稻粱，用孝用享，于我皇祖文考。

　　〔註138〕

又如「史免簠」：

　　　　史免作旅簠，從王征行，用盛稻粱，其子子孫孫永保用享。〔註139〕

證知簠確實供盛稻、粱之用；但其出現時代較晚，西周早期以前之器未見，〔註140〕主要盛行於西周末至春秋戰國時期，戰國晚期以後亦少見。〔註141〕郭寶鈞《商周銅器群綜合研究》：

　　　　在殷周之時，稻用於宴享較晚，故簠器鑄造亦較晚，約始自西周
　　　　後期。……因簠的前身，仿竹編的筐爲之，故篆文「筐」字、「簠」
　　　　字的邊框，皆象編竹形，「史免簠」、「尹氏簠」并以筐自名。竹編
　　　　的器，器腹原不深，鑄銅效之，故簠的初制都無直壁，腹不深。

　　〔註142〕

據此推測在簠這類型器物出現之前，典禮中所需使用的黍、稷、稻、粱，或

〔註134〕漢・鄭玄注，唐・賈公彥疏：《儀禮注疏》卷二十五，頁303。
〔註135〕漢・鄭玄注，唐・賈公彥疏：《儀禮注疏》卷二十五，頁304。
〔註136〕同上註。
〔註137〕漢・鄭玄注，唐・賈公彥疏：《儀禮注疏》卷二十五，頁305。
〔註138〕羅振玉：《三代吉金文存》（二），頁1047～1048。
〔註139〕上海博物館：《商周青銅器銘文選》（一），頁140。
〔註140〕容庚：《商周彝器通考》（上），頁356。
〔註141〕馬承源：《中國青銅器》，頁149。
〔註142〕郭寶鈞：《商周銅器群綜合研究》，頁137。

皆可用簋裝盛。〔註143〕因應禮文的趨於繁複，於是爲求區別、以示愼重，遂
有簠盛黍、稷，簋盛稻、粱之分。殷周用簋普遍，以文獻爲證，自天子至庶
人都可用來祭祀、宴饗。然而殷墟出土陶簋內有盛羊腿者，〔註144〕可能當時
不一定專做飯器。

簠、簋的使用時期，簋較長，並且隨時代演進，其器型亦有所變化。自
商代早期到周代末期，有圈足、兩足、三足、方座，無耳、二耳、三耳、四
耳，或有蓋、無蓋之別。簠的形狀率皆爲長方形，侈口兩耳，但也有圈足、
高足，或深腹、淺腹等不同款式。至春秋、戰國時，簠之使用頓少。〔註145〕

2. 鉶

盛羹之器。《周禮・秋官・掌客》：

> 鉶四十有二。〔註146〕

鄭《注》：

> 鉶，羹器也。〔註147〕

《詩經・召南・采蘋》：

> 于以湘之，維錡及釜。〔註148〕

鄭《箋》：

> 亨蘋藻者於魚湇之中，是鉶羹之芼。〔註149〕

用錡或釜烹煮羹湯，之後盛於鉶。

考古未發現自名爲鉶的器物，僅能就傳世文獻推想其形。聶崇義《新定
三禮圖》：

> 舊圖云：「鉶受一斗，兩耳三足，高二寸，有蓋。」……受一升，口
> 徑六寸，足高一寸。〔註150〕

兩耳三足、有蓋，所述形狀與鼎類似。黃以周《禮書通故》：

> 《御覽》引舊圖，鉶有足，高一寸。聶氏誤以鉶爲鼎，改云：三足，

〔註143〕容庚：《商周彝器通考》（上），頁324。

〔註144〕中國社會科學院考古研究所：《殷墟發掘報告1958——1961》，頁213。

〔註145〕容庚、張維持：《殷周青銅器通論》，頁34。

〔註146〕漢・鄭玄注，唐・賈公彥疏：《周禮注疏》卷三十八，頁582。

〔註147〕同上註，頁583。

〔註148〕漢・毛公傳、鄭玄箋，唐・孔穎達正義：《毛詩正義》一之四，頁52。

〔註149〕同上註。

〔註150〕宋・聶崇義：《新定三禮圖》卷十三，頁15682。

高二寸以合之，非也。〔註151〕
則認爲應非三足器。

二、小　結

〈聘禮〉款待使者所用飲食，爲十七篇中最豐盛者。庭中西方設熟食，東方設生食，門外有米、禾、薪、芻。

使節團的成員，獲得招待的飲食，隨身分尊卑依次遞降。正使有熟食正鼎九、陪鼎三，生食七鼎，堂上與西夾之食，共計十四豆、十四籩、十鉶、六簋、十四壺，門外米禾各二十車、薪芻各四十車。副使熟鼎七、陪鼎三，堂上六豆、六籩、四鉶、二簋、六壺，門外米禾各十車、薪芻各二十車。眾介，正鼎五，堂上四豆、四籩、二鉶、四壺。

第二節　〈公食大夫禮〉的飲食陳設

諸侯間行使的問禮，又稱小聘。〈公食大夫禮〉所載爲問禮時，受訪諸侯國君爲來聘使者舉行食禮，以大牢饗賓的儀節。賈公彥《疏》於〈公食大夫禮〉大題下引鄭玄《三禮目錄》：

> 主國君以禮食小聘大夫之禮。〔註152〕

鄭玄認爲是地主國國君接待來訪國大夫之禮。實際上，本國大夫亦可稱其國君爲「公」，故「公」爲泛稱，只要是國君招待大夫，即爲公食大夫。

聘與問實爲一事，只是儀節輕重之別。《詩經・小雅・采薇》：

> 我戍未定，靡使歸聘。〔註153〕

毛《傳》：「聘，問也。」〔註154〕另《禮記・曲禮》下：

> 諸侯使大夫問于諸侯曰聘。〔註155〕

「聘」與「問」相互爲訓，可見其意義相通。《儀禮・聘禮》大題下《疏》引鄭玄言：「大問曰聘。」〔註156〕二者對文相異，散文則通。〔註157〕

〔註151〕清・黃以周：《禮書通故》卷四十七，頁1112。
〔註152〕漢・鄭玄注，唐・賈公彥疏：《儀禮注疏》卷二十五，頁299。
〔註153〕漢・毛公傳、鄭玄箋，唐・孔穎達正義：《毛詩正義》卷九之三，頁333。
〔註154〕同上註。
〔註155〕漢・鄭玄注，唐・孔穎達等正義：《禮記正義》卷五，頁92。
〔註156〕漢・鄭玄注，唐・賈公彥疏：《儀禮注疏》卷十九，頁226。

　　小聘又名「問」，與聘禮相較儀節較輕。《儀禮・聘禮》：

　　　　小聘曰問。〔註158〕

《周禮・春官・大宗伯》：

　　　　時聘曰問。〔註159〕

「問」是天子有事，諸侯遣臣聘問天子，因無常期，故亦稱「時聘」。《周禮・秋官・大行人》：

　　　　時聘以結諸侯之好，殷覜以除邦國之慝。〔註160〕

鄭《注》：

　　　　此二事者，亦以王見諸侯之臣使來者爲文也。時聘者，亦無常期。
　　　　天子有事，諸侯使大夫來聘，親以禮見之，禮而遣之，所以結其恩
　　　　好也。天子無事則已。〔註161〕

指王有事，諸侯派大夫代表自己朝見天子，天子須給予使者應有的款待。唯今《儀禮》有聘禮，而無問禮，〈公食大夫禮〉所記載的僅是問禮中款宴的儀節。

　　因施行次數頻繁，故小聘之禮的儀節輕於聘禮，據〈聘禮〉「小聘」章：

　　　　不享，有獻，不及夫人。主人不筵几，不禮。面不升。不郊勞。其
　　　　禮，如爲介，三介。〔註162〕

不行享禮，而行獻禮；且獻禮只行於國君，不行於夫人。主國國君雖於廟中接受小聘之禮，但不爲神設席和几，只爲賓設席、几；接受聘問後亦不向賓行醴禮。賓私見國君的禮儀只在庭中進行，不升堂。賓進入主國國境後，主國不向賓行郊勞之禮。主國用以接待小聘賓的禮，與接待大聘上介的禮相同。小聘賓的介爲士，只有三人。

　　就類別而言，公食大夫禮爲嘉禮，聘禮則屬賓禮。《周禮・春官・大宗伯》：「以嘉禮親萬民。」〔註163〕春官嘉禮的五項中有飲食、饗燕兩項。張爾岐《儀禮鄭注句讀》將〈公食大夫禮〉按照其程序共分爲十八章，其中有十一章與

〔註157〕清・胡培翬：《儀禮正義》卷十六，頁942。
〔註158〕漢・鄭玄注，唐・賈公彥疏：《儀禮注疏》卷二十四，頁282。
〔註159〕漢・鄭玄注，唐・賈公彥疏：《周禮注疏》卷十八，頁276。
〔註160〕漢・鄭玄注，唐・賈公彥疏：《周禮注疏》卷三十七，頁561。
〔註161〕同上註。
〔註162〕漢・鄭玄注，唐・賈公彥疏：《儀禮注疏》卷二十四，頁282。
〔註163〕漢・鄭玄注，唐・賈公彥疏：《周禮注疏》卷十八，頁277。

食有關。或許即是因公食大夫禮的儀節以飲食宴饗爲主，故鄭玄於分類時，將其歸之爲五禮中的嘉禮，有別於聘禮。

　　國君爲了向來聘大夫表示感謝，一般都須親自款待，但也有例外的時候。「君不親食使人往致」章，記載使者出聘到異國時失禮，或受聘國國君生病，身體不適無法出席，不行饗禮與食禮改爲饋贈物品，因與實際宴饗無關，故不列入討論。食物的備置，以「陳具」、「載鼎實於俎」、「爲賓設正饌」、「爲賓設加饌」章爲主。

一、陳　具

　　公食大夫禮於正式行禮前，有事前的準備，包括「戒賓」與「陳具」兩項；兩方面或應同時進行，即一方面主國國君派使者至館迎接賓，一方面國君在宗廟等候賓的到來，屬吏則開始陳放食物和食器。「陳具」的儀節主要包括「陳鼎」和「設筵」，分別由甸人和宰夫擔任。

　　公食大夫禮的舉行地點，於儀文內並未明確指出，然據〈賓入拜至〉章言及：

　　　　公揖入，賓從。及廟門，公揖入，賓入。〔註164〕

鄭《注》：「廟，禰廟也。」〔註165〕可知是於宗廟進行。國君站在廟門外的位置後，開始「陳具」，程序如下：

　　　　即位。具。羹定，甸人陳鼎七，當門，南面西上，設扃、鼏，鼏若束
　　　　若編。設洗如饗。小臣具槃、匜在東堂下。宰夫設筵，加席、几，無
　　　　尊。飲酒、漿飲，俟于東房。凡宰夫之具，饌于東房。〔註166〕

在牲肉煮熟後，即開始「陳鼎」。

　　其一、廟門外：甸人正對廟門陳放七個鼎，鼎面朝南，以西爲上位，並
　　　　　　設扃、鼏。

　　其二、東房：〈公食大夫禮〉中，幾乎多數是由宰夫負責品物的設置。凡
　　　　　　屬宰夫掌管的食物和食器都放在此處。

（一）禮　食

　　牲體的烹煮地點，據〈記〉：

〔註164〕漢・鄭玄注，唐・賈公彥疏：《儀禮注疏》卷二十五，頁300。
〔註165〕同上註。
〔註166〕漢・鄭玄注，唐・賈公彥疏：《儀禮注疏》卷二十五，頁299～300。

亨于門外東方。〔註167〕

可知是在廟門外的東方煮熟後，才遷至當門的位置。敖繼公《儀禮集說》：

> 陳鼎當門南面，君禮也；西上，明爲賓也。〔註168〕

說明是藉此表示以國君的身分款待賓客的意義。

七鼎所載牲體，可參照「載鼎實於俎」章：

> 卒盉，序進，南面七。載者西面。魚、腊飥。載體進奏。魚七，縮
> 俎，寢右。腸胃七，同俎。倫膚七。腸、胃、膚，皆橫諸俎，垂之。
> 大夫既七，七奠于鼎，逆退，復位。〔註169〕

基於「食禮宜孰」的慣例，因此公食大夫禮席上沒有生肉，即使是乾魚與乾
獸肉，也都須煮熟後才移至席前。鼎中之牲包括：（1）牛、（2）羊、（3）豕、
（4）魚七條、（5）腊、（6）牛、羊的腸與胃各七條、（7）倫膚七條。載俎時，
魚縱放，右側在下；腸、胃、倫膚橫放俎上，放不下長出的部分，就垂在俎
的兩邊。褚寅亮《儀禮管見》：

> 此即〈聘禮〉致饔上介之數也。小聘賓與大聘上介爵同。〔註170〕

鼎實與〈聘禮〉上介所用相同。

食禮開始時，宰夫由東房取席布設，在堂上戶西爲賓「設筵」，席面南，
几在左。〈記〉：

> 宰夫筵出自東房。〔註171〕

之後亦由東房取筵席上所須諸物。東房中預設的品物，可參考下經「爲賓設
正饌」及「爲賓設加饌」章。「爲賓設正饌」章儀節如下：

> 公降盉。賓降，公辭。卒盉，公壹揖壹讓。公升，賓升。宰夫自
> 東房授醯醬，公設之。賓辭，北面坐遷而東遷所。公立于序內，
> 西鄉。賓立于階西，疑立。宰夫自東房薦豆六，設于醬東，西上。
> 韭菹，以東，醓醢、昌本。昌本南，麋臡，以西，菁菹、鹿臡。
> 士設俎于豆南，西上。牛、羊、豕，魚在牛南，腊、腸胃亞之。
> 膚以爲特。旅人取七，句人舉鼎，順出，奠于其所。宰夫設黍稷
> 六簋于俎西，二以並，東北上。黍當牛俎，其西稷，錯，以終，

〔註167〕漢・鄭玄注，唐・賈公彥疏：《儀禮注疏》卷二十六，頁315。
〔註168〕元・敖繼公：《儀禮集說》卷九，頁19242。
〔註169〕漢・鄭玄注，唐・賈公彥疏：《儀禮注疏》卷二十五，頁301～302。
〔註170〕清・褚寅亮：《儀禮管見》，《皇清經解續編》卷一百七十九，頁1173。
〔註171〕漢・鄭玄注，唐・賈公彥疏：《儀禮注疏》卷二十六，頁315。

南陳。大羹涪不和，實于鐙。宰右執鐙，左執蓋，由門入，升自
阼階，盡階，不升堂，授公，以蓋降，出，入反位。公設之于醬
西，賓辭，坐遷之。宰夫設鉶四于豆西，東上，牛以西羊，羊南
豕，豕以東牛。飲酒實于觶，加于豐。宰夫右執觶，左執豐，進
設于豆東。宰夫東面坐啓簋會，各卻于其西。贊者負東房，南面
告具于公。〔註172〕

正饌除了牲體七俎外，還包括：（1）醃漬物：醓醬、韭菹、醓醢、昌本、麋
臡、菁菹、鹿臡；（2）穀類：黍、稷；（3）羹類：大羹涪、牛羹、羊羹、豕
羹，其中只有牛羹是兩份；（4）飲料：飲酒、漿飲，據「陳具」章鄭《注》：

飲酒，清酒。漿飲，酨漿也。其俟奠於豐上也。飲酒先言飲，明非
獻酬之酒也；漿飲先言漿，別於六飲也。〔註173〕

認爲是《周禮》天子「四飲」之清酒，「六飲」之酨漿。賈《疏》：

飲酒先言飲，明非獻酬之酒也者，以其〈鄉飲酒〉、〈燕禮〉等獻酬
之酒，皆不言飲，飲之可知此擬醮口，故言飲。……此漿爲醮口，
不爲渴。〔註174〕

由字詞本身與常例不同，說明二者皆非爲實際飲用而設。褚寅亮《儀禮管見》：

《注》云：「飲酒，清酒。」蓋指四飲中之清而言，所謂醴之已泲者，
非指三酒中之清酒也，《疏》誤會鄭意。〔註175〕

秦蕙田《五禮通考》：

〈公食大夫〉其牲則牢，其儀則具饌于東房，而無尊，雖酒亦實於
觶，加於豐而賓，引奠于薦右而不飲，其後有卒食之文，而無卒爵
之文，故曰食禮。〔註176〕

食禮雖設大牢，但只用飯菜；雖設酒漿，但是爲奠祭祖先以及潔口而用，並
非主賓獻酬之用。就儀文內容觀察，賓於祭正饌時，祭飲酒於上豆之間；食
饌三飯和卒食時，都是漱漿，證明鄭玄、賈公彥等人所言確實。

「爲賓設加饌」章儀節如下：

宰夫授公飯梁，公設之于涪西，賓北面辭，坐遷之。公與賓皆復初

〔註172〕漢・鄭玄注，唐・賈公彥疏：《儀禮注疏》卷二十五，頁302～304。
〔註173〕同上註，頁300。
〔註174〕同上註。
〔註175〕清・褚寅亮：《儀禮管見》，《皇清經解續編》卷一百七十九，頁1173。
〔註176〕清・秦蕙田著：《五禮通考》（五）卷一百四十三，頁3。

位。宰夫膳稻于粱西。士羞庶羞，皆有大，蓋執豆如宰。先者反之，
由門入，升自西階。先者一人升，設于稻南簋西，閒容人。旁四列，
西北上。臐以東，膮、膮、牛炙。炙南，醢，以西，牛胾、醢、牛
鮨。鮨南，羊炙，以東，羊胾、醢、豕炙。炙南，醢以西，豕胾，
芥醬，魚膾。眾人騰羞者，盡階不升堂，授，以蓋降，出。贊者負
東房，告備于公。〔註177〕

加饌包括：（1）穀類：稻、粱；（2）肉類：臐、臐、膮、牛炙、牛醢、牛胾、
牛鮨、羊炙、羊胾、羊醢、豕炙、豕醢、豕胾、芥醬、魚膾，其中牛醢有兩
份。每豆上皆有一塊大臠，供食祭使用。

　　加饌的肉類共計十六豆，賈公彥於〈公食大夫禮〉大題下云：

> 篇中薦豆六，黍稷六簋，庶羞十六豆，此等皆是下大夫小聘之禮。
> 下及別言食上大夫之法。〔註178〕

說明〈公食大夫禮〉所列主要是款宴下大夫之禮，若是賓的身分為上大夫時，
則據〈記〉「食上大夫禮之加於下大夫者」章得知：

> 上大夫，八豆、八簋、六鉶、九俎，魚腊皆二俎。魚、腸胃、倫膚，
> 若九、若十有一。下大夫，則若七、若九。庶羞，西東毋過四列。
> 上大夫，庶羞二十，加於下大夫，以雉、兔、鶉、鴽。〔註179〕

為上大夫行食禮，陳設數量較多，包含：八豆、八簋、六鉶、九俎。九俎即
七俎再加上魚、腊各一俎。上大夫俎上所載魚、腸胃、倫膚數目，各都是九
或十一，下大夫則是七或九。加饌所陳設的庶羞，橫排都不得超過四樣；下
大夫共十六樣，上大夫二十樣，比下大夫多了雉、兔、鶉、鴽四樣。

（二）禮　器

　　「無尊」，表示不設酒尊，鄭《注》：

> 主於食，不獻酬。〔註180〕

〈公食大夫禮〉以食為主，無獻酬。飲酒、漿飲盛於觶，放在豐的上面。

　　正饌設七鼎，各有扃、鼏，匕、俎從設；東房中有七豆、六簋、四鉶、
一鐙。加饌之食有臐、臐、膮，可見應有陪鼎三；東房中尚有二簋、十六豆。

〔註177〕漢・鄭玄注，唐・賈公彥疏：《儀禮注疏》卷二十五，頁304～305。
〔註178〕漢・鄭玄注，唐・賈公彥疏：《儀禮注疏》卷二十四，頁282。
〔註179〕漢・鄭玄注，唐・賈公彥疏：《儀禮注疏》卷二十六，頁312。
〔註180〕漢・鄭玄注，唐・賈公彥疏：《儀禮注疏》卷二十五，頁300。

二、小　結

〈公食大夫禮〉是小聘之禮，主國君賜食來聘的使者。饌席的陳設工作，主要由宰夫主持，國君僅有親設醯醬、大羹湇、粱飯。以食禮爲主，飲酒雖設席前但不飲，看饌將實施食用，故設醯醬。

先於門外東方烹牲，煮熟後改置當門。有正鼎七：牛、羊、豕、魚、腊、腸胃、倫膚，升席時，皆載於俎。另有陪鼎三：膷、臐、膮，升席時，都盛於豆。東房中預設的飲食，還有飲酒、漿飲，皆盛於觶，下有豐；醯醬、韭菹、醓醢、昌本、麋臡、菁菹、鹿臡、牛炙、牛醢、牛胾、牛鮨、羊炙、羊胾、羊醢、豕炙、豕醢、豕胾、芥醬、魚膾，皆盛於豆；黍、稷盛於簋，稻、粱盛於簠；大羹湇盛於鐙；牛、羊、豕羹在鉶。

不親食的時候，國君派大夫代表致意，並贈予菹醢、黍稷、庶羞、庭實，及活的三牲。

第三節　結　語

〈聘禮〉、〈公食大夫禮〉接待使者的筵席相當豐盛，遠過於其他類別的禮儀，主要是欲藉此展現受訪國的誠意。

鼎數足以顯現尊卑之別。〈聘禮〉的層級較高，正使身分爲卿，用熟食牛、羊、豕、魚、腊、腸胃、膚、鮮魚、鮮腊九鼎，另有陪鼎膷、臐、膮三鼎；生食七鼎，即牛、羊、豕、魚、腊、腸胃、膚，無鮮魚、鮮腊。副使上介只有熟食，用七鼎，如正使熟食，無鮮魚、鮮腊，且也有三陪鼎。眾介用少牢五鼎，含羊、豕、魚、腊、膚。〈公食大夫禮〉正使爲大夫，沒有生食，熟食七鼎，陪鼎三鼎，同於〈聘禮〉副使之用。

所用籩豆之實，無論種類、數量多可與《周禮‧醢人》職掌相對應。〈聘禮〉正使堂上八豆爲韭菹、醓醢、昌本、麋臡、菁菹、鹿臡、葵菹、蝸醢八種，西夾六豆包括韭菹、醓醢、昌本、麋臡、菁菹、鹿臡。上介堂上六豆，如正使堂上六豆而無葵菹、蝸醢。眾介四豆，又少菁菹、鹿臡。〈公食大夫禮〉賓用六豆如〈聘禮〉上介，且席前設醯醬。黍、稷皆盛於簋，稻、粱皆盛於簠，唯大夫以上才設稻、粱。〈公食大夫禮〉除鉶羹外，尚有大羹湇置於鐙。可見〈聘禮〉和〈公食大夫禮〉所用禮食雖多可相互參照，但仍有些微區別。

第六章　喪禮的飲食品物

喪禮是對死者遺體、靈魂的安置，而隨著喪期的推移，同時也令生者得以調適內心的哀痛。於《儀禮》所載，包括〈士喪禮〉、〈既夕〉、〈士虞禮〉三篇。《禮記・曲禮》上：

> 生與來日，死與往日。〔註1〕

生者服喪期從亡故的第二天起算，死者殯斂自死亡當天開始計算。由始死至卒哭，約有數月的時間。

第一節　〈士喪禮〉的飲食陳設

士喪禮，是士為父母守喪之禮。賈《疏》於〈士喪禮〉大題下引鄭玄《三禮目錄》：

> 士喪其父母，自始死至於既殯之禮。〔註2〕

從始死至殯，共三日。為往生者預備的祭品見於「事死之初」、「沐浴飯含之具、陳于階下者」、「沐浴飯含之具、陳于序下者」、「饌小斂奠及設東方之盥」、「陳鼎實」、「陳大斂衣奠及殯具」、「朝夕哭奠」、「朔月奠及薦新」等章。《禮記・檀弓》下：「奠以素器。」〔註3〕孔《疏》：

> 奠，謂始死至葬之時祭名，以其時無尸，奠置於地，故謂之奠也。
> 〔註4〕

〔註1〕 漢・鄭玄注，唐・孔穎達等正義：《禮記正義》卷三，頁54。
〔註2〕 漢・鄭玄注，唐・賈公彥疏：《儀禮注疏》卷三十五，頁408。
〔註3〕 漢・鄭玄注，唐・孔穎達等正義：《禮記正義》卷九，頁169。
〔註4〕 同上註。

〈士喪禮〉所載爲下葬之前的禮，又尚未延尸，故多以「奠」爲名。

一、事死之初

招魂之後，確定死者已然過世，無有復生的可能，遂開始辦理後事，「事死之初」章：

> 楔齒用角柶。綴足用燕几。奠脯、醢、醴酒。升自阼階，奠于尸東。
> 帷堂。〔註5〕

用角柶楔入死者齒間，是爲避免之後「飯含」時，口部若僵硬緊闔，將無法行含禮。一旁放置奠物，鄭《注》：

> 鬼神無象，設奠以馮依之。〔註6〕

說明是爲死者而設，希望其魂魄能因此歸返。張爾岐《儀禮鄭注句讀》：

> 事喪禮凡二大端，一以奉體魄，一以事精神。楔齒綴足，奉體魄之始；奠脯醢，事精神之始也。〔註7〕

循此，凌廷堪《禮經釋例》曰：

> 若然，則葬乃奉體魄之終，祭乃事精神之終也。〔註8〕

楔齒綴足至安葬，是對遺體的照顧，奠脯醢至禫祭爲對靈魂的供奉。

（一）禮　食

奠物有脯、醢和醴酒。脯、醢即肉乾與肉醬，前文已作說明。至於「醴酒」是單言醴，或醴、酒兼有，據「事死之初」章賈《疏》：

> 〈檀弓〉：「曾子云：『始死之奠，其餘閣也。』」與鄭《注》云不容改新也。則此奠是閣之餘食爲之。案：下小斂一豆、一籩，大斂兩豆、兩籩，此始死俱言，亦無過一豆一籩而已，下〈記〉云：「若醴若酒。」鄭《注》云：或卒無醴，用新酒。此醴酒雖俱言，亦科用其一，不並用，以其小斂酒、醴具有，此則未具，是其差。〔註9〕

引《禮記·檀弓》上載曾子言以及〈士喪禮·記〉文，推斷由於哀傷且倉促間無從準備，遂就家中現成的擇一使用，用醴或酒其一即可。從阼階升堂，

〔註5〕漢·鄭玄注，唐·賈公彥疏：《儀禮注疏》卷三十五，頁409～410。
〔註6〕同上註，頁410。
〔註7〕清·張爾岐：《儀禮鄭注句讀》卷十二，頁541。
〔註8〕清·凌廷堪：《禮經釋例》卷八，頁208。
〔註9〕漢·鄭玄注，唐·賈公彥疏：《儀禮注疏》卷三十五，頁410。

設於屍體東方，由於〈記〉言：

> 綴足用燕几，校在南，御者坐持之。即牀而奠，當牖，用吉器，若
> 醴若酒，無巾柶。〔註10〕

鄭《注》：「尸南首。」〔註11〕遺體頭朝南，表示東方即其右邊，放在肩頭的
位置。敖繼公《儀禮集說》：

> 此時尸南首，東乃其右也。奠於其右，若便其飲食。〔註12〕

因人們多慣於使用右手，是爲便於取食而產生的安排。今世喪俗稱死後第一
次設奠爲「腳尾飯」，顧名思義置於腳跟邊，與之不同。

（二）禮　器

雖經文未言，然既用脯、醢，必分別置於籩、豆；醴則盛於觶。

楔齒用柶的材質和取醴之柶一致，都是角製；形狀則因〈記〉而產生不
同的見解：

> 楔，貌如軛，上兩末。〔註13〕

鄭《注》：

> 事便也。〔註14〕

賈《疏》：

> 如軛者，軛謂馬鞅，軛馬領，亦上兩末，令其屈處入口，取出時易，
> 故鄭云：「事便也。」此用柶，異於吉時所用也。〔註15〕

器如車軛型，中央彎曲處放入死者口中，幫助維持口部微開，分叉的尾端朝
上，方便取出，與取醴用柶有別。《禮記·喪大記》：

> 始死，遷尸於床，幠用斂衾，去死衣，小臣楔齒用角柶，綴足用燕
> 几，君、大夫、士一也。〔註16〕

自國君、大夫乃至於士，所用皆同。孔《疏》：

> 柶，以角爲之，長六寸，兩頭曲屈。〔註17〕

〔註10〕漢·鄭玄注，唐·賈公彥疏：《儀禮注疏》卷四十，頁474。
〔註11〕同上註。
〔註12〕元·敖繼公：《儀禮集說》卷十二，頁19316。
〔註13〕漢·鄭玄注，唐·賈公彥疏：《儀禮注疏》卷四十，頁474。
〔註14〕同上註。
〔註15〕同上註。
〔註16〕漢·鄭玄注，唐·孔穎達等正義：《禮記正義》卷四十四，頁769～770。
〔註17〕同上註，頁770。

同樣認爲楔齒的柶末端分成兩股，並彎曲；又說明其長度爲六寸。至於胡培翬《儀禮正義》：

> 柶狀如匕，本有兩末之形，非屈之使然。下綴足用燕几，則角柶亦是
> 平日常用之物。緣始死不能猝辦喪器，故皆以生人之器爲用。〔註18〕

以爲喪家倉促間無從準備，故應是取日常使用之器，即取醴之柶。就文獻記錄或出土實物觀察，未見有尾端呈兩末並彎曲似軛，而與柶功能相近似之器。

二、沐浴飯含之具

　　喪主派遣使者赴告國君，君派使者前往喪家行弔、襚之禮，死者親屬也行襚禮，並設銘之後，須爲沐浴、飯含、襲尸禮預作準備，所需要的器物陳放在階下，食在序下，陳襲的衣物在房中。

　　「沐浴飯含之具、陳于階下者」章：

> 甸人掘坎于階間，少西。爲垼于西牆下，東鄉。新盆、槃、瓶、廢
> 敦、重鬲，皆濯，造于西階下。〔註19〕

甸人在阼階與賓階之間偏西的地方挖坑，又在庭的西牆下用土塊疊竈，因已靠近牆故竈面朝東。又據〈記〉「沐浴含襲時職司服物」章：

> 掘坎，南順；廣尺，輪二尺，深三尺；南其壤。垼，用塊。〔註20〕

說明坎是寬一尺、長二尺、深三尺的土坑。垼是臨時用土塊堆疊，並非平常炊事用的竈。由下經「沐浴」章所載「受潘，煮于垼。用重鬲。」〔註21〕及「濡濯棄于坎。」〔註22〕可知誠如胡培翬《儀禮正義》所言：

> 坎，以埋沐浴餘潘及巾、柶等物。垼，以煮潘水。〔註23〕

挖掘坎坑是爲掩埋稍後沐浴、飯含所使用過的物品，而建垼是爲燒熱沐浴用水和煮米。至於盆、盤、瓶、廢敦、重鬲等都要準備新的，清洗乾淨置於西階下。鄭《注》：

> 新此瓦器五種者，重死事。盆以盛水；槃，承濡濯；瓶以汲水也；

〔註18〕清・胡培翬：《儀禮正義》卷二十六，頁1649。
〔註19〕漢・鄭玄注，唐・賈公彥疏：《儀禮注疏》卷三十五，頁412。
〔註20〕漢・鄭玄注，唐・賈公彥疏：《儀禮注疏》卷四十，頁475。
〔註21〕漢・鄭玄注，唐・賈公彥疏：《儀禮注疏》卷三十六，頁420。
〔註22〕同上註。
〔註23〕清・胡培翬：《儀禮正義》卷二十六，頁1667。

廢敦，敦無足者，所以盛米也；重鬲，鬲將縣重者也。〔註24〕

盆、盤、瓶是盥洗用具，敦、鬲爲食器。從經文無法得知是否皆屬瓦器，鄭玄可能是據《禮記‧喪大記》：

沐用瓦盤。〔註25〕

盤爲瓦製，而推及他器亦如此。喪家哀痛無雕飾之心，故器用簡樸。吳廷華《儀禮章句》：

用新，重死事也。皆濯潔之。〔註26〕

使用新製的器皿，且加以洗滌潔淨，不煮於常爨，而於庭中另築新垼，都是爲求清潔，表現對死者愼重的心意。

「沐浴飯含之具、陳于序下者」章：

貝三，實于笲。稻米一豆，實於筐。沐巾一，浴巾二，皆用絺，於

笲。櫛，於簞。浴衣，於篋。皆饌于西序下，南上。〔註27〕

三隻貝放在笲中，稻米一豆盛在筐中。粗葛布做的沐巾一條、浴巾兩條，同置另一個笲中。梳、篦放在簞中。以上諸物安放西序前，以南爲上位，因此由南向北的順序是：笲（貝）、筐（米）、笲（巾）、簞（櫛）、篋（浴衣）。

（一）禮　食

用米及貝納入死者口中，謂之飯含。《禮記‧檀弓》下：

飯用米、貝，弗忍虛也。不以食道，用美焉爾。〔註28〕

孝子不忍親人辭世時，口中空無所食，是對身後的奉養。不用生人所用飯食，是彰顯崇尙天然之美。《公羊‧文公五年‧傳》：

含者何？口實也。〔註29〕

何《注》：

孝子所以實親口也。緣生以事死，不忍虛其口，天子以珠，諸侯以

玉，大夫以碧，士以貝，春秋之制也，文家加飯以稻米。〔註30〕

《白虎通‧崩薨》：

〔註24〕同上註。

〔註25〕漢‧鄭玄注，唐‧孔穎達等正義：《禮記正義》卷四十四，頁770。

〔註26〕清‧吳廷華：《儀禮章句》，《皇清經解》卷二百八十二，頁1362。

〔註27〕漢‧鄭玄注，唐‧賈公彥疏：《儀禮注疏》卷三十五，頁415。

〔註28〕漢‧鄭玄注，唐‧孔穎達等正義：《禮記正義》卷九，頁168。

〔註29〕漢‧何休注，唐‧徐彥疏：《春秋公羊傳注疏》卷十三，167。

〔註30〕同上註。

所以有飯含何？緣生食，今死，不欲虛其口，故含。用珠寶物何也？
有益死者形體。故天子飯以玉，諸侯以珠，大夫以璧，士以貝也。
〔註31〕

用珠、玉、貝等寶物，是為了幫助屍體保存完好。

飯含的禮俗散見各經典，如《春秋・文公五年》：

五年春王正月，王使榮叔歸含，且賵。〔註32〕

魯文公的祖母成風過世，周襄王派遣大夫榮叔致贈含和助喪的財物。《戰國
策・趙策》三：

鄒、魯之臣生則不得事養，死則不得飯含。〔註33〕

是證確實存在，並非僅是儒家的理想。飯含所用之物，各家說法不一，如前
段引《公羊傳》何休《注》言春秋時的禮制為：天子含以珠，諸侯含以玉，
大夫以璧，士以貝；另皆可加飯稻米。《白虎通・崩薨》則說：天子飯以玉，
諸侯飯以珠，大夫飯以璧，士飯以貝。所以用貝，因為在錢幣尚未發明前，
貝曾被用來充當貨幣。《詩經・小雅・菁菁者莪》：

既見君子，錫我百朋。〔註34〕

鄭《箋》：

古者貨貝，五貝為朋。賜我百朋，得祿多，言得意也。〔註35〕

故也屬珍貴之物。《禮記・雜記》：

天子飯九貝，諸侯七，大夫五，士三。〔註36〕

記天子至士皆飯以貝。鄭《注》：

此蓋夏時禮也，周禮天子飯含用玉。〔註37〕

鄭玄認為是時代的差異，天子飯含夏用貝，周用玉。胡培翬《儀禮正義》：

孔廣森：「如禮文，明飯與含為二事。〈士喪禮〉：『飯用米、貝。』
更無含物，亦不見賓客歸含之節，容大夫以上乃得含耳。〈雜記〉：
『諸侯相含，執璧將命。』《左傳》：『陳子行使其徒具含玉。』則

〔註31〕 清・陳立撰：《白虎通疏證》卷十一，頁 548。
〔註32〕 晉・杜預注，唐・孔穎達等正義：《春秋左傳正義》卷十九，頁 311。
〔註33〕 漢・劉向纂、高誘注，宋・姚宏補：《戰國策》卷二十，頁 401。
〔註34〕 漢・毛公傳、鄭玄箋，唐・孔穎達正義：《毛詩正義》卷十之一，頁 353。
〔註35〕 同上註。
〔註36〕 漢・鄭玄注，唐・孔穎達等正義：《禮記正義》卷四十三，頁 749。
〔註37〕 同上註。

含者，自天子至大夫皆用玉，其飯所用有差，當如《白虎通》所
說也。」飯含，對文異，散則通。〈典瑞〉：「大喪共飯玉、含玉。」
是飯與含殊。〈雜記〉：「鑿巾以飯。」上經「布巾環幅不鑿。」鄭
《注》亦以含言之，則士飯、含不殊，或與大夫以上異，如孔氏
所云矣。〔註38〕

提出飯與含對文相異，散文則通的看法，且贊同孔廣森主張大夫以上才有含，
天子至大夫均用玉，飯則如《白虎通》之言，應隨身分有所區別的說解。此
說若然，那麼士的飯含應用貝，再加以稻米。據文獻觀察，確實《周禮》載
天子所含為玉，〔註39〕但也有其他身分含玉者，如《禮記・雜記》上：

含者執璧將命，曰：「寡君使某含。」相者入告，出曰：「孤某須矣。」
〔註40〕

鄭《注》：

含玉為璧制，其分寸大小未聞。〔註41〕

是諸侯含用璧。《左氏・哀公十一年・傳》：

為郊戰故，公會吳子伐齊，五月，克博。壬申，至于嬴。中軍從王，
胥門巢將上軍，王子姑曹將下軍，展如將右軍。齊國書將中軍，高
無丕將上軍，宗樓將下軍。陳僖子謂其弟書：「爾死，我必得志。」
宗子陽與閭丘明相屬也。桑掩胥御國子。公孫夏曰：「二子必死。」
將戰，公孫夏命其徒歌〈虞殯〉，陳子行命其徒具含玉。公孫揮命其
徒曰：「人尋約，吳髮短。」東郭書曰：「三戰必死，於此三矣。」
使問弦多以琴，曰：「吾不復見子矣。」陳書曰：「此行也，吾聞鼓
而已，不聞金矣。」〔註42〕

大夫與其屬下俱含玉，示必死之決心。《莊子・外物篇》：

儒以《詩》、《禮》發冢，大儒臚傳曰：「東方作矣，是之何若？」小
儒曰：「未解裙襦，口中有珠。」《詩》固有之，曰：「青青之麥，生
於陵陂，生不布施，死何含珠為！」為接其鬢，壓其顪。儒以金椎

〔註38〕清・胡培翬：《儀禮正義》卷二十六，頁1687。
〔註39〕〈大宰〉：「大喪贊贈玉、含玉。」〈玉府〉：「大喪供含玉。」
　　　　漢・鄭玄注，唐・賈公彥疏：《周禮注疏》卷二，頁37；卷六，頁97。
〔註40〕漢・鄭玄注，唐・孔穎達等正義：《禮記正義》卷四十一，頁727。
〔註41〕同上註。
〔註42〕晉・杜預注，唐・孔穎達等正義：《春秋左傳正義》卷五十八，頁1017。

控其頤，徐別其頰，無傷口中珠。〔註43〕

為貴族含珠之例。從民俗學觀點，最初應是為保護屍身或避邪之用。考古發現的貴族墓，最常見的是玉含。〔註44〕青浦縣崧澤新石器時代遺址已有圓餅狀、璧形或雞心形玉含。安陽大司空殷墓於人架口中則有蟬形玉、玉魚、珠、短管、貝等不同種類的含器。小屯村北墓墓主口中有玉魚一件、海貝四枚。山東濟陽劉台子西周早期墓口中出青玉戈、青玉鉞各一。長沙戚家湖西漢曹𡢃墓口中含玉印一方。洛陽燒溝漢墓，有近蟬形的琉璃含。〔註45〕知可供含用的東西有種種不同，不見得完全同於禮制的規範。

1. 米

用「米」表示是用沒有煮過的穀物，前引〈檀弓〉下：「飯用米、貝。」孔《疏》：

爾飯食人所造作，細碎不潔，故為褻也。〔註46〕

認為飯經過烹煮，軟而不潔，有失敬意。其實可能是因熟食易腐、招蟲，停殯日久，並不適宜。

飯含的方式，據「飯含」章：

主人由足西，牀上坐，東面。祝又受米，奠于貝北。宰從立于牀西，在右。主人左扱米，實于右，三；實一貝，左、中亦如之，又實米，唯盈。主人襲，反位。〔註47〕

孝子在尸牀的西邊面朝東而坐，分別於死者口中右、左、中，各放入三把米、一個貝，最後填滿即可。《周禮・春官・典瑞》：「大喪共飯玉、含玉、贈玉。」〔註48〕鄭《注》：

飯玉，碎玉以雜米也。含玉，柱左、右齻及在口中者。〔註49〕

天子飯用碎玉及米，同樣也是分置於口內左、右、中三部分。金鶚《求古錄禮說・喪禮飯含考》：

喪禮有飯含，飯、含非二事也，以口所含謂之含，以象生食之飯謂之

〔註43〕周・莊周撰，晉・郭象注，宋・林希逸口義：《南華經》卷十四，頁401。
〔註44〕宋鎮豪：《中國春秋戰國習俗史》，頁192。
〔註45〕那志良：《中國古玉圖釋》，頁355。
〔註46〕漢・鄭玄注，唐・孔穎達等正義：《禮記正義》卷九，頁168。
〔註47〕漢・鄭玄注，唐・賈公彥疏：《儀禮注疏》卷三十六，頁421。
〔註48〕漢・鄭玄注，唐・賈公彥疏：《周禮注疏》卷二十，頁316。
〔註49〕同上註。

飯，一而已矣。……《禮記》周時之書，皆記周禮，閒有言夏殷禮者，必明標夏殷字，此不言夏，安見爲夏禮乎？然此亦鄭之疑而未定者耳。……米者，生時所食，飯含用米必不可缺，蓋自天子至于士，皆有米。……孝子之心弗忍虛，必至於盈而後安，盡其仁也。貝與扱數必依差等而不越，止乎義也。貝爲天下之寶，故不可必於盈，米爲生人所食，故不可以不盈。此皆聖人制禮之精意也。……〈洪範〉以美食爲玉食，飯用貝、玉，所以示美食之意。〔註50〕

自天子至士飯含皆有米，以象生前之食，必定將口部盈滿，表示不忍親人口虛的愛心。

（二）禮　器

飯含用米最初是盛於序下筐內之豆，夏祝清洗後，放廢敦中。飯含之後餘下的米，夏祝又用鬲煮成粥，後懸於重上。廢敦指無足之敦，與常器有別。胡培翬《儀禮正義》：

> 下經云：「黍稷用瓦敦。」是敦爲瓦器也。又云：「敦啓會面足。」則敦有足矣。但彼敦以盛黍稷，此敦以盛飯含之米，二者異。故彼敦有足，此敦無足。〔註51〕

用來盛飯含用的米，功能與吉時之器盛黍稷飯有別。美國紐約大都會博物館藏春秋中期的「齊侯敦」，平底無足，殆即廢敦。〔註52〕豆、敦之形制已見前，此處針對鬲加以討論。

1. 鬲

鬲，烹煮器。《爾雅·釋器》在「鼎」之下曰：

> 款足者，謂之鬲。〔註53〕

作用與鼎相同，都用來煮食。《漢書·郊祀志》上：

> 其空足曰鬲。〔註54〕

屬款足炊具。足呈空袋狀，上大下尖而中空，可容水，水下注，增加受熱面積，易熱，能夠有效縮短烹煮時間。《周禮·考工記·陶人》：

〔註50〕清·金鶚：《求古錄禮說》，《皇清經解續編》卷六百七十三，頁144～146。
〔註51〕清·胡培翬：《儀禮正義》卷二十六，頁1669。
〔註52〕國立故宮博物院編輯委員會：《商周青銅粢盛器特展圖錄》，頁77。
〔註53〕晉·郭璞注，宋·邢昺疏：《爾雅注疏》卷五，頁79。
〔註54〕漢·班固撰，唐·顏師古注，清·王先謙補註：《漢書補註》卷二十五上，頁544。

鬲，實五穀，厚半寸，脣寸。〔註55〕

《說文解字・鬲部》：

> 鼎屬也。實五穀；斗二升曰䣉。象腹交文三足。〔註56〕

可容六斗，圓腹、侈口。袋狀空足，越是背高、袋足長，越原始。陶器時代的鬲，器型與鼎實極類似。新石器時代中期，黃河上游辛店文化曾出土彩陶鬲、雙耳鬲。〔註57〕殷代銅鬲與陶鬲形制略同，惟初期有耳，可能是受到鼎的影響，西周後期又變爲無耳，惟口緣甚寬；〔註58〕西周時還有方鬲，下部有門可開闔，門內置木炭，用以炊食，但數量極少，「刖刑守門鬲」屬此類器。容庚、張維持《殷周青銅器通論》：

> 發達於殷代，衰落於周末，絕跡於漢代。〔註59〕

青銅鬲盛行於商、周時期，戰國以後逐步退出禮器和生活用器行列，〔註60〕漢代更是少見。

重鬲，指鬲懸於重上。「沐浴」章：

> 管人盡階不升堂；受潘，煮于垼，用重鬲。〔註61〕

管人用鬲在竈上煮沐浴用的洗米水。至於「設重」章：

> 重木，刊鑿之。甸人置重于中庭。三分庭一，在南。〔註62〕

鄭《注》：

> 木也，懸物焉，曰重。刊，斲治、鑿之，爲縣簀孔也。士重木長三尺。……重，主道也。士二鬲，則大夫四，諸侯六，天子八，與簋同差。〔註63〕

賈《疏》：

> 以其木有物縣於下，相重累，故得重名。〔註64〕

重，以三尺長的木料爲主體，設在庭中三分之一偏南的位置。頂端鑿孔，以

〔註55〕漢・鄭玄注，唐・賈公彥疏：《周禮注疏》卷四十一，頁636。
〔註56〕漢・許慎撰，清・段玉裁注：《說文解字注》三篇下，頁111。
〔註57〕譚旦冏：《中國陶瓷史》，頁115。
〔註58〕容庚、張維持：《殷周青銅器通論》，頁31。
〔註59〕容庚、張維持：《殷周青銅器通論》，頁31。
〔註60〕馬承源主編：《中國青銅器》，頁114。
〔註61〕漢・鄭玄注，唐・賈公彥疏：《儀禮注疏》卷三十六，頁420。
〔註62〕漢・鄭玄注，唐・賈公彥疏：《儀禮注疏》卷三十六，頁423。
〔註63〕同上註。
〔註64〕同上註。

竹索穿過，吊掛住鬲，因所掛之物相重纍而得名。爲神主設，多採偶數，喪禮士用二鬲、大夫四鬲、諸侯六鬲、天子八鬲。《禮記‧檀弓》下：

> 重，主道也。〔註65〕

孔《疏》：

> 言始死作重，猶若吉祭木主之道。主者，吉祭所以依神；在喪，重亦所以依神，故云：「重，主道也。」〔註66〕

目的在使死者的靈魂有所依附，與神主的作用類似。吳廷華《儀禮章句》：

> 鑿者，鑿之爲孔，以橫木貫之，每橫懸二鬲，天子八鬲四橫，諸侯六鬲三橫，大夫四鬲二橫，皆互連交縣，士二鬲一橫而已。〔註67〕

則主張有橫木貫穿重木的簪孔中，鬲再懸掛於其兩端。聶崇義《新定三禮圖》將重繪製成用橫木懸掛八鬲，〔註68〕吳廷華之說與其相同。張惠言《儀禮圖》則以索穿孔懸兩鬲於木，未見橫木，〔註69〕較合於鄭《注》的描述。「設重」章又言：

> 夏祝鬻餘飯，用二鬲于西牆下。〔註70〕

夏祝在堂將飯含剩餘的米煮成粥，再掛在重上。

　　鬲多視爲煮飯用的器具，實則一器多用。殷墟苗圃北地和大司空村的七座殷墓出土陶鬲，其內均有魚骨；另有一些裡面有羊腿骨或小型牲畜肢骨，腹部及底部往往留有煙炱痕。〔註71〕甲骨文作 🐦、🐦，〔註72〕爲鬲中有隹，象用以烹禽鳥之屬。長安普渡村出土西周陶鬲，內有鳥骨。禹縣白沙戰國墓出土陶鬲、陶鼎，通常有豬骨在內，可見鬲不限於煮穀食，也煮肉、魚、荣蔬。

　　鬲與鼎關係密切，以銘文爲例：「鄆孝子鼎」作「鼎鬲。」〔註73〕「𣪘白鬲」作「齌鼎。」〔註74〕「姬芊母鬲」作「齌鬲。」〔註75〕「虢文公子鬲」

〔註65〕漢‧鄭玄注，唐‧孔穎達等正義：《禮記正義》卷九，頁168。
〔註66〕同上註。
〔註67〕清‧吳廷華：《儀禮章句》，《皇清經解》卷二百八十二，頁1363。
〔註68〕宋‧聶崇義：《新定三禮圖》卷十七，頁15701。
〔註69〕清‧張惠言：《儀禮圖》，《皇清經解續編》卷三百一十七，頁1317。
〔註70〕漢‧鄭玄注，唐‧賈公彥疏：《儀禮注疏》卷三十六，頁423。
〔註71〕中國社會科學院考古研究所：〈殷墟發掘報告 1958──1961〉，頁213、216。
〔註72〕李孝定：《甲骨文字集釋》第十四，頁4059。
〔註73〕羅振玉：《三代吉金文存》（一），頁501。
〔註74〕同上註。
〔註75〕同上註。

作「鬲。」〔註76〕「弭叔鬲」：「弭叔乍（作）犀妊鬻。」「鬲」與「鼎」互用，主要由於功能類似。

鬲為自名器，考古發掘最早者為西周中期，如「微白癭鬲」；「虢姞鬲」銘文：

> 虢姞作鬲。〔註77〕

「孟辛父鬲」：

> □□孟辛父作孟姞寶尊鬲，其萬年子子孫孫寶用。〔註78〕

部分出土方鬲有耳，如：「蹲獸方鬲」、「季貞方鬲」、「壽足方鬲」。甚少大鬲，一般約高十數公分，周代「師趛鬲」高五十點三公分，為現存最大者。

三、陳小斂待用奠物

喪亡的次日早晨舉行小斂，「饌小斂奠及設東方之盥」章：

> 饌于東堂下，脯、醢、醴、酒。冪奠用功布，實于篚，在饌東。設盆盥于饌東，有巾。〔註79〕

鄭《注》：

> 凡在東西堂下者，南齊坫。〔註80〕

賈《疏》：

> 凡設物於東西堂下者，皆南與坫齊，北陳之。堂隅有坫，以土為之，或謂堂隅為坫也。〔註81〕

堂下東邊對齊堂東隅的位置，陳放脯、醢、醴、酒，由南向北放，以南為上。東邊有一篚，其中放有用大功布做的覆蓋酒尊的冪，一旁還有盥洗用的盆、擦手用的布巾。又「陳鼎實」章：

> 陳一鼎于寢門外，當東塾，少南，西面。其實特豚，四鬄，去蹄，兩胉、脊、肺。設扃冪，鼏西末，素俎在鼎西，西順，覆七，東柄。〔註82〕

〔註76〕同上註，頁 548。
〔註77〕同上註，頁 498。
〔註78〕同上註，頁 555。
〔註79〕漢・鄭玄注，唐・賈公彥疏：《儀禮注疏》卷三十六，頁 424。
〔註80〕同上註。
〔註81〕同上註。
〔註82〕漢・鄭玄注，唐・賈公彥疏：《儀禮注疏》卷三十六，頁 425。

爲小斂奠設一鼎放置寢門外，當東墊稍南的位置，鼎面朝西。鼎中有一隻小豬，割解成兩肩、兩髀四塊，去掉豬蹄，另外兩脅、脊骨和肺，也同在鼎中烹煮。鼎耳中貫以扃，上覆鼏，鼏的茅草末梢朝西。未做裝飾的俎安放鼎西，首朝東尾朝西，匕反扣鼎上，柄朝東。胡培翬《儀禮正義》：

> 喪奠有隆殺，此小斂奠及朝稱奠皆一鼎，大斂奠、朔月奠、遷祖奠
> 皆三鼎，加魚腊。既夕遣奠，則五鼎如〈少牢〉也。〔註83〕

喪奠鼎的用數，隨著儀節的進行依序漸隆，有一、三、五鼎的差別。

（一）禮　食

小斂奠用醴、酒、脯、醢、特豚。「陳鼎實」章鄭《注》：

> 鬄，解也。四解之，殊肩、髀而已，喪事略。去蹄，去其甲，爲不
> 絜清也。胉，脅也。〔註84〕

小豬的左、右半兼用，須去蹄甲。賈《疏》：

> 四解之，殊肩、髀而已，喪事略者。凡牲體之法，有二十一者，四解
> 而已。此《經》直云四鬄，即云去蹄，明知殊肩髀爲四段。〔註85〕

牲口的割解，最多可達二十一體，在此因喪事從簡，遂僅四解，故在鼎中是兩肩、兩髀、兩胉、一脊、一肺。

（二）禮　器

經文省文，往往未明言。就所設禮食觀察，飲器應有盛酒器——甒、飲酒器——觶、挹取器——勺、柶。尊上皆有冪，旁置放冪的篚。另外，〈記〉「小斂、大斂二節中，衣物、奠設、時會、處所、儀法」章：

> 設棜于東堂下，南順。〔註86〕

知尙有盛尊器——棜。食器則有盛食器——籩、豆；烹煮器——鼎、扛鼎器——扃、蓋鼎用的鼏，取食器——匕、載牲器——俎。「陳鼎實」章鄭《注》：

> 素俎，喪尙質。〔註87〕

喪禮崇尙簡樸，故用沒有任何塗飾的俎。

〔註83〕清・胡培翬：《儀禮正義》卷二十七，頁1726。
〔註84〕漢・鄭玄注，唐・賈公彥疏：《儀禮注疏》卷三十六，頁425。
〔註85〕同上註。
〔註86〕漢・鄭玄注，唐・賈公彥疏：《儀禮注疏》卷四十一，頁480。
〔註87〕漢・鄭玄注，唐・賈公彥疏：《儀禮注疏》卷三十六，頁425。

四、陳大斂待用奠物

小斂次日，即死後第三天天亮時行大斂，「陳大斂衣奠及殯具」章：

厥明，滅燎，陳衣于房南，領西上，綪、絞、紟、衾二。君襚，祭服散衣；庶襚，凡三十稱。紟不在筭，不必盡用。東方之饌：兩瓦甒，其實醴酒，角觶、木柶；髹豆兩，其實葵菹芋、蠃醢；兩籩無縢，布巾，其實栗，不擇，脯四脡。奠席在饌北，斂席在其東。掘肂見衽。棺入，主人不哭。升棺用軸，蓋在下。熬黍稷各二筐，有魚、腊，饌于西坫南。陳三鼎于門外北上。豚合升，魚鱄、鮒九，腊左胖，髀不升，其他皆如初。燭俟于饌東。〔註88〕

於房中陳服外，尚設飲食，置於以下三處：

其一、堂下東坫南邊：兩隻瓦甒，一盛醴、一盛酒；旁設角觶、木柶；兩隻髹豆，分別盛全葵製的菹菜，以及蠃醢；兩個沒有口緣的籩，上蓋布巾，一盛未經挑選過的栗子，一盛四條乾肉。

其二、堂下西坫南邊：煎過的黍稷各二筐，筐中並放有魚、腊。

其三、寢門外：陳放三鼎，以北為上位，由北向南依次為：

第一個鼎：豚，合左右半。

第二個鼎：魚九條，鱄或鮒皆可。

第三個鼎：兔腊，只用左半，並去髀部。

（一）禮　食

大斂奠飲同小斂時，用醴、酒。食則較為豐盛，堂下東方有全葵菹、蠃醢、栗、脯。栗不擇，乃因喪事從略。堂下西方有熬黍稷、魚、腊。寢門外特豚、魚、腊三鼎；豚解方式與小斂同。以下針對前文未述者加以說明。

1. 葵菹芋

葵菹芋，完整未切割的葵菹。《詩經·小雅·斯干》：

約之閣閣，椓之橐橐，風雨攸除，鳥鼠攸去，君子攸芋。〔註89〕

毛《傳》：

芋，大也。〔註90〕

〔註88〕漢·鄭玄注，唐·賈公彥疏：《儀禮注疏》卷三十七，頁433～434。
〔註89〕漢·毛公傳、鄭玄箋，唐·孔穎達正義：《毛詩正義》卷十一之二，頁385。
〔註90〕同上註。

《方言》：

> 芋，大也。〔註91〕

芋有大的意思。「陳大斂衣奠及殯具」章鄭《注》：

> 齊人或名全葅爲芋。〔註92〕

賈《疏》：

> 鄭於《周禮・醢人・注》云：細切爲齏，全物若牒。爲葅若然。凡
> 葅者，全物不得芋名。此云齊人名全葅爲芋者，葅法舊短四寸者，
> 全之。若長於四寸者，亦切之。則葵長者自然切，乃爲葅，但喪中
> 之葅，葵雖長而不切。〔註93〕

通常醃菜若長度超過四寸，須切短，以方便取食；喪禮則不切，表示喪家無
心治事。吳廷華《儀禮章句》：

> 蓋葅長四寸，此長而不切，故曰芋。言全葵也。〔註94〕

也說爲完整的葵葅。胡培翬《儀禮正義》：

> 《說文》云：「芋，大葉實根駭人，故謂之芋也。」是芋爲麤大之稱。
> 此經云全葅芋，亦是麤略之意。故鄭取當時方言釋之。〔註95〕

芋因葉與根部碩大，遂從「于」得聲，引伸有「粗大」之義，稱全葵葅爲葵
葅芋，乃是齊地的方言。

2. 熬黍稷

熬黍稷，乾煎的黍稷。《說文解字・火部》：

> 熬，乾煎也。〔註96〕

《方言》：

> 熬、聚、煎、備、鞏，火乾也。凡以火而乾五穀之類，自山而東，
> 齊楚以往，謂之熬。〔註97〕

太行山以東，北自齊，南至楚，稱乾煎穀類爲「熬」。

設熬黍稷的目的，「陳大斂衣奠及殯具」章鄭《注》：

〔註91〕漢・揚雄：《方言》卷十三，頁788。
〔註92〕漢・鄭玄注，唐・賈公彥疏：《儀禮注疏》卷三十七，頁433。
〔註93〕同上註。
〔註94〕清・吳廷華：《儀禮章句》，《皇清經解》卷二百八十二，頁1365。
〔註95〕清・胡培翬：《儀禮正義》卷二十七，頁1755。
〔註96〕漢・許慎撰，清・段玉裁注：《說文解字注》十篇上，頁482。
〔註97〕漢・揚雄：《方言》卷七，頁771。

熬所以惑蚍蜉，令不至棺旁也。〔註98〕

說明是爲吸引大螞蟻，好讓牠們遠離棺木，顯現在世親人心中的不捨，期盼保存死者屍身不壞。吳廷華《儀禮章句》：

> 以火熬穀也……案：此經諸家皆疑之，愚謂《注》說是也。蓋柩忌蟻，又新掘之土，蚍蜉必多，設此以聚之，去熬而蟻亦俱去。蓋善注也，敖氏謂置此代奠，迂矣。〔註99〕

贊同鄭玄的說法，認爲新挖的土坑容易有螞蟻，有可能侵害屍體。敖繼公《儀禮集說》有不同的見解：

> 孝子以尸柩既殯，不得復奠于其側，雖有奠在室，而不知神之所在，故置此于棺旁，以盡愛敬之心也。然不以食而用熬穀，不以牲而用魚、腊，亦所以異于奠也與。〔註100〕

認爲是用以依神的奠物。沈彤《儀禮小疏》：

> 殯之設熬黍稷，猶重之懸二鬲粥也；熬黍稷之異于苴、筲、甕、甒，猶粥之異于俎、豆、敦、鉶也。蓋不知何地之可以棲神，故無之而不設飲食，不知何飲食之可以歆神，故相變而殊其品，此誠孝子事鬼神之至情，敖說得之。鄭以熬黍稷爲惑蚍蜉，于《周禮・小祝》及〈喪大記〉皆云，然孔《疏》謂欲使蚍蜉聞其香氣食穀不侵尸，但六寸以上之棺，固其合縫，何至數月之內蚍蜉即得入而侵其尸乎？必不然矣。然則不爲飯而熬穀何也？熬穀有香氣而可久，飯則易壞，欲善其設之之方故耳。〔註101〕

同意敖繼公的看法，胡培翬《儀禮正義》亦如是說。奠用之食，象生前之用，如「設重」章重鬲內所盛爲粥，而不是米。且食物應置放食器中，熬黍稷在筐，表示非供食用，故鄭玄惑蟲蟻之言似較可信。

熬黍稷初設堂下西坫南方，停殯時改置棺旁，「殯」章：

> 設熬旁，一筐。〔註102〕

棺木左右各一筐。然而隨身分不同，數量或種類亦有等差，《禮記・喪服大記》：

〔註98〕漢・鄭玄注，唐・賈公彥疏：《儀禮注疏》卷三十七，頁434。
〔註99〕清・吳廷華：《儀禮章句》，《皇清經解》卷二百八十二，頁1365。
〔註100〕元・敖繼公：《儀禮集說》卷十二，頁19331。
〔註101〕清・沈彤：《儀禮小疏》，《皇清經解》卷三百二十五，頁1446。
〔註102〕漢・鄭玄注，唐・賈公彥疏：《儀禮注疏》卷三十七，頁435。

熬，君四種八筐，大夫三種六筐，士二種四筐，加魚、腊焉。〔註103〕

鄭《注》：

> 熬者，煎穀也。將塗設於棺旁，所以惑蚍蜉，使不至棺也。〈士喪禮〉
> 曰：「熬黍稷各二筐。」又曰：「設熬旁，一筐。」大夫三種加以梁，
> 君四種加以稻。四筐則首、足皆一，其餘設於左右。〔註104〕

國君用黍、稷、稻、梁四種，各兩筐，合計八筐；大夫用黍、稷、梁三種，
計六筐；士用黍、稷兩種，共兩筐。

3. 鱄

鱄，魚名。《呂氏春秋・孝行覽・本味》：

> 魚之美者：洞庭之鱄，東海之鮞。〔註105〕

載記最鮮美的魚之一，當屬洞庭湖的鱄魚。《廣韻》也說：

> 鱄，魚名。美也，出洞庭湖。〔註106〕

是當地的特產。

鱄是常見的魚種。段玉裁《說文解字注・魚部》「鱄」：

> 鱄、鮒，皆常用之魚也。〔註107〕

於《儀禮》的許多篇章經常使用。吳廷華《儀禮章句》：

> 大曰鱄，小曰鮒。〔註108〕

鱄與鮒二者屬同類的魚，僅大小之別。王引之《經義述聞》：

> 魚鱄、鮒九者，或用鱄，或用鮒，其數皆九也。當以「魚鱄、鮒」
> 爲一句，「九」爲一句。「升魚鱄、鮒九。」當以「升魚鱄、鮒」爲
> 一句，「九」爲一句。魚鼎或鱄或鮒，而兼言鱄、鮒，猶冪尊或絺或
> 布，而兼言絺布也。……否則鱄、鮒竝用於一，時而欲合其數爲九，
> 孰多孰少？〔註109〕

胡培翬《儀禮正義》認爲《述聞》之說甚是。〔註110〕其數爲九，不是指其中有

〔註103〕漢・鄭玄注，唐・孔穎達等正義：《禮記正義》卷四十五，頁787。
〔註104〕同上註。
〔註105〕秦・呂不韋著，漢・高誘注：《呂氏春秋》卷十四，頁323。
〔註106〕宋・陳彭年：《宋本廣韻》卷三，頁294。
〔註107〕漢・許慎撰，清・段玉裁注：《說文解字注》十一篇下，頁576。
〔註108〕清・吳廷華：《儀禮章句》，《皇清經解》卷二百八十二，頁1365。
〔註109〕清・王引之：《經義述聞》（一）卷十，頁1009～1010。
〔註110〕清・胡培翬：《儀禮正義》卷二十七，頁1760。

的是鱒有的是鮒，而是九尾全是鱒，或全是鮒。大小一致，較爲整齊美觀。

（二）禮　器

器物的種類或位置等，幾與小斂同。故飲器應有盛酒器——甒，飲酒器——角觶，挹取器——勺、木柶。盛尊器——棜。尊上皆有冪。食器則有盛食器——籩、豆、筐，烹煮器——鼎、扛鼎器——扃、蓋鼎用的鼏，取食器——匕、載牲器——俎。籩、豆上覆蓋布巾。

喪禮器用異於平時，豆用甒豆，籩無縢。甒豆，「陳大斂衣奠及殯具」章鄭《注》：

> 甒，白也。〔註111〕

《廣雅・釋器》：

> 甒，𧤏也。〔註112〕

胡培翬《儀禮正義》：

> 甒是毛布，色白，此豆亦白，故取以爲名也。〔註113〕

指白色的豆。用無縢之籩，鄭《注》：

> 縢，緣也。《詩》云：「竹柲緄縢。」〔註114〕

縢指邊沿。《詩經・秦風・小戎》：

> 俴駟孔群，厹矛鋈錞，蒙伐有苑。虎韔鏤膺，交韔二弓，竹閉緄縢。
>
> 言念君子，載寢載興；厭厭良人，秩秩德音。〔註115〕

毛《傳》：

> 縢，約也。〔註116〕

可知是無邊沿的籩。胡培翬《儀禮正義》：

> 凡緣邊有約束之意，故以縢爲緣，此與甒豆皆是喪器，無飾，故鄭
> 注〈檀弓〉：「竹不成用。」亦引此籩無縢爲說也。〔註117〕

器物的邊緣有約束、裝飾的功能，此爲喪器故無飾。

〈記〉針對小斂、大斂的器用補充說明，亦有助於了解經文省文的部分。

〔註111〕漢・鄭玄注，唐・賈公彥疏：《儀禮注疏》卷三十七，頁433。
〔註112〕魏・張揖：《廣雅》卷八，頁79－603。
〔註113〕清・胡培翬：《儀禮正義》卷二十七，頁1755。
〔註114〕漢・鄭玄注，唐・賈公彥疏：《儀禮注疏》卷三十七，頁433。
〔註115〕漢・毛公傳、鄭玄箋，唐・孔穎達正義：《毛詩正義》卷六之三，頁238。
〔註116〕同上註。
〔註117〕清・胡培翬：《儀禮正義》卷二十七，頁1755。

「小斂、大斂二節中，衣物、奠設、時會、處所、儀法」章：

> 厥明，滅燎，陳衣。凡絞紟用布，倫如朝服。設牀于東堂下，南順。
> 齊于坫，饌于其上：兩甒醴、酒，酒在南；篚在東，南順，實角觶
> 四、木柶二；素勺二；豆在甒北，二以並，籩亦如之。〔註118〕

爲小斂奠或大斂奠陳放奠物時，先把牀放在東堂下，牀的首端朝北末端朝南與堂東坫齊，兩甒陳其上：一醴、一酒，酒在醴南。篚在甒東，首北尾南，其中放四隻角觶、兩隻木柶、兩隻素勺。豆在甒北，若是大斂奠的籩、豆，都是兩兩並放。吳廷華《儀禮章句》：

> 每醴用觶一柶一，每酒觶一，則每奠二觶一柶而已。此蓋兼兩奠言，
> 以奠此始徹彼也。〔註119〕

可知無論小斂或大斂，瓦甒的東邊均有篚，內置二角觶、一木柶；且甒上應有素勺，醴尊和酒尊各一。

五、朝夕哭奠

殯後亡者親友於每日朝、暮哭泣，即朝夕哭。「朝夕哭奠」章鄭《注》：

> 既殯之後，朝夕及哀至乃哭，不代哭也。〔註120〕

喪禮進行至此哀痛宜略微節制，唯有早、晚或悲傷無法抑遏時才哭，且不可代哭。哭泣中間有設奠的儀節，《禮記・檀弓》上：

> 朝奠日出，夕奠逮日。〔註121〕

朝奠在日出時舉行，夕奠在日落前進行。張爾岐《儀禮鄭注句讀》：

> 自第四日至葬前早晚並用此禮。〔註122〕

第四日是包括始死當天，至下葬前都有朝奠與夕奠。《禮記・王制》：

> 天子七日而殯，七月而葬。諸侯五日而殯，五月而葬。大夫、士、
> 庶人，三日而殯，三月而葬。〔註123〕

天子崩七日而殯，七月而葬；諸侯薨五日而殯，五月而葬；大夫、士、平民都是三日而殯，三月而葬。然而根據統計，諸侯有停殯三至五月，大夫、士

〔註118〕漢・鄭玄注，唐・賈公彥疏：《儀禮注疏》卷四十一，頁480。
〔註119〕清・吳廷華：《儀禮章句》，《皇清經解》卷二百八十三，頁1375。
〔註120〕漢・鄭玄注，唐・賈公彥疏：《儀禮注疏》卷三十七，頁438。
〔註121〕漢・鄭玄注，唐・孔穎達等正義：《禮記正義》卷八，頁151。
〔註122〕清・張爾岐：《儀禮鄭注句讀》卷十二，頁578。
〔註123〕漢・鄭玄注，唐・孔穎達等正義：《禮記正義》卷十二，頁239。

有停二至三月不等者，不見得完全符合儒家規範。〔註124〕

　　徹大斂奠後，設朝奠。「朝夕哭奠」章：

> 遂先，由主人之北適饌。乃奠，醴、酒、脯、醢升，丈夫踊入。如
> 初設，不巾。錯者出，立于戶西，西上，滅燭，出。祝闔戶，先降
> 自西階，婦人踊。奠者由重南，東。丈夫踊。賓出，婦人踊。主人
> 拜送。眾主人出，婦人踊。出門，哭止，皆復位，闔門。主人卒拜
> 送賓，揖眾主人，乃就次。〔註125〕

鄭《注》：

> 入，入於室也。如初設者，豆先、次籩、次酒、次醴也。不巾，無
> 菹、無栗也。菹、栗具則有俎，有俎乃巾之。〔註126〕

此時天色尚暗，故於殯宮室中仍須燃燭。祝率領眾執事經過主人北邊，到東
堂下陳放的奠物處。開始設朝奠，同樣是祝執醴，執事持酒、脯、醢，從西
階升堂，如大斂奠設在室中死者神位前，按豆、籩、酒觶、醴觶的順序設置，
但不用布巾覆蓋。設畢，祝最後出，關上室門。夕奠與之程序同。

（一）禮　食

　　就經文分析，知朝夕哭奠所用奠物較簡單。飲設醴、酒，食設脯、醢。
各物特性前文皆已說明。

（二）禮　器

　　器具可藉由禮食加以判斷。飲器包括甒、觶、勺，因有醴，故必有柶。
有酒尊或應有禁。食器設籩、豆，其上不蓋布巾。

六、朔月奠及薦新

　　朔月奠，又稱朔奠；是殯後至葬前每月初一祭奠。薦新，殯後未葬前，
獻祭時令新產之五穀瓜果。「朔月奠及薦新」章鄭《注》：

> 薦五穀，若時果物新出者。〔註127〕

《禮記·檀弓》上：

> 有薦新，如朔奠。〔註128〕

〔註124〕胡新生：〈周代殯禮考〉，《中國史研究》1992年第三期，頁65～66。
〔註125〕漢·鄭玄注，唐·賈公彥疏：《儀禮注疏》卷三十七，頁439。
〔註126〕同上註。
〔註127〕漢·鄭玄注，唐·賈公彥疏：《儀禮注疏》卷三十七，頁439。

儀節同朔奠，但奠祭之物應有當令新鮮穀類、蔬果。〈記〉「朔月及常日掃潔
奉養之事」：

> 朔月，若薦新，則不饋于下室。〔註129〕

如逢朔月奠或薦新，就無須在燕寢爲死者另陳飯食。

朔奠的準備，見於「朔月奠及薦新」章：

> 朔月，奠用特豚、魚、腊，陳三鼎，如初，東方之饌亦如之。無
> 籩，有黍、稷，用瓦敦，有蓋，當籩位。主人拜賓，如朝夕哭，
> 卒徹。舉鼎入，升，皆如初奠之儀，卒朼。釋匕于鼎，俎行。朼
> 者逆出。甸人徹鼎，其序：醴、酒、菹、醢、黍、稷、俎。其設
> 于室：豆錯，俎錯，腊特，黍稷當籩位。敦啓會，卻諸其南。醴、
> 酒位如初。祝與執豆者巾，乃出。主人要節而踊，皆如朝夕哭之
> 儀，月半不殷奠。有薦新，如朔奠。徹朔奠，先取醴、酒，其餘
> 取先設者。敦啓會，面足，序出如入。其設于外，如於室。〔註130〕

鄭《注》：

> 朔月，月朔日也。自大夫以上月半又奠。〔註131〕

大夫以上在月中亦設奠。奠物較朝夕奠來得豐盛：

> 其一、殯宮門外：三鼎，如大斂奠，即面西，以北爲上位；由北往南分
> 　　　別爲特豚合升、鱄或鮒九條、兔腊左半且去髀。
>
> 其二、堂東：奠物亦同大斂奠，則有醴、酒、葵菹芋、蠃醢。此外，朔
> 　　　月奠沒有籩，故無栗、脯，但有黍、稷，盛在瓦敦中，上有蓋，
> 　　　放在原本籩的位置，黍當栗，稷當脯。

（一）禮　食

飲設醴、酒，食有特豚、魚、乾兔肉、葵菹芋、蠃醢、黍、稷。「朔月奠
及薦新」章鄭《注》：

> 黍稷併於甒北也。於是始有黍稷，死者之於朔月月半，猶平常之朝
> 夕，大祥之後則四時祭焉。〔註132〕

〔註128〕漢・鄭玄注，唐・孔穎達等正義：《禮記正義》卷八，頁150。
〔註129〕漢・鄭玄注，唐・賈公彥疏：《儀禮注疏》卷四十一，頁483。
〔註130〕漢・鄭玄注，唐・賈公彥疏：《儀禮注疏》卷三十七，頁439～440。
〔註131〕同上註，頁439。
〔註132〕漢・鄭玄注，唐・賈公彥疏：《儀禮注疏》卷三十七，頁439。

賈《疏》：

> 始死以來，奠不言黍稷，至此乃言之。……死者之於朔月、月半猶
> 平常之朝夕者，謂猶生時朝夕之常食也。〔註133〕

喪禮所設奠品，至此時方見黍稷飯，如死者在世時日常之食。吳廷華《儀禮
章句》：

> 禮，豆重而籩輕，朔月加牲，有黍稷，其禮盛矣。〔註134〕

朔月奠用牲，又有飯食，祭物較之前各奠豐富。

（二）禮　器

既與大斂奠相同，飲器應有瓦甒、角觶、木柶、素勺、禁。食器則是鼎、
扃、鼏、匕、俎、瓦豆、瓦敦。敦有蓋。

七、小　結

喪禮自死者過世當日展開。始死，喪家倉促間無從齊備，故〈士喪禮〉「事
死之初」用醴或酒其一，並設脯、醢。「飯含」用米、貝，稻米初置豆中，洗淨
後置廢敦中，飯含剩餘的米用二鬲煮粥，後設於重木之上以招魂。「小斂奠」飲
設醴、酒，食設脯、醢、特豚。「大斂奠」設醴、酒、特豚、魚、腊、葵菹芋、
蠃醢、栗、脯；熬黍稷二筐，筐內尚有魚、腊，是欲用香味吸引螞蟻，避免啃
咬遺體。「朝夕哭奠」用醴、酒、脯、醢。「朔月奠」所設同大斂奠，無栗、脯，
但有黍稷。「薦新」應如朔月奠，並有當令新產之物。

第二節　〈既夕禮〉的飲食陳設

〈既夕禮〉，乃是〈士喪禮〉的下篇，由於篇幅較長而分。因自「既夕哭」
分篇故得名，並非本篇僅談「既夕」一段。賈《疏》於〈既夕禮〉大題下引
鄭玄《三禮目錄》：

> 〈士喪禮〉之下篇也。既，已也。謂先葬二日，已夕哭時，與葬閒
> 一日。凡朝廟日、請啓期必容焉，此諸侯之下士一廟，其上士二廟，
> 則既夕哭先葬前三日。〔註135〕

〔註133〕同上註。
〔註134〕清·吳廷華：《儀禮章句》，《皇清經解》卷二百八十二，頁1368。
〔註135〕漢·鄭玄注，唐·賈公彥疏：《儀禮注疏》卷三十八，頁448。

此禮從葬日之前兩天「夕哭」展開，至「反哭」結束。飲食的預備見於「豫於祖廟陳饌」、「陳器與葬具」、「葬日陳大遣奠」，另〈記〉尚述孝子飲食，遂於此附論。

一、豫於祖廟陳饌

夕哭第二天即葬前一日，天未亮即預於祖廟設食。「豫於祖廟陳饌」章：

> 夙興，設盥于祖廟門外。陳鼎皆如殯，東方之饌亦如之。夷床饌于階間。〔註136〕

鄭《注》：

> 皆三鼎也。如殯，如大斂既殯之奠。〔註137〕

鼎位、堂東之饌，悉如大斂已殯之奠。則同樣是在門外及堂下東方陳設：

其一、廟門外：陳特豚、魚、腊三個鼎。

其二、堂下東方：醴、酒，葵菹、蠃醢，栗、脯。

（一）禮　食

飲同大斂時，用醴、酒。食則堂下東方有全葵菹、蠃醢、栗、脯。栗不擇。祖廟門外置三鼎，分別為整隻特豚、魚九尾、兔腊左半無髀。

（二）禮　器

器物的種類或放置等幾與大斂同。故飲器應有盛酒器——瓦甒、飲酒器——角觶、挹取器——素勺、取醴器——木柶。盛尊器——栜禁。尊上皆有冪。食器則有盛食器——無滕籩、瓬豆、烹煮器——鼎、扛鼎器——扃、蓋鼎用的鼏，取食器——匕、載牲器——素俎。籩、豆上覆蓋布巾。

二、陳器與葬具

隨葬的器物，包括食物、樂器、兵器等，是以在世時的生活型態為依據，推測死後世界可能需要的用器，《禮記・檀弓》上：

> 孔子曰：「之死而致死之，不仁而不可爲也；之死而致生之，不知而不可爲也。是故，竹不成用，瓦不成味，木不成斲，琴瑟張而不平，竽笙備而不和，有鐘磬而無簨虡，其曰明器，神明之也。」

〔註136〕漢・鄭玄注，唐・賈公彥疏：《儀禮注疏》卷三十八，頁 448。

〔註137〕同上註。

〔註 138〕

又〈檀弓〉下：

> 孔子謂：爲明器者，知喪道矣，備物而不可用也。哀哉！死者而用
> 生者之器也。不殆於用殉乎哉。其曰明器，神明之也。塗車芻靈，
> 自古有之，明器之道也。〔註 139〕

孔子主張隨葬品應採用明器，即將死者當作神明看待，但器物又無法實際使用，可說是一種兼顧仁心與理智的具體表現。「陳器與葬具」章：

> 陳明器於乘車之西。折，橫覆之。抗木，橫三，縮二。加抗席三。
> 加茵，用疏布，緇翦，有幅，亦縮二橫三。器：西南上，綪。茵。
> 苞二。筲三：黍、稷、麥。甕三：醯、醢、屑。冪用疏布。甒二：
> 醴、酒。冪用功布，皆木桁，久之。用器：弓矢、耒耜、兩敦、兩
> 杅。槃、匜，匜實于槃中，南流。無祭器。〔註 140〕

一干器用陳設在重北乘車的西側，以最西邊的南端爲上，自西向東，換行時，由反方向排起。食的部分放在茵的次行，自北而南：二苞：分別包裹羊、豕之肉。三筲：一盛黍、一盛稷、一盛麥。三甕：一盛醯、一盛醢、一盛屑。皆用疏布做的冪覆蓋。甕西置兩甒：一醴、一酒，用大功布製的冪覆蓋。鄭《注》：

> 桁，所以庪苞、屑、甕、甒也。久當爲灸。灸謂以蓋案塞其口，每
> 器異桁。〔註 141〕

筲、甕、甒下都各有木架支撐，器口均塞住。聶崇義《新定三禮圖》：

> 阮氏、梁正等圖云：「桁制，若今之几，狹而長，以承藏具。」實未
> 見聞。〔註 142〕

據阮元、梁正等人之言，解釋桁的形狀與几近似，是放葬具的架子。

（一）禮　食

飲設醴、酒。《禮記・雜記》上論葬時藏物時提到：

> 醴者，稻醴也。〔註 143〕

則此儀節用醴，以稻爲原料。

〔註 138〕漢・鄭玄注，唐・孔穎達等正義：《禮記正義》卷八，頁 144。
〔註 139〕漢・鄭玄注，唐・孔穎達等正義：《禮記正義》卷九，頁 172。
〔註 140〕漢・鄭玄注，唐・賈公彥疏：《儀禮注疏》卷三十八，頁 454。
〔註 141〕同上註。
〔註 142〕宋・聶崇義：《新定三禮圖》卷十八，頁 15707。
〔註 143〕漢・鄭玄注，唐・孔穎達等正義：《禮記正義》卷四十一，頁 724。

食在肉類準備了羊、豕，穀類用黍、稷、麥，調味料有醢、醯、屑。《禮記・檀弓》上：

> 宋襄公葬其夫人，醯醢百甕。曾子曰：「既曰明器矣，而又實之。」
>
> 〔註144〕

宋襄公夫人過世時，也有醢、醯陪葬。曾子認爲此舉失禮的原因，主要是針對在明器中置物，孔《疏》：

> 大夫以上兼用鬼器與人器，若此大夫、諸侯並得人鬼兼用，則空鬼
> 而實人，故鄭云與祭器皆實之，是亂鬼器與人器也。士既無人器，
> 則亦實明器，故〈既夕禮〉云：「甕三：醯、醢、屑。」又云：「甒
> 二：醴、酒也。」若夏后氏專用明器，則分半以實之；殷人全用祭
> 器，則亦分半以虛之；周人兼用明器、人器，人器實之，明器虛之。
>
> 〔註145〕

夏代以明器，殷代以祭器爲葬器，都是於之中半數的器皿內放入食物。周代大夫以上兼採明器和祭器，則祭器置物，明器不置。士禮較簡，唯用明器，故此章在明器之中放有食物。所用飲食多數前文已述，以下針對麥及屑進行說明。

1. 麥

麥，穀類。《詩經》多篇記載用麥，如〈魏風・碩鼠〉：

> 碩鼠碩鼠，無食我麥！三歲貫女，莫我肯德。〔註146〕

〈豳風・七月〉：

> 九月築場圃，十月納禾稼。黍稷重穋，禾麻菽麥。嗟我農夫，我稼
> 既同，上入執宮功。〔註147〕

五穀之一，亦屬中國北方常見作物。有大麥、小麥之分，《說文解字・麥部》：

> 麰，來麰，麥也。〔註148〕

《廣雅》：

> 大麥，麰也。小麥，䅘也。〔註149〕

大麥稱「麰」，小麥稱「䅘」。徐雪樵《毛詩名物圖說》：

〔註144〕漢・鄭玄注，唐・孔穎達等正義：《禮記正義》卷八，頁148。
〔註145〕同上註。
〔註146〕漢・毛公傳、鄭玄箋，唐・孔穎達等正義：《毛詩正義》卷五之三，頁212。
〔註147〕漢・毛公傳、鄭玄箋，唐・孔穎達等正義：《毛詩正義》卷八之一，頁285。
〔註148〕漢・許慎撰，清・段玉裁注：《說文解字注》五篇下，頁231。
〔註149〕魏・張揖：《廣雅》卷十，頁79－613。

> 䴬、䴥，統名曰麥，故《說文》云：「來牟，麥也。」本作「來牟」，
> 一作「釐麰」。故劉向引〈周頌〉曰：「飴我釐麰。」《雅翼》云：
> 「大麥宜爲飯，又可爲酢。其蘖可爲飴。」故〈說命〉云：「若作
> 酒醴。」《爾雅》：「麴蘖。」漢光武謂馮異曰：「蕪蔞亭豆粥，滹
> 沱河麥飯。」〔註150〕

統名爲麥，析名爲䴬、䴥。可供飯食、製醋，麥芽可以作糖。《儀禮》中唯
「陳器與葬具」章用麥，以熱水浸過，不炊熟，是未知神之所享，故不行食
道。

一年一種，通常在秋天播種。《說文解字‧麥部》：

> 麥，芒穀，秋種厚薶，故謂之麥。麥，金也。金王而生，火王而死。
> 從來，有穗者也，從夂。〔註151〕

蔡邕《月令章句》：

> 百穀各以其初生爲春，熟爲秋。故麥以孟夏爲秋。〔註152〕

秋種夏收，經冬故名「宿麥」。就生長時序而言，四月相當於麥的秋季。

2. 屑

屑指薑、桂的碎末。「陳器與葬具」章鄭《注》：

> 屑，薑、桂之屑也。〈內則〉曰：「屑桂與薑。」〔註153〕

薑爲薑科植物的根莖，桂是樟科桂皮或其他肉桂類樹的樹皮，皆味辛，可健
胃、促進食慾。《論語‧鄉黨》：

> 不撤薑食。〔註154〕

齋必變時，有別於常饌，但不見禁薑，可知是常食之物。《禮記‧內則》：

> 爲熬：捶之，去其皽，編萑布牛肉焉，屑桂與薑，以洒諸上而鹽之，
> 乾而食之。施羊亦如之，施麋、施鹿、施麕皆如牛羊。欲濡肉，則
> 釋而煎之以醢。欲乾肉，則捶而食之。〔註155〕

「熬」屬「八珍」之七，製作過程中也取桂、薑及鹽調味。胡培翬《儀禮正義》：

> 生人尚滋味，食用薑桂，此送死如生，故有醢、有醯、有屑也。

〔註150〕清‧徐雪樵：《毛詩名物圖說》卷五，頁147。
〔註151〕漢‧許慎撰，清‧段玉裁注：《說文解字注》五篇下，頁231。
〔註152〕清‧黃奭：《黃氏逸書考》（一），頁644。
〔註153〕漢‧鄭玄注，唐‧賈公彥疏：《儀禮注疏》卷三十八，頁454。
〔註154〕魏‧何晏等注，宋‧邢昺疏：《論語注疏》卷十，頁89。
〔註155〕漢‧鄭玄注，唐‧孔穎達等正義：《禮記正義》卷二十八，頁533。

〔註156〕
事死如事生，故隨葬有味之物。

（二）禮　器

盛醴、酒之器用甒。盛食之器爲苞、筲、甕，另有兩敦。甕可參照「甒」的部分；敦爲飯器，在此應空無置物。下面分析苞、筲的形制。

1. 苞

苞，以葦爲之。經文只言「苞二」，「陳器與葬具」章鄭《注》：

> 所以裹奠羊、豕之肉。〔註157〕

指隨葬時包裹肉用。鄭玄是根據下經「將葬抗重出車馬苞器以次先行鄉壙」章：「苞牲，取下體。」〔註158〕而得到這個推論。〈記〉：

> 葦苞，長三尺，一編。〔註159〕

補充說明苞是取三尺長的蘆葦編成。

2. 筲

盛穀之器。「陳器與葬具」章鄭《注》：

> 筲，畚種類也。其容蓋與簋同，一斛也。〔註160〕

功能和畚類似；容量與簋相同，都是一斗二升。〈記〉：

> 菅筲三，其實皆淪。〔註161〕

取菅草編製而成。鄭《注》：

> 米麥皆湛之湯，未知神之所享，不用食道，所以爲敬。〔註162〕

吳廷華《儀禮章句》：

> 筲，如盛種之畚，菅草爲之。三者，三穀各一也。〔註163〕

三個筲各盛黍、稷、麥，穀粒都浸過熱水，但不煮熟。不採取生人飲食方式，因未知神明的喜好，遂以此示敬。

〔註156〕清・胡培翬：《儀禮正義》卷二十九，頁1858。
〔註157〕漢・鄭玄注，唐・賈公彥疏：《儀禮注疏》卷三十八，頁454。
〔註158〕漢・鄭玄注，唐・賈公彥疏：《儀禮注疏》卷三十九，頁465。
〔註159〕漢・鄭玄注，唐・賈公彥疏：《儀禮注疏》卷四十一，頁485。
〔註160〕漢・鄭玄注，唐・賈公彥疏：《儀禮注疏》卷三十八，頁454。
〔註161〕漢・鄭玄注，唐・賈公彥疏：《儀禮注疏》卷四十一，頁485。
〔註162〕同上註。
〔註163〕清・吳廷華：《儀禮章句》，《皇清經解》卷二百八十三，頁1371。

三、葬日陳大遣奠

大遣奠，又稱「葬奠」，爲安葬遺體而舉行，是最後一次替死者舉行奠祭，因此相較於他奠，顯得格外隆重。「葬日陳大遣奠」章：

> 厥明，陳鼎五于門外，如初。其實：羊左胖，髀不升，腸五，胃五，離肺；豕亦如之，豚解，無腸、胃；魚、腊、鮮獸，皆如初。東方之饌：四豆、脾析、蜱醢、葵菹、蠃醢；四籩：棗、糗、栗、脯；醴、酒。陳器。滅燎；執燭，俠輅，北面。賓入者，拜之。徹者入，丈夫踊；設于西北，婦人踊。徹者東，鼎入，乃奠。豆西上，綪；籩，蠃醢南，北上，綪。俎二以成南上，不綪，特鮮獸。醴、酒在籩西，北上。奠者出，主人要節而踊。〔註164〕

安葬之日在遷祖的第二天，黎明時分，陳放大遣奠的祭品：

其一、廟門外：陳五鼎，用少牢。位置如大斂奠，即北上。

第一個鼎：盛羊牲左半，髀部不用。五節羊腸、五條羊胃、離肺。

第二個鼎：豬也只用左半，髀不升、離肺。君子不食溷腴，不放豬腸、豬胃。

第三個鼎：魚，鱒或魴共九尾。

第四個鼎：兔腊。

第五個鼎：鮮獸肉。

其二、柩車東方：四豆，包括一脾析、一蜱醢、一葵菹、一蠃醢；四籩，包含一棗、一糗、一栗、一脯；二甒，爲醴、酒。

褚寅亮《儀禮管見》：

> 祖奠在柩西，故饌葬奠與饌祖奠處同。〔註165〕

柩車之西陳有葬具，故大遣奠之物放於東方。

（一）禮　食

羊、豬都用左半邊，因喪用左半，吉則用右半。「葬日陳大遣奠」章：「羊左胖。」〔註166〕鄭《注》：

> 反吉祭也。〔註167〕

〔註164〕漢・鄭玄注，唐・賈公彥疏：《儀禮注疏》卷三十九，頁463～465。
〔註165〕清・褚寅亮：《儀禮管見》，《皇清經解續編》卷一百八十三，頁1198。
〔註166〕漢・鄭玄注，唐・賈公彥疏：《儀禮注疏》卷三十九，頁463。
〔註167〕同上註。

此時仍屬喪祭，故反吉。賈《疏》：

> 〈特牲〉、〈少牢〉吉祭皆升右胖，此云左胖，故云反吉祭也。……除
> 髀以下，膞、胳仍升之，則與上肩、脅、脊別升，則左胖仍爲三段矣。
> 而云體不殊骨，據脊、脅以上，膞、胳已下，共爲一，亦得爲體不殊
> 骨也。〔註168〕

雖用豬，但還是採用豚解的方法。豚解一般而言爲七體，此禮僅用左半邊，
故分解成肩、肫、脅、脊四段；羊的切割亦如此。以下說明鮮獸、脾析、蜱
醢、棗、糗的意涵。

1. 鮮　獸

鮮獸，新宰殺的獸肉。「葬日陳大遣奠」章鄭《注》：

> 鮮，新殺者。士腊用兔，加鮮獸而無膚者。〔註169〕

腊是乾肉，鮮獸是鮮肉。敖繼公《儀禮集說》：

> 鮮獸亦如腊，凡魚、腊皆貴棗而賤新，此牲用少牢，乃無膚而加鮮
> 獸者。凡牲用豚者，例無膚，此豕用豚解之法，故亦放豚之不用膚，
> 而以鮮獸代之也。〔註170〕

凡牲用豚或豬，照例無膚，而以鮮獸取代。《左氏・襄公三十年・傳》：

> 子產使都鄙有章，上下有服；田有封洫，廬井有伍。大人之忠儉者，
> 從而與之；泰侈者，因而斃之。豐卷將祭，請田焉。弗許，曰：「唯
> 君用鮮，眾給而已。」子張怒，退而徵役。子產奔晉，子皮止之，
> 而逐豐卷。豐卷奔晉。子產請其田里，三年而復之，反其田里及其
> 入焉。〔註171〕

只有國君可用新獵的野獸祭祀，眾臣之祭足夠即可。孔廣森《禮學卮言・儀
禮雜義》：

> 此士遣奠乃用之者，一則取變吉也，一則以士攝盛而用五俎，須別
> 於大夫之五俎。〔註172〕

雖屬士禮，然攝盛用五鼎五俎，但用鮮獸而不用膚，是爲有別於大夫之禮。

〔註168〕同上註。
〔註169〕同上註，頁464。
〔註170〕元・敖繼公：《儀禮集說》卷十三，頁19356。
〔註171〕晉・杜預注，唐・孔穎達等正義：《春秋左傳正義》卷四十，頁684。
〔註172〕清・孔廣森：《禮學卮言》卷四，頁11〜12。

2. 脾 析

即百葉。《周禮・天官冢宰・醢人》:「脾析。」〔註173〕鄭《注》引鄭司農云:

> 脾析,牛百葉也。〔註174〕

「葬日陳大遣奠」章鄭《注》則言:

> 脾析,百葉也。〔註175〕

賈《疏》:

> 此用少牢,無牛,當是羊百葉。〔註176〕

原指牛百葉,但此儀節用羊不用牛,故應是用羊百葉。

百葉,取牛或羊的胃製成。《說文解字・肉部》:

> 胘,牛百葉也。〔註177〕

又:

> 膍,牛百葉也。〔註178〕

「胘」和「膍」都可用來稱牛百葉。段《注》:

> 謂之百葉者,胃薄如葉,碎切之,故云百葉。未切爲膍胵,既切則
> 謂之脾析,謂之百葉也。此胃也,而《經》、《注》何以謂之脾,蓋
> 如今人俗語脾胃連言,故以脾之名加於胃也。〔註179〕

反芻類動物有四個胃。第一個是瘤胃,第二個是蜂巢胃,第三個是重瓣胃,第四個是皺胃。百葉或應是用重瓣胃,其內壁有大量組織狀皺褶。胃薄如葉,未切時稱「膍胵」,細切就稱「脾析」或「百葉」。實爲胃,卻以脾稱之,是因脾、胃經常連言的緣故。

3. 蜌 醢

蚌類水產製成的醬。「葬日陳大遣奠」章鄭《注》:

> 蜌,蠯也。〔註180〕

〔註173〕漢・鄭玄注,唐・賈公彥疏:《周禮注疏》卷六,頁89。
〔註174〕同上註。
〔註175〕漢・鄭玄注,唐・賈公彥疏:《儀禮注疏》卷三十九,頁464。
〔註176〕同上註。
〔註177〕漢・許慎撰,清・段玉裁注:《說文解字注》四篇下,頁173。
〔註178〕同上註。
〔註179〕同上註。
〔註180〕漢・鄭玄注,唐・賈公彥疏:《儀禮注疏》卷三十九,頁464。

賈《疏》：

> 即蛤也。〔註181〕

蜌指蠯，也就是蛤。

　　古人取蛤肉為食，如〈醢人〉：「蠯醢。」〔註182〕鄭《注》：

> 蠯，蛤也。〔註183〕

又〈鼈人〉：

> 祭祀供蠯、蠃、蚳，以授醢人。〔註184〕

鼈人的職務之一是在祭祀時提供蛤、蝸牛、螞蟻卵，好讓醢人作醬。鄭《注》：

> 鄭司農云：「蠯，蛤也。」杜子春云：「蠯，蜌也。」……蜌字又作
> 「蚌」。〔註185〕

蛤與蚌皆為蜃屬，然析言有別，《爾雅・釋魚》：

> 蜌，蠯。〔註186〕

郭璞《注》：

> 今江東呼蚌長而狹者為蠯。〔註187〕

蚌的形狀狹長，體積較蛤來得大。《說文解字・虫部》：

> 蠯，蜌也。脩為蠯，圓為蠇。〔註188〕

段《注》：

> 「蜌」各本作「蛭」，今《爾雅》同。《韻會》作「蜌」，即「蚌」語
> 之轉也。〔註189〕

「蜌」即「蠯」，「蜌」、「蚌」乃一音之轉。《儀禮》唯此處用蜌醢。

4. 棗

落葉亞喬木，葉圓，開小黃花，果實橢圓。種類甚多，《爾雅・釋木》：

> 棗，壺棗；邊，要棗；櫅，白棗；樲，酸棗；楊徹，齊棗；遵，羊
> 棗；洗，大棗；煮，填棗；蹶洩，苦棗；皙，無實棗；還味，棯棗。

〔註181〕同上註。
〔註182〕漢・鄭玄注，唐・賈公彥疏：《周禮注疏》卷六，頁89。
〔註183〕同上註。
〔註184〕漢・鄭玄注，唐・賈公彥疏：《周禮注疏》卷六，頁89。
〔註185〕同上註。
〔註186〕晉・郭璞注，宋・邢昺疏：《爾雅注疏》卷九，頁166。
〔註187〕同上註。
〔註188〕漢・許慎撰，清・段玉裁注：《說文解字注》十三篇上，頁671。
〔註189〕同上註。

［註190］

隨果實特徵而得名的棗有十數種。《孟子·盡心》下載：「曾晳嗜羊棗。」［註191］

〈豳風·七月〉：

> 八月剝棗。［註192］

據《詩經》觀察，當時已然人工栽植。此外，《詩經·魏風·園有桃》：

> 園有棘，其實之食。［註193］

毛《傳》：

> 棘，棗也。［註194］

棘也屬於棗的一種。《說文解字·束部》：

> 棘，小棗叢生者。［註195］

指出棘是比較矮小的品種。陸佃《埤雅》：

> 大者棗，小者棘。蓋若酸棗所謂棘也。［註196］

棗樹較高大，棘較低矮。棘今稱「酸棗」，皮較細，莖刺較多，葉似棗而小，果色紅紫且較圓小，味酸；一般認為棗為先民自棘中選出樹型及果實較大者，長期培育而成，在分類上可視為同一樹種。［註197］

棗可增加菜餚的甜味，而前文引「八珍」之「炮」，製作時就在小豬或公羊的腹中填入棗子。使用前須加以處理，《禮記·內則》：

> 棗曰新之。［註198］

孔《疏》：

> 棗易有塵埃，恒治拭之使新。［註199］

棗易沾染灰塵，應當要擦拭除穢。河南信陽戰國中期楚墓、湖北荊門包山戰國中晚期二號楚墓，遺存果實有棗。

5. 糗

［註190］晉·郭璞注，宋·邢昺疏：《爾雅注疏》卷九，頁159。
［註191］漢·趙岐注，宋·孫奭疏：《孟子注疏》卷十四下，頁262。
［註192］漢·毛公傳、鄭玄箋，唐·孔穎達正義：《毛詩正義》卷八之一，頁285。
［註193］漢·毛公傳、鄭玄箋，唐·孔穎達正義：《毛詩正義》卷五之三，頁209。
［註194］同上註。
［註195］漢·許慎撰，清·段玉裁注：《說文解字注》七篇上，頁318。
［註196］宋·陸佃：《埤雅》卷十三，頁330。
［註197］潘富俊：《詩經植物圖鑑》，頁63。
［註198］漢·鄭玄注，唐·孔穎達等正義：《禮記正義》卷二十八，頁529。
［註199］同上註。

穀類、豆類擣粉製成的糕。「葬日陳大遣奠」章鄭《注》：

> 以豆糗粉餌。〔註200〕

〈籩人〉：「羞籩之實：糗餌、粉餈。」〔註201〕鄭《注》：

> 鄭司農云：「糗，熬大豆與米也。粉，豆屑也。『茨』字或作『餈』，
> 謂乾餌餅之也。」玄謂：此二物皆粉稻米、黍米所爲也。合蒸曰「餌」，
> 餅之曰「餈」。餌者，擣粉熬大豆爲餌；餈之粘著以粉之耳。餌言糗，
> 餈言粉，互相足。〔註202〕

把熬過的豆類或穀類春成粉，將粉和勻蒸成糕即爲「餌」；做成餅狀，外面沾粉者稱「餈」。《說文解字・米部》：

> 糗，熬米麥也。〔註203〕

段玉裁《注》：

> 按：先鄭云：「熬大豆及米。」後鄭但云：「熬大豆。」注〈內則〉
> 又云：「擣熬穀。」不同者，黍、梁、朮、麥皆可爲糗，故或言大豆
> 以包米，或言穀以包米、豆。而許云：「熬米麥。」又非不可包大豆
> 也。熬者，乾煎也。乾煎者，䊆也。䊆米、豆春爲粉，以坋餌餈之
> 上，故曰「糗餌粉餈」。鄭云擣粉之；許但云熬，不云擣粉者。鄭釋
> 經故釋粉字之義；許解字則糗但爲熬米麥，必待臬之而後成粉也。
>
> 〔註201〕

說明許慎對「糗」強調的是乾煎的方式，鄭玄則解釋糗餌的製作材料須是已擣成粉的豆類或穀類，二者偏重不同，但可相互補足。桂馥《說文解字義證》：

> 其已擣粉之糗，可和水而服之者，若今北方之麪茶，南方之麪餈，
> 皆其類也。其未擣粉而亦可和水者，則鄭氏《注》「六飲之凉」，云
> 今寒粥，若糗飯雜水是也。……合諸言糗者而觀之，糗之爲言氣也，
> 米麥火乾之，乃有香氣，故謂之糗。〔註201〕

「糗」之得名乃因乾煎過的穀類、豆類帶有香氣的緣故。擣粉或未擣粉之糗，都可和水直接食用，但《儀禮》喪禮所用之糗，還須再蒸成糕。張爾岐《儀

〔註200〕漢・鄭玄注，唐・賈公彥疏：《儀禮注疏》卷三十九，頁464。
〔註201〕漢・鄭玄注，唐・賈公彥疏：《周禮注疏》卷五，頁83。
〔註202〕同上註。
〔註203〕漢・許慎撰，清・段玉裁注：《說文解字注》七篇上，頁332。
〔註201〕同上註，頁332～333。
〔註201〕清・桂馥：《說文解字義證》卷二十一，頁621。

－201－

禮鄭注句讀》：

> 《註》云：「以豆糗粉餌。」謂以豆之糗而粉，此餌也。餌類今蒸糕，
> 餈類今胡餅。〔註204〕

糗餌作糕狀，放於籩中，因已蒸熟，故不會有粉屑從孔隙掉落。

喪禮用的糗，也不同於平時，〈記〉：

> 凡糗，不煎。〔註205〕

鄭《注》：

> 以膏煎之，則褻，非敬。〔註206〕

生者所食糗餌常用油煎，用作奠物則不油煎，以免失敬。

（二）禮　器

盛醴、酒之器經文雖未言，但應是瓦甒，加勺，飲酒器用觶，因有醴，故設柶。食器則有鼎、豆、籩，並有匕、俎幫助載牲體。

四、喪主飲食

居喪時生活起居的改變，是將內心哀痛之深切形諸外的具體表現。《禮記·問喪》：

> 親始死，雞斯徒跣，扱上衽，交手哭。惻怛之心，痛疾之意，傷腎
> 乾肝焦肺，水漿不入口，三日不舉火，故鄰里爲之糜粥以飲食之。
> 夫悲哀在中，故形變於外也，痛疾在心，故口不甘味，身不安美也。
> 〔註207〕

追思親人痛苦悲傷，自無心進食或注意儀容。

爲父母守喪之喪主飲食，於《儀禮》見〈記〉之「殯後居喪者冠服、飲食、居處、車馬之制」章：

> 既殯，主人說髦。三日絞垂。冠六升，外縪，纓條屬厭。衰三升。
> 屨外納。杖下本，竹桐一也。居倚廬。寢苫、枕塊。不說絰帶。哭
> 晝夜無時。非喪事不言。歠粥，朝一溢米、夕一溢米，不食菜果。
> 主人乘惡車：白狗幦，蒲蔽；御以蒲菆；犬服，木錧，約綏約轡，

〔註204〕清·張爾岐：《儀禮鄭注句讀》卷十三，頁600。

〔註205〕漢·鄭玄注，唐·孔穎達等正義：《禮記正義》卷四十一，頁486。

〔註206〕同上註。

〔註207〕漢·鄭玄注，唐·孔穎達等正義：《禮記正義》卷五十六，頁946。

木鑣；馬不齊髦。主婦之車亦如之，疏布襜。貳車：白狗攝服，其
他皆如乘車。〔註208〕

舉行殯禮之後，主人一天只吃兩次粥，早上一溢米，傍晚一溢米，不吃蔬菜
和瓜果。鄭《注》：

二十兩曰溢，爲米一升二十四分升之一。〔註209〕

一溢二十兩，相當於二十四分之一升。王肅《儀禮喪服注》：

滿手曰溢。〔註210〕

認爲是一隻手掌所能握的量。楊梧《禮記說義纂訂》：

溢，一手所握也。握容臨，必有溢於外者，故云溢米。一云二十四
分升之一則太少，一云二十兩則太多。〔註211〕

贊同王肅的看法。前文冠昏之禮曾提到吃四升肉、飲四升酒是普通人的食量，
一溢米煮成的稀粥，可說是非常少量的食物。《禮記》對於喪期中的飲食記載
較詳，〈間傳〉：

斬衰，三日不食；齊衰，二日不食；大功，三不食；小功緦麻，再
不食；士與斂焉，則壹不食。故父母之喪，既殯食粥，朝一溢米，
莫一溢米；齊衰之喪，疏食水飲，不食菜果；大功之喪，不食醯醬；
小功緦麻，不飲醴酒。此哀之發於飲食者也。〔註212〕

父母之喪三天不進食，殯後食粥，與〈既夕・記〉所言一致。〈間傳〉又曰：

父母之喪，既虞卒哭，疏食水飲，不食菜果；期而小祥，食菜果；
又期而大祥，有醯醬；中月而禫，禫而飲醴酒。始飲酒者先飲醴酒。
始食肉者先食乾肉。〔註213〕

虞祭和卒哭祭後，可以吃粗糧、飲水；週年小祥祭後，可加食蔬果；二週年
行大祥祭後，可用醋醬，則飲食開始有味；再隔一個月舉行禫祭之後，可以
恢復飲醴。在此之前，若是服喪期間罹患疾病，則有特例，如《禮記・檀弓》
上：

曾子曰：「喪有疾，食肉飲酒，必有草木之滋焉。以爲薑桂之謂也。」

〔註208〕漢・鄭玄注，唐・賈公彥疏：《儀禮注疏》卷四十一，頁481～483。
〔註209〕同上註，頁482。
〔註210〕清・黃奭：《黃氏逸書考》（一），頁597。
〔註211〕明・楊梧：《禮記說義纂訂》卷十六，頁93-402。
〔註212〕漢・鄭玄注，唐・孔穎達等正義：《禮記正義》卷五十七，頁955。
〔註213〕漢・鄭玄注，唐・孔穎達等正義：《禮記正義》卷五十七，頁955。

〔註214〕

曾子論喪期飲食，提到生病時可以飲酒食肉，肉可用薑、桂調味。《禮記・曲禮》上也說：

> 居喪之禮，頭有創則沐，身有瘍則浴，有疾則飲酒食肉，疾止復初。

〔註215〕

有病才可飲酒吃肉，病癒則回復原本的禮節。

五、小　結

〈既夕禮〉重在敘述將死者的形體送往墓地安葬之禮。「豫於祖廟陳饌」所設同於大斂奠，有醴、酒各一，共二甒；特豚、魚、兔腊各一，共三鼎；葵菹芋、蠃醢各一，共二豆；栗、脯各一，共二籩。「陳器與葬具」設醴、酒各一，共二甒；黍、稷、麥各一，共三筲；醷、醯、薑桂屑各一，共三甕，另置兩空敦。「葬日陳大遣奠」，用少牢，陳羊、豬、魚、腊、鮮獸各一，共五鼎；脾析、蜱醢、葵菹、蠃醢各一，共四豆；棗、糗、栗、脯各一，共四籩；醴、酒各一，共二甒。

喪主在喪期開始三日內不進食，第四日起可以歠飲朝、夕各取一溢米煮成的粥，直到卒哭。

第三節　〈士虞禮〉的飲食陳設

喪禮中有「虞祭」，即為「虞禮」，葬後返家馬上舉行，近乎一般祭禮，是對神位（靈魂）的祭祀。賈《疏》於〈士虞禮〉大題下引鄭玄《三禮目錄》：

> 虞，安也。士既葬其父母，迎精而反，日中而祭之於殯宮以安之。

〔註216〕

葬禮當天中午，將父母的魂迎回殯宮，並舉行祭祀。《禮記・檀弓》下：

> 葬日虞，弗忍一日離也。是月也，以虞易奠，卒哭曰：「成事。」

〔註217〕

下葬當日馬上行虞祭，是因孝子不忍父母無所歸。喪禮在安葬前稱奠祭，之

〔註214〕漢・鄭玄注，唐・孔穎達等正義：《禮記正義》卷七，頁128。
〔註215〕漢・鄭玄注，唐・孔穎達等正義：《禮記正義》卷三，頁54。
〔註216〕漢・鄭玄注，唐・賈公彥疏：《儀禮注疏》卷四十二，頁493。
〔註217〕漢・鄭玄注，唐・孔穎達等正義：《禮記正義》卷九，頁171。

後是長達一個月的虞祭，至卒哭之後才宣告喪祭結束，開始吉祭。虞祭飲食品物的安排，主要見於「陳虞祭牲羞酒醴器具」、「卒哭祭畢餞尸，與無尸可餞者送神之禮」及〈記〉。

一、陳虞祭牲羞酒醴器具

虞祭由準備食物展開，「陳虞祭牲羞酒醴器具」章：

> 士虞禮：特豕饋食，側亨于廟門外之右東面。魚、腊爨亞之，北上。饎爨在東壁，西面。設洗于西階西南，水在洗西，篚在東。尊于室中北墉下，當户，兩甒：醴、酒，酒在東。無禁，冪用絺布，加勺南枋。素几、葦席，在西序下。苴刌茅，長五寸，束之。實于篚，饌于西坫上。饌兩豆菹醢于西楹之東，醢在西，一鉶亞之。從獻豆兩亞之，四籩亞之，北上。饌黍稷二敦于階間西上，藉用葦席。匜水錯于槃中，南流，在西階之南，簞巾在其東。陳三鼎于門外之右，北面北上，設扃鼏。匕俎在西塾之西。羞燔俎在内西塾上，南順。〔註218〕

鄭《注》：

> 是日也，以虞易奠，祔而以吉祭易喪祭。鬼神所在則曰廟，尊言之。
> 〔註219〕

已然下葬，但虞仍屬喪祭。吳廷華《儀禮章句》：

> 廟門，寢門。殯宮亦謂之廟者，殯雖啓而喪祭于此，即鬼神所在也。
> 〔註220〕

於寢舉行，因尊神故稱「廟」。虞祭雖於中午開始，但在此之前已有準備工作，飲食的陳設，依照其位置區分如下：

> 其一、寢門外西方：牲爨竈面朝東，以北為上位。則自北向南，依序為：一條豬的左半；魚；兔腊。旁有三鼎，鼎面朝北，同樣以北為上位，鼎耳中貫以扃，其上覆蓋鼏。
>
> 其二、東牆邊：黍、稷爨，面朝西。
>
> 其三、西階西南：設洗，在其東邊設一篚。
>
> 其四、室中北牆下：正對室門放兩甒，盛醴的甒在西，酒在東。甒下不

〔註218〕漢・鄭玄注，唐・賈公彥疏：《儀禮注疏》卷四十二，頁493～494。
〔註219〕同上註，頁493。
〔註220〕清・吳廷華：《儀禮章句》，《皇清經解》卷二百八十四，頁1378。

設禁，甒上蓋幂，再在上面加勺，勺柄朝南。

其五、西楹東邊：兩豆，葵菹在東，蠃醢在西。一鉶在葵菹東。將從主人向祝獻酒而進上的兩豆，在鉶東；將從主婦向尸和祝獻酒而進的四籩又在這兩豆的東邊，兩豆四籩皆以北爲上位。

其六、堂下兩階之間：黍、稷兩敦，以西爲上位，敦下鋪設葦席。

其七、西塾西邊：匕、俎。

其八、內西塾上：燔俎、肝俎，俎的前端朝北。

（一）禮　食

所用飲包括醴和酒，「陳虞祭牲羞酒醴器具」章賈《疏》：

> 醴法上古酒，是人所常飲，故在東。吉禮玄酒在酒上，今以喪祭禮無玄酒，則醴代玄酒在上。〔註221〕

喪祭不用玄酒，醴代替玄酒，安放酒的東邊。敖繼公《儀禮集說》：

> 祭而尊于室中，且用一醴一酒，皆異於吉也。醴、酒並用者，醴以饗神，酒以飲尸，亦見其未甚變於奠也。兩甒西上，亦以神席在西也。尊之所上，吉凶同。〔註222〕

醴爲神而設，酒爲尸設，以西爲上位，乃是尊神。郝敬《儀禮節解》：

> 篚，竹器，盛爵尊、酒尊。室在堂後。北墉，室中北牆。當戶，室東北隅也。室戶在東南隅，當之向明也。兩甒，一醴、一酒；酒在東，醴在西，可知室西爲上。醴、酒并用，醴饗神，酒飲尸，未盡變于奠也。〔註223〕

當戶有向陽之意。

食的方面，有豬、魚、兔腊；黍、稷；葵菹、蠃醢；燔、肝。而鉶內應是鉶羹。

關於牲體預備的部分，可參考〈記〉文。「沐浴、陳牲及舉事之期」章：

> 虞，沐浴，不櫛。陳牲于廟門外，北首，西上，寢右。日中而行事。〔註224〕

先將祭牲放在廟門外，牲頭朝北，以西爲上位，牲體的右側朝下。又「牲殺

〔註221〕同上註，頁493。

〔註222〕元・敖繼公：《儀禮集說》卷十四，頁19373。

〔註223〕明・郝敬：《儀禮節解》卷十四，頁750。

〔註224〕漢・鄭玄注，唐・賈公彥疏：《儀禮注疏》卷四十二，頁500。

體數、鼎俎陳設之法」章：

> 殺于廟門西，主人不視，豚解。羹飪，升左肩、臂、臑、肫、骼、
> 脊、脅，離肺。膚祭三，取諸左膉上；肺祭一，實于上鼎。升魚：
> 鱄、鮒九，實于中鼎。升腊左胖，髀不升，實于下鼎。皆設扃鼏，
> 陳之。載猶進柢，魚進鬐。祝俎，髀、脰、脊、脅、離肺，陳于階
> 間，敦東。〔註225〕

在廟門西邊宰殺豬牲，採豚解的方式，將牲體分解。煮熟後從鑊中撈出放入上鼎，其中包括：左半的肩、臂、臑、肫、骼，另外還有脊、離肺、三條從牲左頸取下的膚、祭肺。中鼎放入九條魚，全用鱄或全用鮒皆可。下鼎放入兔的左半，不用髀。用俎載牲體時，使牲體骨的根端朝前，魚脊朝前。也要為祝準備俎，上面放有豬牲的髀、頸肉、脊、脅、離肺，陳放在兩階之間，敦的東邊。

牲爨的位置在門外西方，「陳虞祭牲羞酒醴器具」章鄭《注》：

> 側亨，亨一胖也。亨於爨，用鑊。不於門東，未可以吉也。〔註226〕

基於喪祭尚未反吉之故，「側亨」表示只用豬牲的一半，賈《疏》：

> 案：吉禮皆全左右胖，皆亨，不云側，此云側亨，明亨一胖而已，
> 必亨一胖者，以其虞不致爵，自獻賓已後，則無主人、主婦，及賓
> 已下之俎，故唯亨一胖也。〔註227〕

是用左半。胡培翬《儀禮正義》：

> 彼云側殺，是殺一牲。此云側亨，明亨一胖。〔註228〕

同意鄭玄、賈公彥之說。吳廷華《儀禮章句》：

> 竊案：吉祭正俎用右，餘俎用左。鼎雖有升有不升，要無不亨于
> 鑊，若右胖不亨，則餘此腥者何為。〈特牲・注〉以側為一牲，是
> 也。〔註229〕

認為準備的是全牲，只取左半烹煮，餘牲無用，故應是烹左、右半，載於俎時才用一半。〈士虞禮〉屬凶禮，〈特牲饋食禮〉為吉禮，二者性質不同，或許無法提供佐證，故宜以《經》、《記》為主，只用左半。

饎爨是炊黍稷的竈，位於東牆邊，「陳虞祭牲羞酒醴器具」章鄭《注》：

〔註225〕漢・鄭玄注，唐・賈公彥疏：《儀禮注疏》卷四十二，頁 500～501。
〔註226〕漢・鄭玄注，唐・賈公彥疏：《儀禮注疏》卷四十二，頁 493。
〔註227〕同上註。
〔註228〕清・胡培翬：《儀禮正義》卷三十二，頁 1975。
〔註229〕清・吳廷華：《儀禮章句》，《皇清經解》卷二百八十四，頁 1378。

炊黍稷曰饎。饎北上，上齊於屋宇，於虞有亨饎之爨，屬吉。〔註230〕
對準屋角，以北為上位。賈《疏》：

> 案：〈特牲〉云：「主婦視饎爨于西堂下。」宗婦主之在西方，今在
> 東，亦反吉也。〈少牢〉：「廩爨在雍爨之北。」在門外者，是大夫主
> 之，廩人掌男子之事，故與牲爨同在門外東方也。……小斂、大斂
> 未有黍稷，朔月、薦新之等始有黍稷。向吉，仍未有爨，至此始有
> 亨饎之爨，故云彌吉。〔註231〕

朔月奠有黍稷，但未設饎爨，如此看來虞祭雖為喪祭，相形之下則更吉。胡
培翬《儀禮正義》又言：

> 亨必於爨，必用鑊，每爨一鑊，下魚、腊爨亦然。〔註232〕

烹煮一定在竈上，該是臨時性的，每爨一鑊，不共用，此時應有三爨。

（二）禮　器

醴、酒盛於甒中、必有勺以挹取，上蓋冪以禦塵。籩中所盛飲酒器，據
「主人獻尸并獻祝及佐食」章：

> 主人洗廢爵。〔註233〕

鄭《注》：

> 爵無足曰「廢爵」。〔註234〕

主人獻尸用沒有足的廢爵。「主婦亞獻」章：

> 主婦洗足爵。〔註235〕

鄭《注》：

> 爵有足，輕者飾也。〔註236〕

主婦獻尸用有足並紋飾簡單的爵。「賓長三獻」章：

> 賓長洗繶爵。〔註237〕

鄭《注》：

〔註230〕漢・鄭玄注，唐・賈公彥疏：《儀禮注疏》卷四十二，頁493。
〔註231〕同上註。
〔註232〕清・胡培翬：《儀禮正義》卷三十二，頁1975。
〔註233〕漢・鄭玄注，唐・賈公彥疏：《儀禮注疏》卷四十二，頁498。
〔註234〕同上註。
〔註235〕漢・鄭玄注，唐・賈公彥疏：《儀禮注疏》卷四十二，頁499。
〔註236〕同上註。
〔註237〕漢・鄭玄注，唐・賈公彥疏：《儀禮注疏》卷四十二，頁499。

　　繶爵，口足之間有篆又彌飾。〔註238〕

眾賓之長代表賓獻尸，用口沿及足上紋飾較豐富的繶爵。逐知應備有廢爵、足爵、繶爵。

　　用鑊鼎烹煮牲體，煮好後放入升鼎內，與其配套使用的扃、鼏、匕、俎，也應從設；盛食器有豆、籩；盛黍稷飯用敦；鉶羹盛於鉶，大羹湆盛於登。

二、卒哭祭畢餞尸

　　虞祭的次日，將把神主遷移至廟，故須以酒餞尸，無尸則不餞。〈記〉「卒哭祭畢餞尸，與無尸可餞者送神之禮」章：

> 獻畢，未徹，乃餞。尊兩甒于廟門外之右，少南。水尊在酒西，勺北枋。洗在尊東南，水在洗東，篚在西。饌籩豆，脯四脡。有乾肉折俎，二尹縮，祭半尹，在西墊。尸出執几從，席從。尸出門右南面，席設于尊西北，東面。几在南，賓出復位。主人出，即位于門東少南；婦人出，即位于主人之北。皆西面，哭不止。尸即席坐，唯主人不哭，洗廢爵酌獻尸。尸拜受。主人拜送，哭復位。薦脯醢，設俎于薦東，胸在南。尸左執爵，取脯擩醢祭之，佐食授嚌。尸受，振祭嚌，反之；祭酒卒爵，奠于南方。主人及兄弟踊，婦人亦如之，主婦洗足爵，亞獻如主人儀，無從，踊如初。賓長洗繶爵，三獻，如亞獻，踊如初。佐食取俎，實于篚。尸謖，從者奉篚，哭從之。祝前，哭者皆從，及大門內踊如初。尸出門，哭者止。賓出，主人送，拜稽顙。主婦亦拜賓。丈夫說絰帶于廟門外。入徹，主人不與。婦人說首絰，不說帶。無尸則不餞，猶出几席，設如初，拾踊三。哭止，告事畢，賓出。〔註239〕

卒哭祭向尸三獻酒的禮儀進行完畢，未徹祭物就開始為尸餞行。所設如下：

　　其一、寢門外：西邊偏南處放兩甒，盛水之甒在西，盛酒甒在東，甒上皆有勺，勺柄朝北。

　　其二、西墊：陳一籩、一豆，籩中有四條乾肉，俎上兩塊折解整齊的正方形乾肉，另縱放半塊祭用乾肉在其上。

〔註238〕同上註。

〔註239〕漢・鄭玄注，唐・賈公彥疏：《儀禮注疏》卷四十三，頁510～511。

（一）禮　食

飲設酒、水。經文載籩、豆，則食應有脯、醢，未言醢是省文不言。一旁有乾肉，「卒哭祭畢餞尸，與無尸可餞者送神之禮」章鄭《注》：

尹，正也。雖其折之，必使正縮從也。〔註240〕

吳廷華《儀禮章句》：

折其正體用二方而已。〔註241〕

俎上的乾獸肉必須切割方正。

（二）禮　器

酒與水置於甒，上有勺。篚中所置飲器，就獻酬的過程觀察，主人獻尸用廢爵；主婦亞獻用有足的爵；眾賓之長三獻用繶爵。

脯、醢各置籩、豆中，乾肉放於俎上。

三、小　結

〈士虞禮〉是迎接死者的靈魂回殯宮，加以祭祀之禮。「陳虞祭牲羞酒醴器具」所用豐盛，飲用醴、酒各一，共二甒；食設豬、魚、兔各一，共三鼎；葵菹、蝸醢各一，共兩豆；鉶羹一，大羹涪一登；黍稷各一，共二敦。另主人和主婦也都向祝獻籩、燔。

卒哭祭畢為尸餞行，飲食包括酒、水、脯、醢、乾肉。盛酒器用甒，應各有勺；飲酒器為廢爵、足爵、繶爵。盛食器用豆、籩、俎。

第四節　結　語

喪禮環繞著處理死者的遺體及靈魂兩方面進行。〈士喪禮〉沐浴、飯含是對遺體的處理，各奠是向靈魂的供奉。〈既夕禮〉重在「送形而往」，〈士虞禮〉則是「迎精而返」。〔註242〕

由始死時的措手不及，只有醴或酒其一，及脯、醢，至「大斂奠」陳三鼎，「大遣奠」攝盛用五鼎。對死者奠祭之物漸隆，一方面可見孝子的愛敬之心，另一方面也表現出哀傷心理的逐漸調適。

〔註240〕同上註，頁 510。
〔註241〕清・吳廷華：《儀禮章句》，《皇清經解》卷二百八十四，頁 1382。
〔註242〕彭林：《中國古代禮儀文明》，頁 240。

　　吉凶之禮異，展現於食物、器用、向位等方面。牲若只用一半時，用左半；亦用常禮常見的葵菹、栗，但〈士喪禮〉用完整不切的葵菹芋，栗則不揀選。飲器用廢爵、素勺、木柶，食器用甒豆、無縢籩、廢敦、布巾，都是為顯現喪家內心哀痛，故無心修飾。此外〈士虞禮〉更展現於鼎的向位，今將《儀禮》經文清楚記載鼎的位置者，表列如下：

向位　　　篇名	門　外　位	門　內　位
〈士冠禮〉	直東塾，面北。(「孤子冠法」章)	
〈士昏禮〉	東方，北面，北上。(「將親迎預陳饌」章)	阼階南，西面，北上。(「婦至成禮」章)
〈鄉飲酒禮〉		堂東北。(〈記〉)
〈鄉射禮〉		堂東北。(〈記〉)
〈燕禮〉	東方。(〈記〉)	
〈士喪禮〉	寢門外，當東塾，少南，西面。(小斂「陳鼎實」章)	阼階前西面。(「小斂奠」章)
〈士虞禮〉	門西，北面北上。(「陳虞祭牲羞酒醴器具」章)	西階前，東面北上。(「設饌饗神是為陰厭」章)
〈公食大夫禮〉	當門，南面，西上。(「陳具」章)	陳鼎於碑，南面，西上。(「載鼎實於俎」章)
〈特牲饋食禮〉	陳鼎於門外當門，北面北上。(「視濯、視牲」章)	當阼階南面。(「陰厭」章)
〈少牢饋食禮〉	門東南北上。(「祭日視殺視濯」章)	陳鼎于東方，當序，皆西面，北上。(「將祭，即位、設几、加勺、載俎」章)

鼎位可分門外位與門內位，除〈士虞禮〉烹於西方、鼎陳西方外，餘者包括〈士喪禮〉，皆烹於東方，鼎陳東方。是故不同的禮儀，表達方式也往往有所差異。

第七章　祭禮的飲食品物

　　祭祀源於初民對於冥冥之中主宰萬物力量的敬畏心理。《論語・述而》：

　　　　子之所慎：齋、戰、疾。〔註1〕

孔子對於祭祀之禮即十分謹慎，《禮記・中庸》：

　　　　郊社之禮，所以事上帝也；宗廟之禮，所以祀乎其先也。明乎郊社

　　　　之義、禘嘗之義，治國其如示諸掌乎！〔註2〕

提到了解對天地、先祖之祭禮，即具備仁愛之心，於是懂得治國的道理。《左氏・成公十三年・傳》：

　　　　國之大事，在祀與戎。〔註3〕

也說明祭祀是國家重要大事，在在顯現祭祀的重要性。《儀禮》中的〈特牲饋食禮〉、〈少牢饋食禮〉、〈有司徹〉都是祭祀祖先的儀節。

第一節　〈特牲饋食禮〉的飲食陳設

　　特牲饋食禮，是士祭祖的禮儀。賈公彥《疏》於〈特牲饋食禮〉大題下引鄭玄《三禮目錄》：

　　　　特牲饋食之禮，謂諸侯之士祭祖禰，非天子之士。〔註4〕

主張是諸侯所屬士所舉行的禮。張爾岐《儀禮鄭注句讀》：

〔註1〕　魏・何晏等注，宋・邢昺疏：《論語注疏》卷七，頁 61。
〔註2〕　漢・鄭玄注，唐・孔穎達等正義：《禮記正義》卷五十，頁 853。
〔註3〕　晉・杜預注，唐・孔穎達等正義：《春秋左傳正義》卷二十七，頁 460。
〔註4〕　漢・鄭玄注，唐・賈公彥疏：《儀禮注疏》卷四十四，頁 519。

〈曲禮〉云:「大夫以索牛,士以羊豕。」彼天子、大夫、士,此《儀禮》〈特牲〉、〈少牢〉,故知是諸侯、大夫、士也。〔註5〕

引《禮記‧曲禮》下經文,也認為同屬士階級,天子之士與諸侯之士的禮儀不同,〈曲禮〉下:

天子以犧牛,諸侯以肥牛,大夫以索牛,士以羊、豕。〔註6〕

鄭《注》:

犧,純毛也。肥,養於滌也。索,求得而用之。〔註7〕

記祭祀用牲,天子用毛色純一的牛,諸侯用飼養屋中的牛,大夫用臨時挑選的牛,士用羊、豕。或因與前引〈王制〉言士有事用犬、豕不同,故鄭玄有此推論。

「特牲」之「特」指一隻,《爾雅‧釋獸》:

豕生三豵、二師、一特。〔註8〕

此即使用一隻犧牲之禮,士常用豬,知此禮因以食物祭祖而得名。「饋」通「歸」,《周禮‧天官冢宰‧玉府》:

凡王之獻,金玉、兵器、文織、良貨賄之物受而藏之。〔註9〕

鄭《注》:

古者致物於人,尊之則曰「獻」,通行曰「饋」。〔註10〕

賈《疏》:

正法,上於下曰「饋」,下於上曰「獻」;若尊敬前人,雖上於下亦曰「獻」。〔註11〕

凡進獻食物或致贈物品給人,可通稱「饋」,至若對象是尊長,為表示敬意,原應稱「獻」,〈特牲饋食禮〉用「饋」,所用當為通稱。吳廷華《儀禮章句》:

饋,歸也。食穀食祭祀之節,始用鬱鬯以降神曰祼。迎牲告殺薦血腥曰朝事。薦熟曰饋食。既食酳尸則有加豆籩、羞豆籩,士、大夫不祼及告殺,故祭皆以饋食始。〔註12〕

〔註5〕 清‧張爾岐:《儀禮鄭注句讀》卷十五,頁657。
〔註6〕 漢‧鄭玄注,唐‧孔穎達等正義:《禮記正義》卷五,頁98。
〔註7〕 同上註。
〔註8〕 晉‧郭璞注,宋‧邢昺疏:《爾雅義疏》卷十,頁188。
〔註9〕 漢‧鄭玄注,唐‧賈公彥疏:《周禮注疏》卷六,頁97。
〔註10〕 同上註。
〔註11〕 同上註。
〔註12〕 清‧吳廷華:《儀禮章句》,《皇清經解》卷二百八十四,頁1378。

「饋食」指薦熟食。因此〈特牲饋食禮〉用烹煮過的豬祭祖，飲食的設置主要見於「視濯、視牲」、「祭日陳設及位次」、「諸俎牲體之名數」等章。

一、視濯、視牲

〈特牲饋食禮〉由筮日展開，確定尸與賓的人選，並予以邀請之後，準備所需祭食。「視濯、視牲」章：

> 厥明夕，陳鼎于門外，北面北上，有鼏。棜在其南，南順，實獸于其上，東首。牲在其西，北首，東足。設洗于阼階東南，壺、禁在西序，豆、籩、鉶在東房南上。几、席、兩敦在西堂。〔註13〕

請賓的第二天，即祭日的前一天，黃昏時進行，所設飲食依照位置區分如下：

其一、廟門外：陳鼎，鼎面朝北，以北邊為上位，鼎上蓋鼏，其南有棜，呈南北向縱放，兔腊放在棜上，頭朝東。豬牲在兔腊之西，首朝北，足朝東。

其二、西序前：壺在禁上。

其三、房內：豆、籩、鉶，以南為上位。

其四、西堂：兩敦在西夾室之前近南。

（一）禮　食

此章所記只是祭前一日的準備，據〈記〉「器具品物陳設之法」章：

> 壺、棜禁，饌于東序，南順。覆兩壺焉，蓋在南；明日卒奠，鼏用綌；即位而徹之，加勺。〔註14〕

壺倒置，推想此時各器都是空的，要等到隔天祭祀之日才裝盛。因此食的部分僅安排了牲與獸，牲用豬，獸為腊。

一頭豬在門外棜西，頭朝北，腳朝東而臥。「視濯、視牲」章鄭《注》：

> 尚右也。牲不用棜，以其生。〔註15〕

因豬牲尚未宰殺，遂未如腊置於棜上。賈《疏》：

> 豕不可牽之，縛其足陳於門外，首北出棜東其足，寢其左，以其周人尚右，將祭故也。牲不用棜以其生者，對腊死用棜而言之。〔註16〕

〔註13〕漢・鄭玄注，唐・賈公彥疏：《儀禮注疏》卷四十四，頁 522～523。
〔註14〕漢・鄭玄注，唐・賈公彥疏：《儀禮注疏》卷四十六，頁 547。
〔註15〕漢・鄭玄注，唐・賈公彥疏：《儀禮注疏》卷四十四，頁 522。
〔註16〕同上註。

褚寅亮《儀禮管見》：

> 獸橫而牲縱也。北首而東足，則寢左矣。吉祭用右胖，故寢左，凡
> 不用之胖寢於地。〔註17〕

豬是活的，綑綁四肢放在地上。由於祭神用的是牲體的右半，故此側朝上，左側倚靠地面。

獸用腊，「視濯、視牲」章鄭《注》：

> 獸，腊也。〔註18〕

賈《疏》：

> 豕云牲；魚，水物；云獸，是腊可知。〔註19〕

根據下經「陰厭」章：

> 主人在右，及佐食舉牲鼎；賓長在右，及執事舉魚、腊鼎。〔註20〕

及〈記〉之「器具品物陳設之法」章提到「腊爨」，推測此處之獸應為腊，而士腊多用兔製。方苞《儀禮析疑》：

> 排其足於梜上為俯狀，故但言東首，不言足所向，與牲異。〔註21〕

兔腊在梜上的擺法，應是四肢向下，因此經文只說明頭的方向，不說腳的方向。

（二）禮　器

飲器有盛酒器——壺、盛尊器——禁，另據前引「器具品物陳設之法」章，知尚有壺蓋、綌冪，及挹取器——勺。食器有鼎，其上有鼏，另有豆、籩、鉶、敦。形制前文皆已說明。

鼎在祭祀的前一天放在門外，面朝北，「視濯、視牲」章鄭《注》：

> 宿賓之明日夕。門外北面當門也。〔註22〕

既然經文未明說方位，表示是當門，即正對門的中央，賈《疏》：

> 自此盡主人拜送論祭前一日之夕視濯與視牲之事。云門外北面當門
> 也者，以其《經》直云門外，不言門之東西，故知當門。下篇〈少
> 牢〉陳鼎在門東，此當門者，士卑避大夫故也。〔註23〕

〔註17〕清・褚寅亮：《儀禮管見》，《皇清經解續編》卷一百八十五，頁 1205。
〔註18〕漢・鄭玄注，唐・賈公彥疏：《儀禮注疏》卷四十四，頁 522。
〔註19〕同上註。
〔註20〕漢・鄭玄注，唐・賈公彥疏：《儀禮注疏》卷四十五，頁 529。
〔註21〕清・方苞：《儀禮析疑》卷十五，頁 109-246。
〔註22〕漢・鄭玄注，唐・賈公彥疏：《儀禮注疏》卷四十四，頁 522。
〔註23〕同上註。

同樣是祭祖之禮，〈少牢饋食禮〉在門外東方，〈特牲饋食禮〉當門，是因門東為大夫位，為辟大夫，故當門，由此也可推知〈士昏禮〉「將親迎預陳饌」將三鼎置於門外東方，為「攝盛」。褚寅亮《儀禮管見》：

> 《經》不言門之左右東西，則當門可知。《注》義為長。當門，辟大夫也；不南面，辟君也。〔註24〕

鼎面朝北，是辟君之故。胡培翬《儀禮正義》：

> 他篇陳鼎，多云設扃鼏，此獨云有鼏者，著其潔，其實亦有扃也。〔註25〕

鼎、扃、鼏多成組搭配使用，經文因省文方未載扃。

豆、籩、鉶在房中，「視濯、視牲」章鄭《注》：

> 房，房中之東，當夾北。〔註26〕

放在房中的東方，相當於東夾的位置。以南邊為上位，表示由南向北，先放豆，次為籩，其後才是鉶。褚寅亮《儀禮管見》：

> 〈少牢〉之豆籩及簋自東至西，此則自北而至南；彼橫陳，此縱陳也。〔註27〕

〈特牲饋食禮〉採南北向縱向擺放，不同於〈少牢饋食禮〉東西向橫置。

敦的位置，據「視濯、視牲」章鄭《注》：

> 西堂，西夾室之前近南耳。〔註28〕

在堂的西邊，西夾室之前偏南處。

二、祭日陳設及其位次

祭祀於筮日決定的日期當天清早展開，「祭日陳設及位次」章：

> 夙興，主人服如初，立于門外東方，南面，視側殺。主婦視饎爨于西堂下。亨于門外東方，西面，北上。羹飪，實鼎，陳于門外，如初。尊於戶東，玄酒在西。實豆、籩、鉶，陳于房中，如初。執事之俎，陳于階間，二列，北上。盛兩敦，陳于西堂。〔註29〕

〔註24〕清・褚寅亮：《儀禮管見》，《皇清經解續編》卷一百八十五，頁1205。
〔註25〕清・胡培翬：《儀禮正義》卷三十四，頁2096。
〔註26〕漢・鄭玄注，唐・賈公彥疏：《儀禮注疏》卷四十四，頁522。
〔註27〕清・褚寅亮：《儀禮管見》，《皇清經解續編》卷一百八十五，頁1205。
〔註28〕同註26。
〔註29〕漢・鄭玄注，唐・賈公彥疏：《儀禮注疏》卷四十四，頁523～524。

其一、門外東方：主人著玄端服面朝南，監看宰殺豬隻。之後烹煮豬牲、
　　　魚、兔腊，三竈皆面西，以北爲上位。待牲煮好，放入原在廟門
　　　外當門的鼎中。

其二、堂下西邊：主婦到近西壁處，察看黍稷饎。

其三、堂上室門東邊：設兩壺，以西爲上，玄酒在西，酒在東。就前章
　　　可知其下各有禁，上蓋冪。

其四、房中之東：陳豆、籩、鉶。

其五、兩階之間：爲執事們準備的俎分東、西兩列放置，以北爲上位。

其六、西堂：兩敦黍、稷。

（一）禮　食

飲設玄酒及酒。牲用豬、魚、兔腊；房中豆、籩、敦、鉶所盛，據「陰
厭」章：

> 主婦盥于房中，薦兩豆：葵菹、蝸醢。……主婦設兩敦：黍、稷于
> 俎南。〔註30〕

可知豆實葵菹、蝸醢，敦實黍、稷。籩內之物，依照〈記〉「器具品物陳設之
法」章：

> 籩，巾以綌也，纁裹；棗烝，栗擇。……賓與長兄弟之薦，自東
> 房，其餘在東堂。鉶芼，用苦，若薇，皆有滑；夏葵，冬苣。

〔註31〕

包括經過挑選並蒸熟的棗、栗；鉶盛羹，其中有菜。至於向賓長、長兄弟獻
酒時所薦之脯、醢，也同置於此；此外，「尸入九飯」章：

> 設大羹湆于醢北。〔註32〕

顯示此時應備有大羹湆。

祭禮宰殺豬牲時，主人必須親臨，褚寅亮《儀禮管見》：

> 天子、諸侯饋食前有朝踐薦毛血之禮，故牲必視殺。大夫、士祭自
> 饋熟始，故惟視殺而不親殺，非特以辟君故。〔註33〕

天子、諸侯須薦毛血，故應親自宰殺；大夫、士僅薦熟食，則只須監督。

〔註30〕漢・鄭玄注，唐・賈公彥疏：《儀禮注疏》卷四十四，頁 529～530。

〔註31〕漢・鄭玄注，唐・賈公彥疏：《儀禮注疏》卷四十六，頁 548。

〔註32〕漢・鄭玄注，唐・賈公彥疏：《儀禮注疏》卷四十五，頁 531。

〔註33〕清・褚寅亮：《儀禮管見》，《皇清經解續編》卷一百八十五，頁 1205。

魚用十五條，根據〈記〉「諸俎牲體之名數」章載尸俎用魚：

> 魚十有五。〔註34〕

可知其數量。

（二）禮　器

飲器設盛酒器——壺、盛尊器——禁，壺上有幂，另應有勺以取酒。至於飲酒器，據〈記〉「器具品物陳設之法」章：

> 設洗，南北以堂深，東西當東榮。水在洗東。篚在洗西，南順，實
> 二爵、二觚、四觶、一角、一散。〔註35〕

堂下對準東邊的屋翼處設洗，洗的西邊設一篚，首朝北，篚中有二爵、二觚、四觶、一角、一散。吳廷華《儀禮章句》分析各飲酒器使用時機：〔註36〕

1. 二爵：用於（1）主婦易爵三獻爵止；（2）主婦又致爵于主人。
2. 二觚：用於（1）長兄弟洗觚爲加爵致主人；（2）致主婦。
3. 四觶：用於（1）奠觶；（2）主人酬賓奠于薦南未舉；（3）兄弟弟子舉觶于其長；（4）《疏》謂眾賓長爲加爵，爵止者也。
4. 一角：用於主人酳尸。
5. 一散：爲利所獻。

食器設鼎、俎、豆、籩、鉶、敦。爲扛鼎，當有扃、鼏。載俎則用匕。又據「陰厭」章：

> 宗人執畢，先入，當阼階南面。〔註37〕

扛鼎入廟時，宗人拿著畢前導入廟，在當阼階處面朝南站立。故此處亦將說明畢的形制。

饎爨爲烹黍、稷的竈。「祭日陳設及位次」章鄭《注》：

> 炊黍稷曰饎。宗婦爲之。爨，竈也。西堂下者，堂之西下也，近西
> 壁南齊於坫。〔註38〕

賈《疏》：

> 堂之西下也者，以其爲爨不可正在堂下，當逼西壁爲之。……案：〈既

〔註34〕漢・鄭玄注，唐・賈公彥疏：《儀禮注疏》卷四十六，頁550。

〔註35〕漢・鄭玄注，唐・賈公彥疏：《儀禮注疏》卷四十六，頁547。

〔註36〕清・吳廷華：《儀禮章句》，《皇清經解》卷二百八十四，頁1389。

〔註37〕漢・鄭玄注，唐・賈公彥疏：《儀禮注疏》卷四十四，頁529。

〔註38〕漢・鄭玄注，唐・賈公彥疏：《儀禮注疏》卷四十四，頁523。

夕・記〉云：「設于東堂下，南順。齊于坫。」明在東、西堂下，皆
齊於坫。〔註39〕

凡於堂下，無論東邊或西邊，都是對齊屋坫，近於西壁；〈士虞禮〉則近東壁，
是吉凶之異。甒與敦都在西，較方便裝盛。

執事之俎盛載之物，「祭日陳設及位次」章鄭《注》：

執事，謂有司及兄弟。二列者，因其位在東、西，祝、主人、主婦
之俎亦存焉。不外鼎者，異於神。〔註40〕

包括贊禮的有司，及祝、主人、主婦、兄弟。賈《疏》：

鄭知《經》執事之俎，祝、主人、主婦亦存焉者，見《士虞・記》
「祝俎陳於階間敦東」。彼《虞》不致爵，故見主人、主婦俎。……
前俎升鼎而入設於階前，此鼎在門閒二列，故知不升鼎。〔註41〕

為人準備的俎設於兩階間，以免與「陰厭」時放於阼階西邊為神設的俎混雜。
各俎所載，據〈記〉「諸俎牲體之名數」章：

尸俎：右肩、臂、臑、肫、胳，正脊二骨，橫脊，長脅二骨，短脅。
膚三，離肺一，刌肺三，魚十有五。腊如牲骨。祝俎：髀、脡脊二
骨，脅二骨。膚一，離肺一。阼俎：臂，正脊二骨，橫脊，長脅二
骨，短脅。膚一，離肺一。主婦俎：觳折，其餘如阼俎。佐食俎：
觳折，脊，脅。膚一，離肺一。賓，骼。長兄弟及宗人，折，其餘
如佐食俎。眾賓及眾兄弟、內賓、宗婦，若有公有司、私臣，皆觳
脅，膚一，離肺一。〔註42〕

1. 尸俎（即神俎）：豬俎放有牲體右半的肩、臂、臑、肫、胳，兩塊正脊
   骨、一橫脊、兩塊長脅骨、一短脅（共十一體），及三條膚、一片離肺、
   三片刌肺；魚俎上有十五條魚；腊俎上有兔腊的骨體。

2. 祝俎：牲體的髀，兩塊脡脊骨、兩塊脅骨（共五體），及一條膚、一片
   離肺。

3. 主人俎：牲體左臂、兩塊正脊骨、一橫脊骨、兩塊長脅骨、一短脅骨
   （共七體），及一條膚、一片離肺。

〔註39〕同上註。
〔註40〕同上註，頁524。
〔註41〕同上註。
〔註42〕漢・鄭玄注，唐・賈公彥疏：《儀禮注疏》卷四十六，頁549～550。

4. 主婦俎：右後轂的一牛，其餘之脊、脅、肺、膚與主人同。

5. 佐食俎：右後轂的另一牛、脊、脅、一條膚、一片離肺。

6. 賓俎：一左骼。吳廷華《儀禮章句》：「賓不用尊體，故用其全。」〔註43〕
用完整的左骼，不似主婦、佐食等人用一牛。

7. 長兄弟及宗人俎：各放左後轂的一牛，其餘之脊、脅與佐食同。

8. 眾賓、眾兄弟、內賓、宗婦，若有公的有司及士的私臣：剩下的牲體
骨各剖分其一塊放在俎上，另有一條膚、一片離肺。

由此觀之，為尸有三俎，其他只有豬俎。豬牲之右半，主要供尸、祝、
主婦、佐食用，左半則多為主人、賓、長兄弟及宗人之用。

角與畢的形制，前文尚未分析。

1. 角

容酒或飲酒器。前引《韓詩外傳》言角的容量為四升，考古出土數量甚
少，就宋以來出土實物觀察，角似爵無流、無雙柱，兩長銳之角似鳥翼之形、
三足，常有蓋。容量與爵略近，但未至四倍。

就容量觀察，或許是由盛酒器而發展為飲酒器。《禮記·禮器》：

> 宗廟之祭，貴者獻以爵，賤者獻以散；尊者舉觶，卑者舉角。〔註44〕

宗廟祭祀，獻酒時，向尊者用爵，卑者用散；嘗酒，尊者舉觶，卑者舉角。《禮
記·少儀》：

> 尊長於己踰等，不敢問其年。燕見不將命。遇於道，見則面，不請
> 所之。喪俟事不犆弔。侍坐弗使，不執琴瑟，不畫地，手無容，不
> 翣也。寢則坐而將命。侍射則約矢，侍投則擁矢。勝則洗而以請，
> 客亦如之。不角，不擢馬。〔註45〕

對待尊長的禮儀，在進行射箭或投壺等競賽活動時，勝者酌酒飲不勝者，若
對方為尊者或客，當用爵不用角。鄭《注》：

> 角謂觥，罰爵也。與尊長與客，如獻酬之爵。〔註46〕

孔《疏》：

> 今飲尊者及客，則不敢用角，但如常獻酬之爵也。〔註47〕

〔註43〕清·吳廷華：《儀禮章句》，《皇清經解》卷二百八十五，頁1390。

〔註44〕漢·鄭玄注，唐·孔穎達等正義：《禮記正義》卷二十三，頁454。

〔註45〕漢·鄭玄注，唐·孔穎達等正義：《禮記正義》卷三十五，頁628。

〔註46〕同上註。

〔註47〕同上註。

鄭玄認爲角就是觥，是罰酒用的酒器。《詩經・周南・卷耳》：

> 陟彼高岡，我馬玄黃。我姑酌彼兕觥，維以不永傷。〔註48〕

毛《傳》：

> 觥，角爵也。〔註49〕

兕觥取獸角製。鄭《箋》：

> 觥，罰爵也，饗燕所以有之者。禮自立司正之後，旅醻必有醉而失
> 禮者，罰之亦所以爲樂。〔註50〕

宴饗之際，處罰喝醉的人，也用觥爲罰飲之器。觥出現於殷墟後期，沿用至
西周前期，數量亦少。有橢圓形或方形腹，有流有鋬，有蓋。

2. 畢

叉形器。「陰厭」章鄭《注》：

> 畢，狀如叉，蓋爲其似畢星取名焉。主人親舉，宗人則執畢導之，
> 既錯叉，以畢臨匕，載備失脫也。〈雜記〉曰：「枇用桑，長三尺。
> 畢用桑，三尺。刊其本與末。」枇、畢同材明矣。今此枇用棘心，
> 則畢亦用棘心。舊說云：畢以御他神物。神物惡桑叉，則〈少牢饋
> 食〉及〈虞〉無叉何哉？此無叉者，乃主人不親舉耳。〈少牢〉大夫
> 祭不親舉，〈虞〉喪祭也。〔註51〕

因似畢星之形而得名。畢與匕材質相同，《記》「器具品物陳設之法」章：

> 棘心匕，刻。〔註52〕

吉祭用棘木心做匕，手握的一端，刻成龍頭形；遂知畢亦用棘心製成。喪祭
則匕、畢皆用桑木製者。因〈少牢饋食禮〉及〈士虞禮〉主人不親自舉鼎，
故無畢。

畢的功用，據《禮記・雜記》上：

> 畢用桑，長三尺，刊其柄與末。〔註53〕

大畢長三尺。鄭《注》：

> 畢所以佐主人載者。刊，猶削也。〔註54〕

〔註48〕漢・毛公傳、鄭玄箋，唐・孔穎達正義：《毛詩正義》卷一之二，頁34。
〔註49〕同上註。
〔註50〕同上註。
〔註51〕漢・鄭玄注，唐・賈公彥疏：《儀禮注疏》卷四十五，頁529。
〔註52〕漢・鄭玄注，唐・賈公彥疏：《儀禮注疏》卷四十六，頁548。
〔註53〕漢・鄭玄注，唐・孔穎達等正義：《禮記正義》卷四十一，頁724。

孔《疏》：

> 主人舉肉之時，則以畢助主人舉肉。〔註55〕

認爲是幫助主人載俎之器。敖繼公《儀禮集說》：

> 宗人執畢，所以指教其錯鼎之處也，故宜先入。〔註56〕

則主張是用來指導鼎位的禮器。吳廷華《儀禮章句》：

> 牲體由鑊升于鼎、俎皆用匕，以畢助之，備失脫，且以指揮陳設也。
> 〔註57〕

融合二說，既防止牲肉在盛載時掉落，又用來指揮陳設。然而，爲何他篇用匕載俎不擔心脫落，陳鼎時也不須指教位置，唯〈特牲饋食禮〉如此。在〈特牲饋食禮〉畢是由宗人持入，或許正是祭祀時起引導作用的宗教儀式的遺存。江蘇六合程橋出土春秋末銅器殘片刻畫，其中一人雙手執大畢，六齒。〔註58〕動作頗似在進行祭儀。

　　考古發掘有骨、銅製品。山西長治分水嶺戰國墓出一件銅質大畢，五齒，端部有銎，可安入長木柄。河南陝縣後川戰國墓出一件，四齒。〔註59〕輝縣琉璃閣戰國墓出一件，三齒。〔註60〕而小畢一般雙齒，通長十二至十八公分。洛陽中州路發現一戰國早期墓，一青銅食器內放著一織物包裹，內有五十一件骨製餐叉。〔註61〕

三、小　結

　　〈特牲饋食禮〉用一隻煮熟的小豬祭祖而得名。祭前一日，清洗祭器、準備祭牲。祭祀當天，主人親臨監督豬牲的宰殺及烹煮，主婦監督黍稷饙；有司此時方於壺添酒，豆、籩盛食。共計玄酒、酒各一，共二壺；豬、魚、腊各一，共三鼎；栗、棗各一，共二籩；葵菹、蝸醢各一，共二豆；黍、稷各一，共二

〔註54〕同上註。

〔註55〕同上註。

〔註56〕元・敖繼公：《儀禮集說》卷十五，頁19398。

〔註57〕清・吳廷華：《儀禮章句》，《皇清經解》卷二百八十五，頁1385。

〔註58〕江蘇省文物管理委員會、南京博物院：〈江蘇六合程橋東周墓〉，《考古》1965年第三期，頁114。

〔註59〕王仁湘：〈中國古代進食具匕箸叉研究〉，《考古學報》1990年第三期，頁289。

〔註60〕郭寶鈞：《山彪鎮與琉璃閣》，頁62～65。

〔註61〕同註59。

敦，鉶羹一，大羹湆一登。另飲酒時須薦脯醢。

第二節　〈少牢饋食禮〉的飲食陳設

少牢饋食禮，諸侯的卿大夫祭祖之禮。賈公彥《疏》於〈少牢饋食禮〉大題下引鄭玄《三禮目錄》：

> 諸侯之卿大夫祭其祖禰於廟之禮。羊、豕曰「少牢」。〔註62〕

「牢」，本指以特別的方式飼養，供犧牲用牛。甲骨文作：牢、牢、牢等形。〔註63〕《說文解字・牛部》：

> 牢，閑也，養牛馬圈也。从牛、冬省，取其四周帀。〔註64〕

是豢養牛馬等牲畜的圈舍。《詩經・魯頌・閟宮》：

> 周公皇祖，亦其福女。秋而載嘗，夏而楅衡。白牡騂剛，犧尊將將。
> 毛炰胾羹，籩豆大房；萬舞洋洋，孝孫有慶。〔註65〕

毛《傳》：

> 楅衡，設牛角以楅之也。〔註66〕

《春秋・成公七年》：

> 春王正月，鼷鼠食郊牛角，改卜牛。鼷鼠又食其角，乃免牛。〔註67〕

都是祭祀所用的牛，不同於一般之例。春秋時其意義轉變，不再用以專指特別豢養的牛。大牢包含牛、羊、豕，少牢有羊、豕，此禮因祭物為一羊、一豕而得名。飲食的設置見於「祭日視殺視濯」、「羹定實鼎饌器」章。

一、祭日視殺視濯

與〈特牲饋食禮〉程序近似，都是由「筮日」展開，筮尸並加以請託後，宗人向主人請示舉行祭禮的時間，確定之後，隔天就是祭日，「祭日視殺視濯」章：

> 明日，主人朝服，即位于廟門之外，東方南面。宰、宗人西面，

〔註62〕漢・鄭玄注，唐・賈公彥疏：《儀禮注疏》卷四十七，頁557。
〔註63〕李孝定：《甲骨文字集釋》，頁580。
〔註64〕漢・許慎撰，清・段玉裁注：《說文解字注》二篇上，頁52。
〔註65〕漢・毛公傳、鄭玄箋，唐・孔穎達正義：《毛詩正義》卷二十之二，頁778。
〔註66〕同上註。
〔註67〕晉・杜預注，唐・孔穎達等正義：《春秋左傳正義》卷二十六，頁443。

北上。牲北首東上。司馬刲羊，司士擊豕，宗人告備，乃退。雍
人概鼎、匕、俎于雍爨，雍爨在門東南，北上。廩人概甑、甗、
匕與敦于廩爨，廩爨在雍爨之北。司宮概豆、籩、勺、爵、觚、
觶、几、洗、篚于東堂下，勺、爵、觚、觶實于篚；卒概，饌豆、
籩與篚于房中，放于西方；設洗于阼階東南，當東榮。〔註68〕

主人著朝服站立於廟門外東方，面朝南，宰夫、宗人面西，以北爲上位。所
預備的牲畜、器具如下：

> 其一、廟門外東方：置羊、豕活牲，頭朝北，以東爲上位。則羊在東，
> 　　　豕在西。司馬宰羊，司士殺豬，之後宗人向主人報告牲已準備齊
> 　　　全，主人才退入廟中。
> 其二、廟門外東南：設煮牲肉的竈，以北爲上位。則自北而南，分別爲
> 　　　羊、豕、魚、腊竈。炊黍稷的竈設在牲竈北邊。雍人在煮牲肉的
> 　　　竈前洗鼎、匕、俎，廩人在炊黍稷的竈前洗甑、甗、匕、敦。
> 其三、東堂下：司宮洗豆、籩、勺、爵、觚、觶、几、洗、篚，洗後，
> 　　　將勺、爵、觚、觶放在篚中，豆、籩和篚陳放東房內西邊，以東
> 　　　爲上位。

（一）禮　食

本章預備了羊和豬牲，〈少牢饋食禮〉在祭日當天宰殺牲畜，與〈特牲饋
食禮〉不同，「祭日視殺視濯」章賈《疏》：

> 案：〈特牲〉視牲與視殺別日，今〈少牢〉不言視牲，直言刲擊告備
> 乃退者，省。此大夫禮視牲告充即刲擊殺之，下人、君士卑不嫌，
> 故異日矣。〔註69〕

大夫禮視牲和視殺同日舉行，士禮則在祭前一日視牲，祭日視殺。

雍爨即牲爨，廩爨即饎爨，二者位置臨近，都在廟門外東南方，雍爨在
廩爨南邊。「祭日視殺視濯」章鄭《注》：

> 在門東南，統於主人。北上，羊、豕、魚、腊皆有竈，竈西有鑊。
> 凡概者，皆陳之而後告絜。〔註70〕

是爲統於主人位，鄭玄認爲烹牲時是用鑊，因此竈在門外東南方，其西有鑊。

〔註68〕漢・鄭玄注，唐・賈公彥疏：《儀禮注疏》卷四十七，頁559～560。
〔註69〕漢・鄭玄注，唐・賈公彥疏：《儀禮注疏》卷四十七，頁559。
〔註70〕同上註，頁560。

姚際恒《儀禮通論》：

〈少牢〉以廩人爲之，故其爨亦在門外。〔註71〕

〈少牢〉之所以用詞與他篇不同，不稱「牲爨」和「饎爨」，可能基於是由雍人設，故稱「雍爨」；由廩人設，則稱「廩爨」。

（二）禮　器

此時預備的飲酒器，包括爵、觚、觶，與取酒之勺，同置篚中。食器有烹煮器——鼎、甑、鬲；盛載用的匕、俎；盛食器——豆、籩、敦。

1. 甑

蒸食器，《周禮·冬官考工記·陶人》：

甑，實二鬴，厚半寸，脣寸，七穿。〔註72〕

鄭《注》：

量六斗四升曰鬴。鄭司農云：「鬴，無底甑。」〔註73〕

「鬴」即「釜」，每釜六斗四升，則甑的容量爲十二斗八升。甑有底，上有七個小孔。譙周《古史考》：

黃帝時，始有釜甑，火食之道成。〔註74〕

認爲是黃帝時的發明，飲食文明因爲有甑，而多了蒸食的方式。《詩經·大雅·生民》：

釋之叟叟，烝之浮浮。〔註75〕

是食用蒸飯之例。

2. 鬲

蒸食器，相當於蒸鍋。《左氏·成公二年·傳》：

晉師從齊師，入自丘輿，擊馬陘。齊侯使賓媚人賂以紀鬲、玉磬與地。〔註76〕

齊國滅紀時，得紀國的文物中有鬲。「祭日視殺視濯」章鄭《注》：

鬲如甑，一孔。〔註77〕

〔註71〕清·姚際恒：《儀禮通論》卷十五，頁549。
〔註72〕漢·鄭玄注，唐·賈公彥疏：《周禮注疏》，卷四十一，頁636。
〔註73〕同上註。
〔註74〕清·黃奭：《黃氏逸書考》（二），頁2497。
〔註75〕漢·毛公傳、鄭玄箋，唐·孔穎達正義：《毛詩正義》卷十七之一，頁594。
〔註76〕晉·杜預注，唐·孔穎達等正義：《春秋左傳正義》卷二十五，頁425。
〔註77〕漢·鄭玄注，唐·賈公彥疏：《儀禮注疏》卷四十七，頁560。

甗與甑類近，都屬烹煮器，底部為一孔。〈陶人〉又曰：

> 甑，實二鬴，厚半寸，脣寸。〔註78〕

其容量、器壁厚度、及口沿寬度，皆與甑無異，但無底。《說文解字·瓦部》：

> 甑，甗也，一穿。〔註79〕

許慎認為甑就是甗。

根據出土實物觀察，與文獻描述不符。《宣和博古圖·甗錠總說》：

> 甗之為器，上若甑而足以炊物，下若鬲而足以鈃物，蓋兼二器而有
> 之。〔註80〕

甗上部為甑，可放置食物；下部為鬲，可置水加熱，用蒸氣炊食。甑與鬲兩器之間有箅，箅上有通蒸氣的十字孔或直線孔的橫隔，藉由加熱鬲中的水，所產生之蒸氣，蒸熟甑裡的食物。銘文或作「獻」。「陳公子甗」銘文曰：

> 用征用行，用羹稻粱。〔註81〕

可證其蒸煮穀食的用途。初為陶製，殷墟出土陶甗、銅甗，但數量遠不如陶鬲之多，顯現當時吃蒸飯的次數和比例尚寡。〔註82〕青銅甗乃是由陶甗發展而來，流行於商、周時期，商至西周，常見將甑與鬲合鑄之甗，春秋戰國時可以分開，至漢代較少見此器，或許與鬲一同絕跡。〔註83〕多與簋、豆、壺、盤、匜等組合成一套隨葬禮器。〔註84〕

二、羹定實鼎饌器

〈少牢饋食禮〉所用祭物，據「羹定實鼎饌器」章：

> 羹定，雍人陳鼎五，三鼎在羊鑊之西，二鼎在豕鑊之西。司馬升羊
> 右胖，髀不升，肩、臂、臑、膊、骼，正脊一、脡脊一、橫脊一、
> 短脅一、正脅一、代脅一，皆二骨以並；腸三、胃三、舉肺一、祭
> 肺三，實于一鼎。司士升豕右胖，髀不升，肩、臂、臑、膊、骼，
> 正脊一、脡脊一、橫脊一、短脅一、正脅一、代脅一，皆二骨以並，

〔註78〕漢·鄭玄注，唐·賈公彥疏：《周禮注疏》，卷四十一，頁636。
〔註79〕漢·許慎撰，清·段玉裁注：《說文解字注》十二篇下，頁638。
〔註80〕宋·宋徽宗敕撰：《宣和博古圖》卷十八，頁1391。
〔註81〕羅振玉：《三代吉金文存》（一），頁494。
〔註82〕宋鎮豪：《中國春秋戰國習俗史》，頁108。
〔註83〕容庚、張維持：《殷周青銅器通論》，頁33。
〔註84〕馬承源主編：《中國青銅器》，頁121。

舉肺一、祭肺三，實于一鼎。雍人倫膚九，實于一鼎。司士又升魚、
腊，魚十有五而鼎，腊一純而鼎，腊用麋。卒脊，皆設扃、鼏，乃
舉，陳鼎于廟門之外，東方，北面，北上。司宮尊兩甒于房戶之間，
同棜，皆有冪，甒有玄酒。司宮設罍水于洗東，有枓，設篚于洗西，
南肆。改饌豆、籩于房中，南面，如饋之設，實豆、籩之實。小祝
設槃匜與簞巾于西階東。〔註85〕

牲肉煮熟後，雍人開始陳放五個鼎，其中三鼎放在煮羊鑊的西邊，兩鼎陳放
煮豬鑊的西邊。鄭《注》：

魚、腊從羊，膚從豕，統於牲。〔註86〕

因此，在羊鑊之西的是羊、魚、腊鼎，在豬鑊之西的是豬、倫膚鼎。牲肉都
在鼎中放好，設扃、鼏，抬到廟門外東邊陳放，鼎面朝北，以北爲上位。則
所設置之禮食如下：

其一、門外東方：五鼎，以北爲上位，依次爲：

　　1. 羊鼎：用熟羊的右半，髀不用，計有：肩、臂、臑、膞、骼各
　　　一，正脊一塊、脡脊一塊、橫脊一塊、短脅一塊、正脅一塊、
　　　代脅一塊（共十一體）。三塊脊骨和三塊脅骨，都是兩兩相並的。
　　　此外，還有腸三節、胃三條、舉肺一片（尸所食）、祭肺三片（尸
　　　一、主人、主婦受酢各一）。

　　2. 豬鼎：同樣用煮熟的右半，髀不用，計有：肩、臂、臑、膞、
　　　骼各一，正脊一塊、脡脊一塊、橫脊一塊、短脅一塊、正脅一
　　　塊、代脅一塊（共十一體）。三塊脊骨和三塊脅骨，也都是兩兩
　　　相並的放置。此外，尚有舉肺一片、祭肺一片。

　　3. 倫膚鼎：煮熟的九條脅皮。

　　4. 魚鼎：魚十五條。

　　5. 腊鼎：割解過的整隻麋鹿。

其二、堂上：房西室戶之東，玄酒、酒兩甒，同在一棜禁上，上皆覆冪。

其三、阼階東南：洗西設篚，內置飲酒器。

其四、房中：改放原在東房之東的豆、籩、敦、鉶等，皆面朝南，配置
　　　如同將設在室奧神席前，各器於此時都有盛食。

〔註85〕漢・鄭玄注，唐・賈公彥疏：《儀禮注疏》卷四十七，頁560～561。
〔註86〕同上註。

（一）禮　食

飲設玄酒、酒。食的部分，牲用羊、豬、魚、麋腊。另外，本章雖未言，但前章曾提及廩爨，則應有黍、稷。

魚的種類，據下經「將祭即位設几加勺載俎」章：

　　魚用鮒，十有五而俎，縮載，右首，進腴。〔註87〕

知是用鮒魚。載俎時採縱放，魚頭朝右，腹朝前。

豆中所盛，據「陰厭」章：

　　主婦被錫，衣移袂，薦自東房，韭菹、醓醢，坐奠于筵前。主婦贊

　　者一人，亦被錫，衣移袂，執葵菹、蠃醢，以授主婦。〔註88〕

可知有韭菹、醓醢、葵菹、蠃醢四豆。

籩中所盛，據〈有司徹〉「主人獻尸」章：

　　取籩于房；麷、蕡坐設于豆西，當外列；麷在東方。婦贊者執白、

　　黑以授主婦。主婦不興，受；設于初籩之南，白在西方。興，退。

　　〔註89〕

鄭《注》：

　　麷，熬麥也。蕡，熬枲實也。白，熬稻。黑，熬黍。〔註90〕

為乾煎的麥、枲、稻、黍四籩。《爾雅·釋草》：

　　黂，枲實；枲，麻。〔註91〕

麻的纖維能作為織布時的原料，種子可食。雄麻稱「枲」，雌麻稱「苴」。麻子稱「蕡」，又稱「黂」。

（二）禮　器

飲器盛酒用甒，其下有禁，甒上有羃。篚中所置，據「主人獻尸」等章經文，推知應有飲酒器——爵及取酒用的勺。

食器有以下各類：烹煮器——鑊、鼎，載牲用的匕、俎，盛食器——豆、籩、敦。「陰厭」章又曰：

　　主婦自東房執一金敦黍，有蓋。〔註92〕

〔註87〕漢·鄭玄注，唐·賈公彥疏：《儀禮注疏》卷四十七，頁563。
〔註88〕漢·鄭玄注，唐·賈公彥疏：《儀禮注疏》卷四十八，頁568。
〔註89〕漢·鄭玄注，唐·賈公彥疏：《儀禮注疏》卷四十九，頁582。
〔註90〕同上註。
〔註91〕晉·郭璞注，宋·邢昺疏：《爾雅注疏》卷八，頁139。
〔註92〕漢·鄭玄注，唐·賈公彥疏：《儀禮注疏》卷四十八，頁568。

盛黍之敦有蓋，器上有金屬裝飾。

三、小 結

〈少牢饋食禮〉設玄酒及酒。用五鼎，牲用羊、豬、魚、麋腊。四豆含韭菹、醓醢、葵菹、蠃醢，四籩爲麥、蕡、稻、黍。

第三節 〈有司徹〉的飲食陳設

〈有司徹〉，爲〈少牢饋食禮〉的下篇，以篇首的第一句定篇名。賈公彥《疏》於〈有司徹〉大題下引鄭玄《三禮目錄》：

> 〈少牢〉之下篇也。上大夫既祭，儐尸於堂之禮。祭畢，禮尸於室
> 　中：天子、諸侯之祭，明日而繹。〔註93〕

上篇主要記大夫祭祖的正祭之禮，下篇記款待尸的儀節。飲食的設置，見「將儐尸整設」、「陳鼎階下設俎俟載」章。「陳鼎階下設俎俟載」章是敘述將門外三鼎移至阼階下陳設，並放好匕、俎等候載俎的內容，所用禮食、禮器與「將儐尸整設」章大致相同，故略而不論。

一、將儐尸整設

首章即載有司們準備儐尸所需品物，「將儐尸整設」章：

> 有司徹。掃堂。司宮攝酒。乃燅尸俎。卒燅，乃升羊、豕、魚三鼎，
> 無腊與膚，乃設扃、鼏，陳鼎于門外，如初。〔註94〕

將原先室中饋尸的食物、祭器都撤下，並把堂打掃乾淨。司宮僅將甒中的酒攪和一下，以示整理一新。有司們又把尸俎上的牲肉拿到廟門外竈上重新加熱。熱好後，將羊、豬、魚分別放入鼎中，不爲腊、膚設鼎。鼎上設扃、鼏，置於廟門外東方，北面北上。

（一）禮 食

多沿用〈少牢饋食禮〉設置之物，飲應有玄酒和酒，賈《疏》：

> 案：〈士冠禮〉：「再醮攝酒。」《注》云：攝猶整也。整酒謂撓之，
> 此更添益整頓，則此洗當作撓，此謂賓尸唯徹室中之饋，亦因前正

〔註93〕 漢・鄭玄注，唐・賈公彥疏：《儀禮注疏》卷四十九，頁580。
〔註94〕 漢・鄭玄注，唐・賈公彥疏：《儀禮注疏》卷四十九，頁580～581。

祭之酒更撓攪添益整新之也。〔註95〕

並未更換，只是攪動、添補而已。食的部分，牲用羊、豬、魚，鄭《注》：

腊爲庶羞，膚從豕去其鼎者，賓尸之禮殺於初。如初者，如廟門之外東方，北面北上。〔註96〕

吳廷華《儀禮章句》：

蓋祭餘減少，故併之。腊亦當併，但無考爾。〔註97〕

因減去之前所用的牲體，鼎中之物頓少，故予以合併，因此只有三鼎。其他如豆實韭菹、醓醢、葵菹、蠃醢，籩實乾煎的麥、枲、稻、黍，敦實黍、稷，皆同於正祭。

（二）禮　器

器物與〈少牢饋食禮〉大致相同，飲器盛酒用甒，其下有禁，甒上有冪。篚中置爵及勺。

食器有鼎，載牲用的匕、俎，盛食器爲豆、籩、敦。

二、小　結

〈有司徹〉是〈少牢饋食禮〉的下篇，延續使用〈少牢饋食禮〉設置的玄酒與酒，籩、豆所盛之菹醢、熬穀等物，應亦一致。唯鼎數改爲羊、豕、魚三鼎。

第四節　結　語

祭禮的儀文，由洗滌器皿、準備祭牲開始，重視祭牲、祭器的潔淨，顯現子孫虔敬的心意。

在盛酒器的使用方面，〈特牲饋食禮〉用壺，〈少牢饋食禮〉與〈有司徹〉用甒，是因宗廟祭祀以小爲貴。

祭牲的使用，士祭祖用特牲，大夫用少牢，《國語・楚語》下：

子期祀平王，祭以牛，俎於王。王問於觀射父，曰：「祀牲何及？」

對曰：「祀加於舉。天子舉以大牢，祀以會；諸侯舉以特牛，祀以太

〔註95〕同上註，頁580。
〔註96〕同上註，頁581。
〔註97〕清・吳廷華：《儀禮章句》，《皇清經解》卷二百八十七，頁1396。

　　牢；卿舉以少牢，祀以特牛；大夫舉以特牲，祀以少牢；士食魚炙，

　　祀以特牲；庶人食菜，祀以魚。上下有序，則民不慢。」〔註98〕

楚大夫觀射夫講論祭祀用牲等級，其中卿祭祀時用一頭牛，大夫用一羊、一
豕，士用一頭豬，與《儀禮》所載相去不遠。

〔註98〕吳‧韋昭注：《國語》卷十八，頁 404〜405。

第八章 結 論

　　飲食是人類生命中，經常進行的活動，普遍見於祭祀、喪葬、宴饗、婚娶等各種場合，也因此產生許多行為規範。《儀禮》記錄先秦貴族的禮文，由其中因應各儀節所須設置的禮食、禮器，亦可見內部蘊含的精神。

　　除了最基本的維持生理機能正常運作外，據文獻及前人研究成果，歸納出養生健體、修身成德、敦親勵下、區別人我、報本返始、治國安民六項飲食功能。綜觀《儀禮》各篇，尤其在敦親勵下、區別人我、報本返始三方面，表現得最為顯著。例如〈士昏禮〉夫妻同牢，表現彼此親愛、齊一均等；〈聘禮〉、〈公食大夫禮〉受聘國準備豐盛的餐食，款待來聘使節團，展露出高度的誠意。而禮食、禮器的數量、種類，往往顯示地位尊卑的差異。此外，常設玄酒、醴或大羹湆，同樣為質樸的象徵，目的在教民不忘本，藉以緬懷先人。

第一節　烹飪技術呈現的意涵

　　烹飪是人類獨有的行為型態，由許多部分組成，包括所使用的食物、用來修飾食物的技術、添加的調味料，以及任何特有的文化限制（何種食物可以進食，或如何調配）。〔註1〕

　　禮的施行須適用於各時、地，因此顯現於食材，也以普遍容易尋得者為原則。《呂氏春秋・孝行覽・本味》曾提到天下的美味，其中有洞庭之鱄、具區之菁、陽樸之薑、招搖之桂、陽山之穄，《儀禮》雖有用鱄、菁、薑、桂、

〔註1〕〔美〕A.W.Logue 著：游恆山譯：《飲食心理學》，頁319。

稷，但並沒有強調要用何地的產物，不會爲了對祖先或賓客展現誠意，而特別採用山珍海味。

以籩、豆所實爲例，栗、棗、葵菹、蠃醢使用最爲頻繁，因皆已人工大量培植，故取得容易。另就穀類觀察，席間須用黍、稷飯的禮有：〈士昏禮〉、〈聘禮〉、〈公食大夫禮〉、〈士虞禮〉，但稻、粱僅見於〈聘禮〉、〈公食大夫禮〉。宋應星《天工開物》：

> 凡穀無定名，百穀指成數言。五穀則麻、菽、麥、稷、黍，獨遺稻者，以著書聖賢起自西北也。今天下育民人者，稻居十七，而來、牟、黍、稷居十三。麻、菽二者功用已全入蔬、餌、膏饌之中，而猶繫之穀者，從其朔也。〔註2〕

古籍中關於穀類的說法不一，可能與所處時代、地域有關。《儀禮》當中，黍、稷的使用較多，主因華北平原的季候、土壤等因素，適合黍、稷的生長，產量豐富，而稻、粱生產較少，屬珍食，自然只見用於招待貴賓。

禮食未使用特殊的技法加以烹調，《周禮》、《禮記》所載「八珍」，包括淳熬、淳毋、炮、擣珍、漬、熬、糝、肝膋等繁複的製作方式，但《儀禮》之禮食，多採蒸煮、醃漬、風乾，間有乾煎、燔烤者。食用醃製蔬菜，而少新鮮葉菜；除鮮肉外，亦腊製獸肉。這些應是受氣候及保存技術影響，所形成的現象；北方冬季寒冷，外出採食或狩獵不易，爲保持穩定的食物來源，遂預先貯藏醃菜、乾肉。

禮食唯菹、醢有鹽、醋調味，其餘都維持原味。爲人所設之食，席前有醯醬，〈既夕禮〉記載隨葬醯、醢、薑桂屑，顯現人們性好有味之食。

食物與器具的安置、處理，具備衛生概念。食物在烹煮前，按經驗法則，去除對人體有害的部位，例如：豬去蹄、腸，是因太硬或骯髒。豚去腦，以免傷身。狗、兔去髀，以防牲肉沾染異味。魚去乙，避免腐敗。栗須揀擇，藉此挑去有蟲蛀者。器用方面，盛酒器上蓋冪、鼎蓋鼏、籩豆蓋巾，皆可禦塵。若有二酒尊，挹取器亦設二勺，分用不混，可避免變質。

第二節 器物功能呈現的意涵

飲食文明會隨著時代演進，而越來越便利，以符合人們的實際需要。古

〔註2〕 明・宋應星：《天工開物》卷上，頁2。

今的烹飪器具已大有不同。從《儀禮》所用飲食器具項目、類別之繁，可見我國飲食文明於當時已相當進步。

礼器的使用，通常是爲因應所用禮食的質性。譬如：醴有糟，必用柶以取食。酒尊下常有禁，以提醒飲酒應知節制。籩有孔，適合盛脯、栗、棗、糗、白黑等乾物。葵菹、蠃醢等濡物，多盛於豆；大羹湆盛於登（鐙），方可避免滲漏。飯宜熱食，故敦、簋、簠之類的盛飯器有蓋。

功能區分仔細，烹煮及裝盛器的使用，極少重疊。以鼎爲例，鼎在典禮中是相當重要的器物，往往備妥後，才開始後續的陳設。《儀禮》所見之鼎，就功用而言，可分鑊鼎、升鼎；鑊鼎煮食，再盛入升鼎，基於採分餐制，故又分盛到個別的俎上。因鑊鼎通常比較大，且經加熱，倘若由有司直接扛抬，可能燙傷，或太重，所以用升鼎扛入會比較理想。又如同樣是飯器，但簋盛黍、稷，簠盛稻、梁，足見劃分細膩。

功能固定而且單一化，往往與考古發掘現象不盡相同。如在《儀禮》鬲用來煮飯，但從出土鬲本身的銘文或內部裝盛的動物殘肢，遂知亦可用來煮肉、菜蔬等等。又如豆在《儀禮》作盛菹醢之用，實際上還可用來盛米穀、蔬果、肉類，也是文獻記錄與出土實物現象不一的例證。

第三節　爨位呈現的意涵

爨乃是煮食的所在，《說文解字‧爨部》：

> 爨，齊謂炊爨。〔註3〕

段《注》：

> 齊謂炊爨者，齊人謂炊曰爨。〔註4〕

齊地的方言稱進行炊事的地方爲「爨」，在《儀禮》有「牲爨」、「饎爨」、「羹爨」。「牲爨」，是煮牲肉的地方。「牲」不限於用來指供神之肉，供人食用者也稱「牲」。「饎爨」，是煮黍稷飯的竈，多和煮肉的竈位置不同。「羹爨」，是煮羹的竈，在《儀禮》中並沒有這個名詞，但許多禮都有使用大羹湆或鉶羹。於〈少牢饋食禮〉，因執事者職位之名，「牲爨」稱「雍爨」，「饎爨」則稱「廩爨」，與他篇有別。

〔註3〕漢‧許慎撰，清‧段玉裁注：《說文解字注》三篇上，頁106。
〔註4〕同上註。

　　《儀禮》的一些篇章雖有用牲、黍稷或大羹湆，但並未說明爨的位置。如〈士昏禮〉「婦至成禮」席間有黍稷飯，卻不言饎爨；用大羹湆，只說在爨上烹煮，未交代方位。〈公食大夫禮〉、〈士虞禮〉有司持大羹湆升席，都是由門入，可知是於門外煮好，而其位或也應吉凶有別。〈聘禮〉是將黍稷先煮好再送往賓客的館驛，故不提爨位。今將經文明確記載的爨位，整理如下：

類別 篇名	牲　　爨	饎　　爨
〈鄉飲酒禮〉	堂東北	
〈鄉射禮〉	堂東北	
〈燕禮〉	門外東方	
〈公食大夫禮〉	門外東方	
〈士喪禮〉		西牆下
〈士虞禮〉	門外西方	堂前東壁
〈特牲饋食禮〉	門外東方	堂前西壁
〈少牢饋食禮〉	門外東南方	門外東南方

　　據此觀察，發現幾點現象：一、就位置而言，饎爨多在庭中，不似牲爨多在門外。〈鄉飲酒禮〉、〈鄉射禮〉在堂的東北方烹牲，是因學校只有一個門，又主人須親設俎，所以不宜太遠。二、就方向而言，〈士虞禮〉牲爨在西方，饎爨在東方，與他禮恰好東西有別，此乃變吉之故。三、牲爨與饎爨，通常在不同的地點，唯獨〈少牢饋食禮〉較爲特殊，置於同處。

　　《儀禮》所設之爨屬臨時性質，是爲舉行典禮而設，與日常餐食之爨有別。《周禮・天官冢宰・亨人》：

　　　　掌共鼎鑊，以給水火之齊。職外、內饔之爨亨煮，辨膳羞之物。祭

　　　祀，共大羹、鉶羹；賓客，亦如之。〔註5〕

亨人的職務，掌管外、內饔之爨，可見天子必然有固定的廚房。《禮記・檀弓》上：

　　　　曾子之喪，浴於爨室。〔註6〕

士的住宅也有爨室。又如時代稍晚的漢畫像磚，山東微山縣、四川彭縣三界

〔註5〕　漢・鄭玄注，唐・賈公彥疏：《周禮注疏》卷四，頁63。
〔註6〕　漢・鄭玄注，唐・孔穎達等正義：《禮記正義》卷七，頁126。

鄉出土「庖廚畫像磚」，圖中均繪有屋頂，表示是在室內進行。〔註7〕《儀禮》各禮之所以在戶外烹煮，或為展現主人迎賓的誠意。

第四節　明尊卑的呈現方式

　　禮往往透過外在儀節的規範，使得人們懂得各在其位、各安其分的道理，進而內化於人心，形成道德觀念。《禮記・曲禮》上：

　　　夫禮者，所以定親疏，決嫌疑，別同異，明是非也。〔註8〕

禮具有確定親疏、決斷嫌疑、區別同異、辨別是非的功用。表現於飲食，如《禮記・燕義》：

　　　俎豆、牲體、薦羞，皆有等差，所以明貴賤也。〔註9〕

席前的餐食，無論牲肉、脯、醢等等，都須適合於參與者之身分層級。

　　禮食方面，以用牲為例，牲體的選用，須依照禮制的規定，取決於禮的性質、參與者的身分，而和人數不見得相關。就身分而言，諸侯用大牢，有牛、羊、豕；大夫用少牢，有一羊、一豕；士特牲，多用豕，射鄉之禮用犬，是受到〈燕禮〉的影響。又如腊，士用兔，大夫用麛。至於因應禮的性質，牲體若只用一半時，吉事右半貴於左半，凶事反吉。魚可用鱄、鮒，唯〈士昏禮〉、〈少牢饋食禮〉特別只用鮒，且〈士昏禮〉用十四條魚，取雙數，是為表現成雙成對以及夫婦齊一均等的意義。

　　器用方面，以材質或數量的多寡，顯現禮的隆殺或身分等級。如〈燕禮〉、〈大射儀〉國君用膳篚盛象觚、象觶，是以象牙裝飾的飲酒器。數量方面，《禮記・郊特牲》：

　　　鼎俎奇而籩豆偶，陰陽之義也。〔註10〕

鼎的用數多為單數，俎經常與鼎成套使用，自然數量一致。籩、豆、敦、簋、簠等器，用數多採雙數。以鼎數為例，按照禮制的規定，大抵為士三鼎，大夫五鼎，諸侯七鼎，天子九鼎，如《孟子・梁惠王》下：

　　　前以士，後以大夫；前以三鼎，而後以五鼎。〔註11〕

〔註7〕　中國農業博物館編，夏亨廉、林正同主編：《漢代農業畫像磚石》，頁121、128。
〔註8〕　漢・鄭玄注，唐・孔穎達等正義：《禮記正義》卷一，頁14。
〔註9〕　漢・鄭玄注，唐・孔穎達等正義：《禮記正義》卷六十二，頁1023。
〔註10〕　漢・鄭玄注，唐・孔穎達等正義：《禮記正義》卷二十五，頁484。
〔註11〕　漢・趙岐注，宋・孫奭疏：《孟子注疏》卷二下，頁47。

所言一致。今將《儀禮》各篇章鼎之用數統計如下：

一鼎：〈士冠〉「醮」，〈士昏禮〉「婦饋舅姑」，〈鄉飲酒禮〉、〈鄉射禮〉、〈燕禮〉、〈大射儀〉「陳設」，〈士喪禮〉「小斂」。

三鼎：〈士昏禮〉「將親迎預陳饌」、〈士喪禮〉「大斂」、「朔月奠」、「薦新」，〈既夕禮〉「豫於祖廟陳饌」，〈士虞禮〉「虞祭」，〈特牲饋食禮〉，〈有司徹〉。

五鼎：〈聘禮〉眾介，〈既夕禮〉「大遣奠」，〈少牢饋食禮〉。

七鼎：〈聘禮〉上介，〈公食大夫禮〉賓。

九鼎：〈聘禮〉賓。

多數符合士三鼎、大夫五鼎的規制，但也有比較簡省用一鼎者，或偶有「攝盛」的現象，如〈聘禮〉眾介爲士，卻用五鼎；上介爲大夫，用七鼎；賓爲卿，用九鼎。

參考書目舉要

本文主要參考書籍，書目的編排方式：書籍類，首先依性質分類，次按著者所處年代序列，再依姓氏筆畫多寡，後以出版時間定先後。若是書籍並非叢書，或未列版本時，則亦從而不列。論文類則按作者姓氏筆畫，及發表時間次第排序。

壹、專著類

一、經學類

1. 漢・孔安國傳，唐・孔穎達等正義：《尚書正義》，臺北：藝文印書館，（清・阮元審定、盧宣旬校：《十三經注疏》，嘉慶二十一年江西南昌學堂重刊宋本），1997 年 8 月初版十三刷。

2. 漢・毛公傳、鄭玄箋，唐・孔穎達正義：《毛詩正義》，臺北：藝文印書館，（清・阮元審定、盧宣旬校：《十三經注疏》，嘉慶二十一年江西南昌學堂重刊宋本），1997 年 8 月初版十三刷。

3. 漢・伏勝撰、鄭康成注，陳壽祺輯校：《尚書大傳》，臺北：藝文印書館，（古經解彙函本），1967 年。

4. 漢・何休注，唐・徐彥疏：《春秋公羊傳注疏》，臺北：藝文印書館，（清・阮元審定、盧宣旬校：《十三經注疏》，嘉慶二十一年江西南昌學堂重刊宋本），1997 年 8 月初版十三刷。

5. 漢・趙岐注，宋・孫奭疏：《孟子注疏》，臺北：藝文印書館，（清・阮元審定、盧宣旬校：《十三經注疏》，嘉慶二十一年江西南昌學堂重刊宋本），1997 年 8 月初版十三刷。

6. 漢・鄭玄注，唐・賈公彥疏：《周禮注疏》，臺北：藝文印書館，（清・阮元審定、盧宣旬校：《十三經注疏》，嘉慶二十一年江西南昌學堂重刊宋

本），1997 年 8 月初版十三刷。

7. 漢・鄭玄注，唐・賈公彥疏：《儀禮注疏》，臺北：藝文印書館，（清・阮元審定、盧宣旬校：《十三經注疏》，嘉慶二十一年江西南昌學堂重刊宋本），1997 年 8 月初版十三刷。

8. 漢・鄭玄注，唐・孔穎達等正義：《禮記正義》，臺北：藝文印書館，（清・阮元審定、盧宣旬校：《十三經注疏》，嘉慶二十一年江西南昌學堂重刊宋本），1997 年 8 月初版十三刷。

9. 魏・王弼、韓康伯注，唐・孔穎達等正義：《周易正義》，臺北：藝文印書館，（清・阮元審定、盧宣旬校：《十三經注疏》，嘉慶二十一年江西南昌學堂重刊宋本），1997 年 8 月初版十三刷。

10. 魏・何晏等注，宋・邢昺疏：《論語注疏》，臺北：藝文印書館，（清・阮元審定、盧宣旬校：《十三經注疏》，嘉慶二十一年江西南昌學堂重刊宋本），1997 年 8 月初版十三刷。

11. 晉・杜預注，唐・孔穎達等正義：《春秋左傳正義》，臺北：藝文印書館，（清・阮元審定、盧宣旬校：《十三經注疏》，嘉慶二十一年江西南昌學堂重刊宋本），1997 年 8 月初版十三刷。

12. 晉・范甯注，唐・楊士勛疏：《春秋穀梁傳注疏》，臺北：藝文印書館，（清・阮元審定、盧宣旬校：《十三經注疏》，嘉慶二十一年江西南昌學堂重刊宋本），1997 年 8 月初版十三刷。

13. 晉・郭璞注，宋・邢昺疏：《爾雅注疏》，臺北：藝文印書館，（清・阮元審定、盧宣旬校：《十三經注疏》，嘉慶二十一年江西南昌學堂重刊宋本），1997 年 8 月初版十三刷。

14. 唐・玄宗御注，宋・邢昺疏：《孝經注疏》，臺北：藝文印書館，（清・阮元審定、盧宣旬校：《十三經注疏》，嘉慶二十一年江西南昌學堂重刊宋本），1997 年 8 月初版十三刷。

15. 唐・陸德明：《經典釋文》，濟南：山東友誼書社，（通志堂經解本），1991 年 10 月一版一刷。

16. 宋・王與之：《周禮訂義》，臺北：漢京文化事業有限公司，（《索引本通志堂經解》28），1985 年。

17. 宋・聶崇義：《新定三禮圖》，臺北：漢京文化事業有限公司，（《索引本通志堂經解》28），1985 年。

18. 宋・楊復：《儀禮圖》，臺北：漢京文化事業有限公司，（《索引本通志堂經解》29），1985 年。

19. 宋・楊復：《儀禮圖旁通圖》，臺北：漢京文化事業有限公司，（《索引本通志堂經解》29），1985 年。

20. 宋・衛湜：《禮記集說》臺北：漢京文化事業有限公司，（《索引本通志堂

經解》31），1985 年。

21. 元・敖繼公：《儀禮集說》，臺北：漢京文化事業有限公司，（《索引本通志堂經解》33），1985 年。

22. 元・陳澔：《禮記集說》，臺北：世界書局，1967 年 9 月再版。

23. 明・邱濬：《大學衍義補》，臺北：世界書局，（《景印摛藻堂四庫全書薈要》），1986 年。

24. 明・郝敬：《儀禮節解》，上海：上海古籍出版社，（《續修四庫全書》，復旦大學圖書館藏明萬曆郝千秋郝千石刻九部經解本），1995 年。

25. 明・楊梧：《禮記說義纂訂》，臺南：莊嚴文化事業有限公司，（《四庫全書存目叢書》，北京圖書館藏清康熙十四年楊昌齡等刻本），1997 年 2 月初版一刷。

26. 清・方苞：《儀禮析疑》，臺北：臺灣商務印書館，（《景印文淵閣四庫全書》），1983 年。

27. 清・孔廣森：《禮學卮言》，臺北：藝文印書館，（清道光錢熙祚校刊指海本），1967 年。

28. 清・王夫之：《禮記章句》，臺北：廣文書局，1977 年 7 月再版。

29. 清・王引之：《經義述聞》，濟南：山東友誼書社，1991 年 10 月一版一刷。

30. 清・王聘珍：《大戴禮記解詁》，北京：中華書局，（清光緒十三年廣雅書局刻本），1983 年 3 月一版、1992 年 1 月三刷。

31. 清・朱彬《禮記訓纂》，臺北：鼎文書局，（宣統元年 3 月學部圖書局翻印朱氏原刻本），1972 年 4 月初版。

32. 清・江永：《禮書綱目》，臺北：台聯國風出版社、中文出版社聯合印行，（嘉慶十五年婺源俞氏鏤恩堂刊本），1974 年 10 月。

33. 清・李如圭：《儀禮集釋》，臺北：臺灣商務印書館，（武英殿聚珍版），1975 年。

34. 清・沈彤：《儀禮小疏》，臺北：藝文印書館，（《皇清經解三禮類彙編》），1986 年。

35. 清・吳廷華：《儀禮章句》，臺北：藝文印書館，（《皇清經解三禮類彙編》），1986 年。

36. 清・金鶚：《求古錄禮說》，臺北：藝文印書館，（《皇清經解續編三禮類彙編》），1986 年。

37. 清・邵懿辰：《禮經通論》，臺北：藝文印書館，（《皇清經解續編三禮類彙編》），1986 年。

38. 清・胡培翬：《儀禮正義》，南京：江蘇古籍出版社，1993 年 7 月一版一刷。

39. 清·姚際恒:《儀禮通論》,北京:中國社會科學出版社,1998 年 10 月一版一刷。

40. 清·凌廷堪:《禮經釋例》,臺北:臺灣商務印書館,(文選樓叢書本),1966 年 6 月臺一版。

41. 清·徐雪樵:《毛詩名物圖說》,臺北:大化出版社,(《詩經動植物圖鑑叢書》,文化戊辰唐本翻刻),1977 年。

42. 清·夏炘:《學禮管釋》,臺北:藝文印書館,(《皇清經解續編三禮類彙編》),1986 年。

43. 清·秦蕙田:《五禮通考》,臺北:聖環圖書公司,(味經窩藏版),1994 年 5 月一版一刷。

44. 清·孫詒讓:《周禮正義》,北京:中華書局,1987 年 12 月一版、2000 年 3 月二刷。

45. 清·盛世佐:《儀禮集編》,臺北:臺灣商務印書館,(《景印文淵閣四庫全書》),1983 年。

46. 清·陳立:《白虎通疏證》,北京:中華書局,(光緒元年淮南書局刊本),1994 年 8 月一版、1997 年 10 月二刷。

47. 清·莊有可:《禮記集說》,臺北:臺灣力行書局,(民國廿四年影嘉慶九年刻本),1935 年。

48. 清·黃以周:《禮書通故》,臺北:華世出版社,(光緒癸巳孟夏黃氏試館刊本),1976 年 12 月初版。

49. 清·張惠言:《儀禮圖》,臺北:藝文印書館,(《皇清經解續編三禮類彙編》),1986 年。

50. 清·張爾岐:《儀禮鄭注句讀》,臺北:學海出版社,(乾隆八年夏鑴濟陽張稷若手定和衷堂藏板),1997 年 10 月再版。

51. 清·褚寅亮:《儀禮管見》,臺北:藝文印書館,(《皇清經解續編三禮類彙編》),1986 年。

52. 清·蔡德晉:《禮經本義》,臺北:藝文印書館,1969 年。

53. 上海古籍出版社編:《緯書集成》,上海:上海古籍出版社,1994 年 6 月一版一刷。

54. 王文錦:《禮記譯解》,北京:中華書局,2001 年 9 月一版一刷。

55. 吳煥瑞:《儀禮燕禮儀節研究》,臺北:文津出版社,1982 年 3 月。

56. 吳達芸:《儀禮特牲少牢有司徹祭品研究》,臺北:臺灣中華書局,1985 年 9 月二版。

57. 沈其麗:《儀禮士喪禮器物研究》,臺北:臺灣中華書局,1985 年 9 月二版。

58. 彭美玲：《古代禮俗左右之辨研究——以三禮爲中心》，臺北：國立臺灣大學出版委員會，1997 年 4 月初版。

59. 彭林：《中國古代禮儀文明》，北京：中華書局，2004 年 1 月一版一刷。

60. 劉毓慶：《詩經圖注（國風)》，高雄：麗文文化事業股份有限公司，2000年 4 月初版一刷。

61. 潘富俊：《詩經植物圖鑑》，臺北：貓頭鷹出版社，2001 年 6 月初版。

二、史學類

1. 漢・宋衷注，清・孫馮翼輯：《世本》，臺北：藝文印書館，（清嘉慶孫馮翼輯刊問經堂叢書本），1968 年。

2. 漢・袁康：《越絕書》，臺北：藝文印書館，（小萬卷樓叢書覆刊元刻本），1966 年。

3. 漢・班固撰，唐・顏師古注，清・王先謙補註：《漢書補註》，北京：中華書局，（光緒二十六年虛受堂刊本），1983 年 9 月一版一刷。

4. 漢・劉向纂、高誘注，宋・姚宏補：《戰國策》，臺北：世界書局，（讀未見書齋重雕剡北姚氏本），1967 年 5 月再版。

5. 漢・司馬遷撰，〔日〕瀧川資言考證：《史記會注考證》，臺北：天工書局，（日本原刊本），1989 年 4 月。

6. 吳・韋昭注：《國語》，臺北：藝文印書館，（嘉慶庚申讀未見書齋重雕宋天聖明道二年本），1959 年。

7. 晉・崔豹：《古今注》，臺北：臺灣商務印書館，（上海涵芬樓影印宋刊本），1966 年。

8. 宋・范曄撰，清・王先謙集解：《後漢書集解》，北京：中華書局，（光緒二十六年虛受堂刊本），1984 年 2 月一版一刷。

9. 唐・房玄齡等奉敕撰：《晉書》，臺北：藝文印書館，1971 年。

10. 宋・朱肱，清・鮑廷博校刊：《北山酒經》，臺北：藝文印書館，（知不足齋枚菴漫士古歡堂秘冊本），1966 年。

11. 宋・宋徽宗敕撰：《宣和博古圖》，臺北：新興書局，（亦政堂刻本），1969年 5 月新一版。

12. 中國科學院自然科學史研究所主編：《中國古代科技成就》，北京：中國青年出版社，1995 年 9 月二版、1996 年 1 月四刷。

13. 禾木：《酒醴風華》，石家莊：河北少年兒童出版社，1995 年 12 月一版一刷。

14. 〔日〕山內昶著；丁怡、翔昕譯：《筷子、刀、叉、匙——東西方的文化記號與飲食風景》，臺北：藍鯨出版有限公司，2002 年 3 月 1 日初版。

15. 任平：《禮記直解》，杭州：浙江文藝出版社，2000 年 9 月一版一刷。

16. 宋鎮豪：《中國春秋戰國習俗史》，北京：人民出版社，1994 年 4 月一版一刷。

17. 宋鎮豪：《夏商社會生活史》，北京：中國社會科學出版社，1994 年 9 月一版一刷。

18. 李華瑞：《中華酒文化》，山西：山西人民出版社，1995 年 2 月一版一刷。

19. 尚秉和：《歷代社會狀況史》，臺北：文海出版社，1981 年 1 月。

20. 屈萬里：《先秦文史資料考辨》，臺北：聯經出版事業公司，（《屈萬里先生全集》4），1983 年 2 月初版。

21. 姚偉鈞：《中國傳統飲食禮俗研究》，武漢：華中師範大學出版社，1999 年 9 月一版一刷。

22. 徐海榮主編：《中國飲食史》，北京：華夏出版社，1999 年 10 月一版一刷。

23. 袁立澤：《飲酒史話》，臺北：國家出版社，2003 年 4 月初版一刷。

24. 郭寶鈞：《中國青銅器時代》，台北：駱駝出版社，1987 年 7 月。

25. 張光直：《中國青銅時代》，臺北：聯經出版事業公司，1983 年 4 月初版。

26. 張光直：《中國青銅器時代》第二集，臺北：聯經出版事業公司，1990 年 11 月初版。

27. 黃清連：《酒與中華文化》，臺北：行政院文化建設委員會，1999 年 6 月增訂一版。

28. 董作賓：《殷曆譜》，臺北：藝文印書館，（《董作賓先生全集》），1977 年。

29. 楊天宇：《禮記譯注》，上海：上海古籍出版社，1997 年 4 月一版。

30. 楊寬：《西周史》，臺北：臺灣商務印書館，1999 年 4 月初版一刷。

31. 錢穆：《中國學術思想史論叢》，臺北：聯經出版事業公司，（《錢賓四先生全集》18），1998 年 5 月初版。

32. 譚旦同：《中國陶瓷史》，臺北：光復書局，1985 年。

三、子學類

1. 周·莊周撰，晉·郭象注，宋·林希逸口義：《南華經》，臺北：中國子學名著集成編印基金會，（明刊朱墨藍紫四色套印本），1978 年 12 月初版。

2. 秦·呂不韋著，漢·高誘注：《呂氏春秋》，臺北：藝文印書館，1974 年元月三版。

3. 漢·崔寔：《四民月令》，臺北：藝文印書館，（清嘉慶王謨輯刊本），1970 年。

4. 漢·劉安撰、高誘注：《淮南子》，臺北：中國子學名著集成編印基金會，（清嘉慶甲子（9 年）姑蘇聚文堂重刊莊逵吉本），1978 年 12 月初版。

5. 漢·應劭：《風俗通義》，臺北：中國子學名著集成編印基金會，（明刊白

口十行本），1978 年 12 月初版。

6. 魏・王弼注：《老子》，臺北：臺灣中華書局，（華亭張氏本），1965 年。

7. 唐・王冰注：《黃帝內經素問》，臺北：臺灣商務印書館，（上海涵芬樓景印明顧氏翻宋本），1979 年。

8. 唐・王冰注：《靈樞經》，臺北：臺灣商務印書館，（上海涵芬樓藏明趙府居敬堂刊本），1979 年。

9. 唐・孫思邈撰，宋・林億校定：《千金方》，北京：華夏出版社，（日本江戶醫學影宋本）1993 年 6 月一版，1994 年 6 月二刷。

10. 後魏・賈思勰：《齊民要術》，臺北：中國子學名著集成編印基金會，（明萬曆間胡震亨刊秘冊彙函本），1978 年 12 月初版。

11. 宋・陸佃注：《鶡冠子》，臺北：藝文印書館，（明萬曆四年刊本），1965 年。

12. 元・王禎：《農書》，臺北：藝文印書館，（聚珍版），1969 年。

13. 元・賈銘：《飲食須知》，臺北：廣文書局，1969 年。

14. 明・宋應星：《天工開物》，臺北：中華叢書委員會，（武進陶氏涉園重印本），1955 年 7 月。

15. 明・李時珍：《本草綱目》，臺北：文化圖書公司，1994 年 8 月 5 日。

16. 明・凌稚隆評：《晏子春秋》，臺北：中國子學名著集成編印基金會，（明吳興凌氏刊朱墨套印本），1978 年 12 月初版。

17. 明・凌汝亨：《管子輯評》，臺北：中國子學名著集成編印基金會，（明萬曆四十八年吳興凌氏刊朱墨套印本），1978 年 12 月初版。

18. 清・王先慎：《韓非子集解》，臺北：臺灣商務印書館，1956 年。

19. 清・王謨：《漢魏遺書鈔》，臺北：藝文印書館，（金谿王氏鈔本汝麋藏版影印），1971 年。

20. 清・王謨輯：《增訂漢魏叢書》，臺北：大化書局，（景清乾隆五十六年金谿王氏刻八十六種本），1983 年 12 月初版。

21. 清・孫詒讓：《墨子閒詁》，臺北：華正書局，（宣統庚戌重定本），1987 年 3 月初版。

22. 清・陳夢雷編：《古今圖書集成》，臺北：鼎文書局，1977 年 4 月 5 日初版。

23. 清・黃奭：《黃氏逸書考》，日本、京都：中文出版社，（影一九二五年王鑒據懷荃室藏板修補本），1986 年 10 月。

24. 陳奇猷：《呂氏春秋校釋》，臺北：華正書局，1985 年。

25. 湯孝純：《管子述評》，臺北：東大圖書股份有限公司，1995 年 3 月。

26. 〔日〕江角清一著；劉蘋華譯：《家兔飼養與加工》，香港：東亞圖書公司，

1981 年 5 月 12 日初版。

27. 劉興富《賢臣名相──管子》，臺北：昭文社，1997 年。

28. 顏天泉：《豬病診療學》，臺北：藝軒圖書出版社，1996 年 1 月二版。

四、集部類

1. 漢·東方朔：《神異經》，臺北：大化書局，（《增訂漢魏叢書》），1983 年 12 月初版。

2. 梁·昭明太子撰，唐·李善注：《文選》，臺北：藝文印書館，（宋淳熙本重雕鄱陽胡氏藏版），1991 年 12 月十二版。

3. 唐·韓愈撰，清·馬通伯校注：《韓昌黎文集校注》，臺北：華正書局，1986 年 10 月初版。

4. 宋·洪興祖：《楚辭補註》，臺北：藝文印書館，（汲古閣本），1986 年 12 月七版。

5. 宋·陶穀：《清異錄》，臺北：藝文印書館，（寶顏堂秘笈本），1965 年。

6. 明·張溥輯：《漢魏六朝百三名家集》，臺北：文津出版社，1979 年 8 月。

7. 清·李調元：《南越筆記》，臺北：藝文印書館，（清乾隆李調元輯刊函海本），1968 年。

8. 清·阮元：《揅經室集》，上海：上海古籍出版社，（《續修四庫全書》），（上海圖書館藏清道光阮氏文選樓刻本），1995 年。

9. 清·陸祚蕃：《粵西偶記》，臺北：藝文印書館，（清乾隆馬俊良輯刊龍威秘書本），1968 年。

10. 清·陸隴其撰、侯銓編：《三魚堂文集》，臺北：臺灣商務印書館，（《景印文淵閣四庫全書》），1983 年。

11. 清·程瑤田：《九穀考》，臺北：藝文印書館，（民國二十一 至 二十五年安徽叢書編審會影印諸刊本），1968 年。

12. 王琦輯注：《李太白全集》，臺北：華正書局，1979 年 3 月初版。

13. 張光裕：《雪齋學術論文集》，臺北：藝文印書館，1989 年 9 月初版。

14. 羅振玉：《羅雪堂先生全集》，臺北：文華出版社，1968 年 12 月。

五、小學類

1. 漢·史游撰，唐·顏師古注，宋·王應麟補，清·王懿榮校：《急就篇》，臺北：藝文印書館，（天壤閣叢書本），1967 年。

2. 漢·許慎撰，清·段玉裁注：《說文解字注》，臺北：天工書局，（經韻樓藏版），1992 年 11 月 10 日再版。

3. 漢·揚雄：《方言》，臺北：大化書局，（《增訂漢魏叢書》），1983 年 12 月初版。

4. 漢·劉熙:《釋名》,臺北:世界書局,(《景印摛藻堂四庫全書薈要》),1986年。

5. 魏·張揖:《廣雅》,臺北:世界書局,(《景印摛藻堂四庫全書薈要》),1986年。

6. 梁·顧野王:《玉篇》,臺北:臺灣中華書局,(小學彙函本),1982 年 10月臺四版。

7. 南唐·徐鍇:《說文解字繫傳》,北京:中華書局,(清道光十九年祁雋藻刻本)1987 年 10 月一版、1998 年 12 月二刷。

8. 宋·陸佃:《埤雅》,臺北:臺灣商務印書館,(五雅叢書本),1966 年。

9. 宋·陳彭年:《宋本廣韻》,臺北:藝文印書館,(張氏重刊澤存堂藏板),1991 年 3 月校正七版。

10. 宋·羅願:《爾雅翼》,臺北:世界書局,(《景印摛藻堂四庫全書薈要》),1986 年。

11. 宋·嚴粲:《詩緝》,臺北:廣文書局,(明嘉靖趙府味經堂刻本),1960年。

12. 清·王筠:《說文解字句讀》,臺北:臺灣商務印書館,1968 年 6 月臺一版。

13. 清·王念孫:《廣雅疏證》,濟南:山東友誼書社,(清洪亮吉點讀跋嘉慶初刊本),1991 年 10 月一版一刷。

14. 清·朱駿聲:《說文通訓定聲》,臺北:藝文印書館,(本衙藏版),1975年 8 月三版。

15. 清·郝懿行:《爾雅郭注義疏》,臺北:鼎文書局,(同治六年歲在乙丑沛上重刊本),1972 年 4 月初版。

16. 清·桂馥:《說文解字義證》,山東:齊魯書社,(清咸豐二年連筠簃楊氏刻本),1987 年 12 月一版一刷。

17. 王國維:《觀堂集林》,石家莊:河北教育出版社,2003 年 11 月二版一刷。

18. 李孝定:《甲骨文字集釋》,臺北:中央研究院歷史語言研究所,1965 年。

19. 周法高:《金文詁林補》,臺北:中央研究院歷史語言研究所,1982 年 5 月。

20. 邱德修師:《商周金文總目》,臺北:五南圖書出版公司,1985 年元月初版。

21. 邱德修師:《商周金文集成釋文稿》,臺北:五南圖書出版公司,1985 年12 月初版。

22. 容庚:《金文編》,北京:中華書局,1985 年。

23. 陳夢家:《殷墟卜辭綜述》,北京:中華書局,1988 年 1 月一版一刷。

24. 戴家祥主編:《金文大字典》,上海:學林出版社,1995 年 1 月一版一刷。

25. 羅振玉：《殷虛書契考釋》，臺北：藝文印書館，1981 年。

六、考古學類

1. 上海博物館：《商周青銅器銘文選》（一），北京：文物出版社，1986 年 8 月一版一刷。

2. 山東省文物考古研究所、棗莊市文化局：《棗莊建新──新石器時代遺址發掘報告》，北京：科學出版社，1996 年 6 月一版一刷。

3. 中央研究院歷史語言研究所編：《侯家莊 1001 號大墓》，臺北：中央研究院歷史語言研究所，1962 年。

4. 中央研究院歷史語言研究所編：《中國考古學報》，臺北：南天書局，1978 年。

5. 中國科學院考古研究所、甘肅省博物館編：《武威漢簡》，北京：文物出版社，1964 年 9 月一版一刷。

6. 中國社會科學院考古研究所編：《新中國的考古發現和研究》，北京：文物出版社，1984 年一版一刷。

7. 中國社會科學院考古研究所編：《殷墟婦好墓》，北京：文物出版社，1980 年 12 月一版、1985 年 4 月二刷。

8. 中國社會科學院考古研究所編：《殷墟發掘報告 1958──1961》，北京：文物出版社，1987 年 11 月一版一刷。

9. 中國社會科學出版社考古編輯部：《考古學集刊》第二集，北京：中國社會科學出版社，1982 年 12 月。

10. 中國社會科學出版社考古編輯部：《考古學集刊》第四集，北京：中國社會科學出版社，1984 年 10 月。

11. 中國社會科學出版社考古編輯部：《考古學集刊》第六集，北京：中國社會科學出版社，1989 年 3 月。

12. 中國農業博物館編，夏亨廉、林正同主編：《漢代農業畫像磚石》，北京：中國農業出版社，1996 年 5 月一版一刷。

13. 中國社會科學院歷史研究所編，郭沫若主編、胡厚宣總編輯：《甲骨文合集》，北京：中華書局，1982 年 3 月一版、1999 年 12 月二刷。

14. 石璋如：《小屯第一本──殷墟建築遺存》，南京：中央研究院歷史語言研究所，1948 年。

15. 四川省文物考古研究所：《商代蜀人秘寶──四川廣漢三星堆遺蹟》，臺北：光復書局，1994 年 3 月初版一刷。

16. 安徽文物管理委員會、安徽省博物館：《壽縣蔡侯墓出土遺物》，北京：科學出版社，1956 年 12 月一版一刷。

17. 那志良：《中國古玉圖釋》，臺北：南天書局，1990 年 2 月初版。

18. 宋鎮豪、段志洪主編：《甲骨文獻集成》，成都：四川大學出版社，2001年4月。

19. 河南省文化局文物工作隊編著、中國科學院考古研究所編輯：《鄭州二里岡》，北京：科學出版社，1959年8月一版一刷。

20. 河北省博物館、文管處臺西考古隊、河北省藁城縣臺西大隊理論小組：《藁城臺西商代遺址》，北京：文物出版社，1977年10月初版一刷。

21. 河北省文物研究所編：《藁城臺西商代遺址》，北京：文物出版社，1985年6月。

22. 河南省文物研究所：《信陽楚墓》，北京：文物出版社，1986年。

23. 容庚：《商周彝器通考》，臺北：文史哲出版社，1983年2月。

24. 容庚、張維持：《殷周青銅器通論》，臺北：康橋出版事業有限公司，1986年5月。

25. 馬承源主編：《中國文物精華大全》（青銅卷），臺北：臺灣商務印書館，1994年1月初版一刷。

26. 馬承源主編：《中國青銅器》，上海：上海古籍出版社，1988年7月一版、1997年10月七刷。

27. 郭寶鈞：《山彪鎮與琉璃閣》，北京：科學出版社，1959年。

28. 郭寶鈞：《商周銅器群綜合研究》，北京：文物出版社，1981年。

29. 國立故宮博物院編輯委員會：《商周青銅粢盛器特展圖錄》，臺北：國立故宮博物院，1985年3月初版。

30. 湖南省博物館、中國科學院考古研究所編輯：《長沙馬王堆一號漢墓》，北京：文物出版社，1973年初版一刷。

31. 湖北省博物館：《曾侯乙墓》，北京：文物出版社，1989年7月一版一刷。

32. 湖北省荊沙鐵路考古隊編：《包山楚墓》，北京：文物出版社，1991年10月一版一刷。

33. 湖北省文物考古研究所、北京大學中文系編：《九店楚簡》，北京：中華書局，2000年5月一版一刷。

34. 羅振玉：《貞松堂集古遺文》，香港：崇基書局，1968年。

35. 羅振玉：《三代吉金文存》，臺北：文華出版公司，1970年7月一版。

36. 嚴文明：《仰韶文化研究》，北京：文物出版社，1989年10月一版一刷。

七、社會學類

1. 〔美〕A.W.Logue 著；游恆山譯：《飲食心理學》（"The Psychology of Eating and Drinking"），臺北：五南圖書出版有限公司，1996年11月初版一刷。

2. 〔英〕馬凌諾斯基（Bronislaw　Malinowski）著；李安宅譯：《兩性社會

學——母系社會與父系社會底比較》（"Sex and Repression in Savage Society"），臺北：臺灣商務印書館，1966 年 4 月臺一版。

3. 〔英〕馬凌諾斯基（Bronislaw Malinowski）著；朱岑樓譯：《巫術、科學與宗教》（"Magic , Science and Religion"）， 臺北：協志工業叢書出版有限公司，1978 年 9 月初版。

4. 〔英〕愛德華・泰勒（Edward Burnett Tylor）著；連樹聲譯：《原始文化：神話、哲學、宗教、語言、藝術和習俗發展之研究》（"Primitive culture : researches into the development of mythology, philosophy, religion, language, art, and custom"），桂林：廣西師範大學出版社，（重譯本），2005 年 1 月一版一刷。

5. 〔美〕菲利普・費爾南德斯・阿莫斯圖（Felipe Fernández-Armesto）著；何舒平譯：《食物的歷史》（"Food：A History"），北京：中信出版社，2005 年 2 月一版一刷。

6. 〔英〕弗雷澤（James G. Frazer）著；汪培基譯：《金枝》（"The Golden Bough"），臺北：久大文化股份有限公司、桂冠圖書股份有限公司聯合出版，1991 年 2 月初版一刷。

7. 〔英〕彼得・傑伊（Peter Jay）著；羅耀宗譯：《富裕之路》（"The Wealth of Man"），臺北：時報文化出版企業股份有限公司，2001 年 9 月 1 日初版一刷。

8. 〔美〕羅伯特・路威（Robert Heinrich Lowie）著；呂祖湘譯：《文明與野蠻》（"Are We Civilized ? —Human Culture in Perspective"），北京：生活・讀書・新知三聯書店，1984 年 2 月一版、1992 年 6 月六刷。

9. 龔蘭眞、周璇：《實用飲食學》，臺北：臺灣商務印書館，1966 年 11 月臺一版。

貳、論文類

一、學位論文

（一）博士論文

1. 周何：《春秋吉禮考辨》，國立臺灣師範大學國文研究所博士論文，1967 年。

2. 周聰俊：《饗禮考辨》，國立臺灣師範大學國文研究所博士論文，1988 年。

3. 邱德修師：《商周禮制中鼎之研究》，國立臺灣師範大學國文研究所博士論文，1980 年。

4. 章景明師：《周代祖先祭祀制度》，國立臺灣大學中國文學研究所博士論文，1973 年。

5. 姬秀珠：《兩周盥器與盥禮考》，國立高雄師範大學國文研究所博士論文，2001 年。

（二）碩士論文

1. 王關仕師：《儀禮漢簡本考證》，國立臺灣師範大學國文研究所碩士論文，1966 年。

2. 汪中文：《儀禮鄉射禮儀節研究》，國立臺灣師範大學國文研究所碩士論文，1981 年。

3. 季旭昇：《詩經吉禮研究》，國立臺灣師範大學國文研究所碩士論文，1983 年。

4. 洪乾佑：《禮記中所表現的社會情況》，國立臺灣大學中國文學研究所碩士論文，1960 年。

5. 徐再仙：《說文解字食、衣、住、行之研究》，國立政治大學中國文學研究所碩士論文，1993 年。

6. 姬秀珠：《儀禮食器考——鼎、簋（敦）、簠、鬲、甗》，國立高雄師範大學國文研究所碩士論文，1995 年。

7. 彭妙卿：《儀禮少牢饋食禮儀節研究》，中國文化大學中國文學研究所碩士論文，1980 年。

二、期刊論文

1. 丁穎：〈江漢平原新石器時代紅燒土中的稻穀殼考查〉，《考古學報》1959 年第四期。

2. 山東省文物考古研究所、沂水縣文物管理站：〈山東沂水劉家店子春秋墓發掘簡報〉，《文物》1984 年第九期。

3. 中國社會科學院考古研究所山東工作隊、濟寧地區文化局：〈山東兗州王因新石器時代遺址發掘簡報〉，《考古》1979 年第一期。

4. 中國社會科學院考古研究所安陽工作隊：〈1969-1977 年殷墟西區墓葬發掘報告〉，《考古學報》1979 年第一期。

5. 中國社會科學院考古研究所山西工作隊、臨汾地區文化局：〈1978——1980 年山西襄汾陶寺墓地發掘簡報〉，《考古》1983 年第一期。

6. 王仁湘：〈中國古代進食具匕箸叉研究〉，《考古學報》1990 年第三期。

7. 方琳：〈古代葬俗中的飯含之禮〉，《文史雜誌》2001 年第三期。

8. 本刊記者：〈殷墟考古發掘的又一重要新收穫——小屯發現一座保存完整的殷代王室墓葬〉，《考古》1977 年第三期。

9. 江蘇省文物管理委員會、南京博物院：〈江蘇六合程橋東周墓〉，《考古》1965 年第三期。

10. 安徽省文物工作隊、阜陽地區博物館、阜陽縣文化局：〈阜陽雙古堆西漢汝陰侯墓發掘簡報〉，《文物》1978 年第八期。

11. 安徽省文物考古研究所：〈安徽含山凌家灘新石器時代墓地發掘簡報〉，《文物》1989 年第四期。

12. 呂承瑞：〈殷墟骨柶形制之分類〉，《國立臺灣大學考古人類學刊》第二十五期，1965 年。

13. 岐山縣文化館、陝西省文管會等：〈陝西省岐山縣董家村西周銅器窖穴發現簡報〉，《文物》1976 年第五期。

14. 扶風縣文化館、陝西省文管會等：〈陝西扶風出土西周伯威諸器〉，《文物》1976 年第六期。

15. 李健民：〈大汶口墓葬出土的酒器〉，《考古與文物》1984 年第六期。

16. 李煒：〈《史記》飲食動詞分析〉，《古漢語研究》1994 年第二期。

17. 河北省文物管理處：〈河北省平山縣戰國時期中山國墓葬發掘簡報〉，《文物》1979 年第一期。

18. 河南省丹江庫區文物發掘隊：〈河南省淅川縣下寺春秋楚墓〉，《文物》1980 年第十期。

19. 林素英：〈先秦儒家的喪葬觀〉，《漢學研究》第十九卷第二期，2001 年 12 月。

20. 周肇基：〈百菜之主——葵考〉，「中國生物學史暨農學史學術討論會」論文，http://www.zgjds.org/zgjds/07science/develop131.htm，2003 年 11 月。

21. 胡新生：〈周代殯禮考〉，《中國史研究》1992 年第三期。

22. 高至喜：〈長沙烈士公園三號木槨墓清理簡報〉，《文物》1959 年第十期。

23. 凌純聲：〈匕鬯與醴柶考〉，《中央研究院民族學研究所集刊》第十二期，1961 年秋。

24. 陝西省文物管理委員會：〈陝西省永壽縣、武功縣出土西周銅器〉，《文物》1964 年第七期。

25. 陝西周原考古隊：〈陝西扶風莊白一號西周青銅器窖藏發掘簡報〉，《文物》1978 年第三期。

26. 袁國華：〈郭店楚墓竹簡從「匕」諸字及相關詞語考釋〉，《中央研究院歷史語言研究所集刊》第七十四本第一分（慶祝王叔岷先生九十歲論文集），2003 年 3 月。

27. 梓溪：〈陝西永壽縣出土青銅器的離合〉，《文物》1965 年第十一期。

28. 高明：〈中原地區東周時代青銅禮器研究〉（上），《考古與文物》1981 年第二期。

29. 湖北省博物館：〈湖北京山發現曾國銅器〉，《文物》1972 年第二期。

30. 湖北省博物館、北京大學考古專業盤龍城發掘隊：〈盤龍城一九七四年度田野考古紀要〉，《文物》1976 年第二期。

31. 湖南省博物館：〈湖南衡陽湘潭發現春秋墓葬〉，《考古》1978 年第五期。

32. 張光裕：〈曾侯乙墓出土鼎鉤啟示〉，《江漢考古》1985 年第三期。

33. 張瑞玲、鞏啟明：〈清醴之美，始於耒耜〉，《考古與文物》1990 年第五期。

34. 陳仲玉：〈殷商骨柶上的裝飾藝術〉，《中央研究院歷史語言研究所集刊》第六十六本第三分，1995 年 9 月。

35. 趙世綱、劉笑春：〈王子午鼎銘文試釋〉，《文物》1980 年第十期。

36. 楊深富：〈山東日照崮汙崖出土一批青銅器〉，《考古》1984 年第七期。

37. 楊亞長：〈半坡文化先民之飲食考古〉，《考古與文物》1994 年第三期。

38. 劉軍社：〈「先秦人」的飲食生活〉，《農業考古》1994 年第一期。

39. 隨縣擂鼓墩一號墓考古發掘隊：〈湖北隨縣曾侯乙墓發掘簡報〉，《文物》1979 年第七期。

40. 魏凡：〈就出土青銅器探索遼寧商文化問題〉，《遼寧大學學報》1983 年第五期。

41. 鎮江市博物館、丹陽縣文物管理委員會：〈江蘇丹陽出土的西周青銅器〉，《文物》1980 年第八期。

42. 羅勛章：〈劉家店子春秋墓瑣考〉，《文物》1984 年第九期。

43. 寶雞茹家莊西周墓發掘隊：〈陝西省寶雞市茹家莊西周墓發掘簡報〉，《文物》1976 年第四期。

附　表

附表一、冠昏之禮禮食、禮器表

器 用 ＼ 篇 章		禮　食	禮　器
〈士冠禮〉	醴禮	醴一。	甒一；篚一、觶一、勺一、柶一。
		醢一。	豆一。
		脯一。	籩一。
	醮禮（一）	玄酒一、酒一。	甒二、禁二；篚一、爵一、勺二。
		醢一。	豆一。
		脯一。	籩一。
		乾肉一。	俎一。
	醮禮（二）	玄酒一、酒一。	甒二、禁二；篚一、爵一、勺二。
		豚一、離肺。	鼎一、扃一、鼏一、匕一、俎一。
		醢一、葵菹一、蠃醢一。	豆三。
		栗一、脯二。	籩三。
〈士昏禮〉	將親迎預陳饌	玄酒一、酒二。	甒三、勺二、冪二、禁二；篚二、爵四、卺二。
		豚一、舉肺二、祭肺二、脊二；魚十四；兔腊一。	鼎三、扃三、鼏三；匕三、俎三。
		醯醬二、葵菹二、蠃醢二。	豆六、巾一。
		黍二、稷二。	敦四。
		大羹湆一。	登一。

	禮食	禮器
贊者醴婦	醴一。	甒一、觶一、勺一、柶一；篚一。
	醢一。	豆一。
	脯一。	籩一。
婦饋舅姑	玄酒一、酒一。	甒二、爵；勺二、篚一。
	豚一、舉肺二、祭肺二、脊二。	鼎一、匕一、俎一。
	醢醬二、葵菹二、蠃醢二。	豆六、巾一。
	黍二。	敦二。
	大羹涪一。	登一。

附表二、射鄉之禮禮食、禮器表

器用 ╲ 篇章		禮食	禮器
〈鄉飲酒禮〉	陳設	玄酒一、酒一。	壺二、禁二；勺二；篚二、爵三、觶四。
		醢。	豆。
		脯。	籩。
	速賓迎賓拜至	狗右半、離肺。	鼎一、匕一、俎。
〈鄉射禮〉	陳設	玄酒一、酒一。	壺二、禁二、勺二；篚二、爵三、觶四。
		醢。	豆。
		脯	籩。
	速賓	狗右半、離肺。	鼎、匕、俎。
〈燕禮〉	告誡設具	玄酒二、酒四。	君：瓦大二、勺二、豐二；膳篚一、象觚一、象觶一、冪。 卿大夫：方壺二、勺二；篚一、觚、觶。 士旅食者：圓壺二、勺二。
		狗右半、離肺。	鼎一、匕一、俎一。
〈大射儀〉	射日陳燕具席位	玄酒二、酒六。	君：瓦大二、勺二、豐二；膳篚一、象觚一、象觶一、冪。 卿大夫：方壺二、勺二；篚一、觚、觶。 士旅食者：圓壺二、勺二。 獻酒：圓壺二、勺二。
		狗右半、離肺。	鼎一、匕一、俎一。
	獻獲者	玄酒一、酒一。	圓壺二、勺二；篚一、散一。

附表三、朝聘之禮禮食、禮器表

器用 \ 篇章			禮　食	禮　器
〈聘禮〉	致館設飧	賓	稻酒四、粱酒四。	壺八（堂上）
			稻酒三、粱酒三。	壺六（西夾）
			牛、羊、豕、魚、腊、腸胃、膚（九條）、鮮魚、鮮腊； 臐、臐、膮。	正鼎九（庭西——熟食） 陪鼎三
			牛、羊、豕、魚、腊、腸胃、膚。	鼎七（庭東——生食）
			韭菹一、醓醢一、昌本一、麋臡一、菁菹一、鹿臡一、葵菹一、蝸醢一。	豆八（堂上）
			韭菹一、醓醢一、昌本一、麋臡一、菁菹一、鹿臡一。	豆六（西夾）
			黍四、稷四。	簋八（堂上）
			黍三、稷三。	簋六（西夾）
			牛羹二、羊羹二、豕羹二。	鉶六（堂上）
			牛羹二、羊羹一、豕羹一。	鉶四（西夾）
			稻一、粱一。	簠二（堂上）
			稻一、粱一。	簠二（西夾）
			米。	車二十（門外）
			禾。	車二十（門外）
			薪柴。	車四十（門外）
			飼草。	車四十（門外）
		上介	稻酒三、粱酒三。	壺六（堂上）
			牛、羊、豕、魚（七條）、腊、腸胃（七條）、膚（七條）； 臐、臐、膮。	正鼎七（庭西——熟食） 陪鼎三
			韭菹一、醓醢一、昌本一、麋臡一、菁菹一、鹿臡一。	豆六（堂上）
			黍三、稷三。	簋六
			牛羹二、羊羹一、豕羹一。	鉶四（堂上）
			稻一、粱一。	簠二（堂上）
			米。	車十（門外）
			禾。	車十（門外）

			薪柴。	車二十（門外）
			飼草。	車二十（門外）
		眾介	稻酒二、梁酒二。	壺四（堂上）
			羊、豕、腸胃、魚、腊。	鼎五（庭西——熟食）
			韭菹一、醓醢一、昌本一、麋臡一。	豆四（堂上）
			黍二、稷二。	簋四（堂上）
			羊羹一、豕羹一。	鉶二（堂上）
〈公食大夫禮〉	陳具	賓	飲酒一、漿飲一。	觶二、豐二（正饌）
			牛一、羊一、豕一、魚七、腊一、腸胃一（牛與羊各七條）、倫膚。	鼎七（正饌）
			醓醬一、韭菹一、醓醢一、昌本一、麋臡一、菁菹一、鹿臡一。	豆七（正饌）
			膷一、臐一、膮一、牛炙一、牛醢二、牛胾一、牛鮨一、羊炙一、羊胾一、羊醢一、豕炙一、豕醢一、豕胾一、芥醬一、魚膾一。	豆十六（加饌）
			黍三、稷三。	簋六（正饌）
			稻一、梁一。	簠二（正饌）
			大羹湆。	鐙一（正饌）
			牛羹二、羊羹一、豕羹一。	鉶四（正饌）

附表四、喪禮禮食、禮器表

器 用 ＼ 篇 章		禮 食	禮 器
〈士喪禮〉	事死之初	醴或酒一。	觶一、角柶一。
		醢一。	豆一。
		脯一。	籩一。
	沐浴飯含之具	米、貝三。	豆一、鬲二。
			廢敦一。

	陳小斂待用奠物	醴一、酒一。	甒二、素勺二；篚一、觶二、木柶一。
		豚、肺、脊。	鼎一、扃一、鼏一；匕、素俎。
		醢一。	豆一。
		脯一。	籩一。
	陳大斂待用奠物	醴一、酒一。	甒二、素勺二；篚一、角觶二、木柶一。
		豚一、魚九、兔腊左半。	鼎三、扃三、鼏三；匕三、素俎三。
		葵菹芋一、蠃醢一。	甒豆二、筐、布巾。
		栗一、脯一。	無縢籩二、布巾。
		熬黍稷、魚、腊。	筐二。
	朝夕哭奠	醴一、酒一。	甒二、素勺二；篚一、角觶二、木柶一。
		醢一。	豆一。
		脯一。	籩一。
	朔月奠及薦新	醴一、酒一。	甒二、素勺二；篚一、角觶二、木柶一。
		葵菹芋一、蠃醢一。	甒豆二、筐、布巾。
		豚一、魚九、兔腊左半。	鼎三、扃三、鼏三；匕三、素俎三。
		黍一、稷一。	瓦敦二。
〈既夕禮〉	預於祖廟陳饌	醴一、酒一。	甒二、素勺二；篚一、角觶二、木柶一。椸禁、冪。
		豚一、魚九、兔腊左半。	鼎三、扃三、鼏三；匕三、素俎三。
		葵菹芋一、蠃醢一。	甒豆二、筐、布巾。
		栗一、脯一。	無縢籩二、布巾。
	陳器與葬具	醴一、酒一。	甒二、冪。
		羊、豕。	苞二。
		黍一、稷一、麥一。	筲三。
		醯一、醢一、薑桂屑一。	甕三、冪。
	葬日陳大遣奠	醴一、酒一。	甒二。
		羊左半（腸、胃各五、離肺）、豕左半（離肺）、魚九、兔腊左半、鮮獸。	鼎五。
		脾析一、蜱醢一、葵菹一、蠃醢一。	豆四。
		棗一、糗一、栗一、脯一。	籩四。

		三 日	不食	
	喪主飲食（斬衰）	既 殯	粥（朝、夕各一溢）。	
		既虞卒哭	疏食水飲。	
		期而小祥	菜果。	
		又期大祥	醢醬。	
		中月而禫	醴酒、乾肉。	
〈士虞禮〉	陳虞祭牲羞酒醴器具	醴一、酒一。	甒二、勺二、冪二；篚一、廢爵、足爵、繶爵。	
		豕左胖、燔肝、魚九、兔腊左胖。	鑊三；鼎三、扃三、冪三；匕三、俎三。	
		黍一、稷一。	敦二。	
		葵菹一、蠃醢一。	豆二。 豆二（從獻用）。	
			籩四（從獻用）。	
		鉶羹一。	鉶一。	
		大羹湆一。	登一。	
	卒哭祭畢餞尸	水一、酒一。	甒二、勺二、篚一。	
		醢一。	豆一。	
		脯一。	籩一。	
		乾肉。	俎一。	

附表五、祭禮禮食、禮器表

器用 ╲ 篇章		禮 食	禮 器
〈特牲饋食禮〉	視濯、視牲	活豕一、兔腊一。	禁一。
			壺二（蓋）、禁、冪二、勺二；鼎三、鼏三；豆二、籩二、鉶一、敦二。
	祭日陳設及其位次	玄酒一、酒一。	壺二、禁、冪二、勺二；篚一、爵二、觚二、觶四、角一、散一。
		豕一、魚十五、兔腊一。	鼎三。
		葵菹一、蝸醢一。	豆二。

		棗一、栗一。	籩二。
		鉶羹一。	鉶一。
		大羹湆一。	登一。
		黍一、稷一。	敦二。
〈少牢饋食禮〉	祭日視殺視濯	活羊一、活豕一。	
			籃、勺、爵、觚、觶；鼎五、牲匕、俎五；甒、甒、敦二、飯匕；豆四、籩四。
	羹定實鼎饌器	玄酒一、酒一。	甒二、禁一、幂二、勺；篚、爵。
		羊右半、豕右半、倫膚九、魚十五、麋腊一。	鑊四、鼎五、扃五、鼏五；匕五、俎五。
		韭菹一、醓醢一、葵菹一、蠃醢一。	豆四。
		熬麥一、熬臬一、熬稻一、熬黍一。	籩四。
		黍一、稷一。	金敦二。
〈有司徹〉	將儐尸整設	玄酒一、酒一。	甒二、禁一、幂二、勺二；篚、爵。
		羊、豕、魚。（〈既夕〉餘物）	鼎三。
		韭菹一、醓醢一、葵菹一、蠃醢一。	豆四。
		熬麥一、熬臬一、熬稻一、熬黍一。	籩四。
		黍一、稷一。	金敦二。

附　圖

附圖一、器物圖例──飲器

（一）飲酒器

1. 爵 〔註1〕

年　代 器　名	二里頭文化	商	西　周
器　名	乳釘紋爵	夔紋單柱爵 （前期）	康侯爵（前期）
器　名	鏤孔素爵	婦媄爵（後期）	父辛爵（中期）
器　名			伯公父爵（後期）

〔註1〕 馬承源主編：《中國文物精華大全》（青銅卷），頁3（乳釘紋爵、鏤孔素爵）、
49（夔紋單柱爵）、50（婦媄爵）、155（康侯爵）、156（父辛爵、伯公父爵）。

2.觚〔註2〕

器 名＼年 代	商	西　周
器　名	夔紋觚（前期）	旅父乙觚（前期）
器　名	婦好觚（後期）	

3. 觶〔註3〕

器 名＼年 代	商	西　周
器　名	獸面紋觶（後期）	父庚觶（前期）
器　名	衛父已觶（後期）	小臣單觶（前期）

〔註2〕 馬承源主編：《中國文物精華大全》（青銅卷），頁55（夔紋觚）、57（婦好觚）、157（旅父乙觚）。

〔註3〕 馬承源主編：《中國文物精華大全》（青銅卷），頁58（獸面紋觶、衛父已觶）、157（父庚觶）、158（小臣單觶）。

4. 觥〔註4〕

器 名＼年 代	商	西　周
器　名	婦好觥（後期）	旂觥（前期）
器　名		賣引觥（前期）

5. 卺〔註5〕

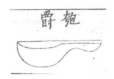

〔註4〕 馬承源主編：《中國文物精華大全》（青銅卷），頁47（婦好觥）、153（旂觥、
　　　 賣引觥）。
〔註5〕 宋・聶崇義：《新定三禮圖》卷十二，頁15675。

（二）盛酒器

1. 壺〔註6〕

年代 器名	商	西周	春秋	戰國
器名	獸面紋壺 （前期）	⬛·父乙壺 （前期）	陳侯方壺 （前期）	蟠龍蟬紋壺 （前期）
器名	獸面垂葉紋壺 （後期）	幾父壺 （中期）	蓮鶴方壺 （中期）	中山王譽方壺 （中期）
器名	四祀邲其壺 （後期）	侯母壺 （後期）	羽翅紋壺 （後期）	鑲嵌幾何紋鳥壺 （後期）

〔註6〕 馬承源主編：《中國文物精華大全》（青銅卷），頁29（獸面紋壺、獸面垂葉紋壺）、33（四祀邲其壺）、134（⬛·父乙壺）、135（幾父壺）、137（侯母壺）、194（陳侯方壺）、197（蓮鶴方壺）、199（羽翅紋壺）、239（蟠龍蟬紋壺）、242（中山王譽方壺）、244（鑲嵌幾何紋鳥壺）。

2. **瓹**〔註7〕

（三）挹取器

1. 勺〔註8〕

　　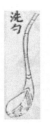　

年　代 器　名	商	戰　　國

器　名	骨勺（後期）	動物紋勺
器　名		鑲嵌透雕龍紋勺

〔註7〕　宋・聶崇義：《新定三禮圖》卷十二，頁 15675。
〔註8〕　宋・聶崇義：《新定三禮圖》卷十二，頁 15677（疏勺、蒲勺）；卷十三，頁 15683（洗勺）；卷十四，頁 15688（龍勺）。
　　　　中國社會科學院考古研究所：《殷墟婦好墓》，骨勺（彩版三八）。
　　　　馬承源主編：《中國文物精華大全》（青銅卷），頁 250（動物紋勺、鑲嵌透雕龍紋勺）。

2. 斗〔註9〕

年代 器名	商	戰 國
器　名	蛙首獸面紋科（後期）	獸面紋科（中期）
器　名	虎逐羊科（後期）	
器　名	斗（後期）	

〔註9〕　馬承源主編：《中國文物精華大全》（青銅卷），頁59（蛙首獸面紋科、虎逐羊
　　　　科）、159（獸面紋科）。
　　　　殷墟婦好墓出土銅斗八件，均有「婦好」銘文，按斗孔可分方孔及圓孔二式，
　　　　方孔斗五件（圖版五九）、圓孔斗三件（圖版六〇）。中國社會科學院考古研究
　　　　所：《殷墟婦好墓》，頁89。

（四）其　他

1. 禁〔註10〕

年代\器名	西　周	春　秋
器　名	夔紋禁（前期）	透雕夔龍紋禁（後期）

2. 豐〔註11〕

〔註10〕馬承源主編：《中國文物精華大全》（青銅卷），頁 159（夔紋禁）、206（透雕
　　　　夔龍紋禁）。
〔註11〕宋・聶崇義：《新定三禮圖》卷十二，頁 15677。

附圖二、器物圖例——食器

（一）烹煮器

1. 鼎〔註12〕

年代　器名	商	西周	春秋	戰國
器　名	夔紋鼎 （前期）	盂鼎 （前期）	杞伯鼎 （前期）	曾侯乙升鼎 （前期）
器　名	司母戊鼎 （後期）	大克鼎 （中期）	王子午鼎 （中期）	中山王𗊛鼎 （中期）
器　名		頌鼎 （後期）	蟠虺紋鼎 （後期）	鑄客鼎 （後期）

〔註12〕馬承源主編：《中國文物精華大全》（青銅卷），頁 4（夔紋鼎）、12（司母戊鼎）、77（盂鼎）、87（大克鼎）、91（頌鼎）、174（杞伯鼎）、176（王子午鼎）、178（蟠虺紋鼎）、229（曾侯乙升鼎）、230（中山王𗊛鼎）、231（鑄客鼎）。

2. 鬲〔註13〕

年代 器名	商	西　周
器　名	獸面紋鬲（前期）	滕公鬲（前期）
器　名	獸面紋鬲（後期）	仲枏父鬲（中期）
器　名		刖刑奴隸守門鬲（後期）

〔註13〕馬承源主編：《中國文物精華大全》（青銅卷），頁 15（獸面紋鬲）、93（滕公鬲）、94（仲枏父鬲）、95（刖刑奴隸守門鬲）。

3. 甗〔註14〕

器 名＼年 代	商	西 周	戰 國
器　名	夔紋甗（前期）	伯矩甗（前期）	鑄客甗（後期）
器　名	好銅連體甗（後期）	仲伐父甗（中期）	
器　名	婦好銅三聯甗（後期）	叔碩父方甗（後期）	

〔註14〕 馬承源主編：《中國文物精華大全》（青銅卷），頁 16（夔紋甗）、97（伯矩甗、
仲伐父甗）、98（叔碩父方甗）、232（鑄客甗）。
中國社會科學院考古研究所：《殷墟婦好墓》，好銅連體甗（彩版四）、婦好銅
三聯甗（彩版三）。

（二）盛物器

1. 豆〔註15〕

年　代 器　名	西　周	春　秋	戰　國
圖			
器　名	周生豆（中期）	鑲嵌狩獵畫像豆 （後期）	鑲嵌鳥首龍紋蓋豆 （前期）
圖			
器　名		鑲嵌龍紋方豆（後期）	三角雲紋豆（中期）

2. 籩〔註16〕

〔註15〕馬承源主編：《中國文物精華大全》（青銅卷），頁121（周生豆）、185（鑲嵌狩獵畫像豆）、186（鑲嵌龍紋方豆）、234（鑲嵌鳥首龍紋蓋豆）、235（三角雲紋豆）。

〔註16〕宋‧聶崇義：《新定三禮圖》卷十三，頁15684。

3. 俎〔註17〕

器名＼年代	商	春 秋
器　名	獸面紋俎（後期）	鏤空蟠虺紋俎（後期）

4. 敦〔註18〕

器名＼年代	春 秋	戰 國
器　名	齊侯敦（中期）	陳侯午敦
器　名	敦（中期）	鑲嵌三角雲紋敦（後期）
器　名		軌敦（後期）

〔註17〕馬承源主編：《中國文物精華大全》（青銅卷），頁 6（獸面紋俎）、206（鏤空蟠虺紋俎）。

〔註18〕國立故宮博物院編輯委員會：《商周青銅粢盛器特展圖錄》，頁 76（齊侯敦）、77（敦）、380（陳侯午敦）。
馬承源主編：《中國文物精華大全》（青銅卷），頁 237（鑲嵌三角雲紋敦、軌敦）。

5. 簋〔註19〕

器 名 ＼ 年 代	商	西 周	春 秋
器 名	獸面紋雙耳簋（前期）	利簋（前期）	陳侯簋（前期）
器 名	玉簋（後期）	大師盧簋（中期）	秦公簋（中後期）
器 名	玉簋（後期）	頌簋（後期）	龍耳簋（後期）

〔註19〕馬承源主編：《中國文物精華大全》（青銅卷），頁 19（獸面紋雙耳簋）、103
（利簋）、109（大師盧簋）、115（頌簋）、180（陳侯簋）、183（秦公簋）、184
（龍耳簋）。
中國社會科學院考古研究所：《殷墟婦好墓》，玉簋（彩版十四）。

6. 簠〔註20〕

器 名＼年 代	春 秋	戰 國

器 名	龍紋簠（前期）	陳侯簠（中期）
器 名	伯公父簠（後期）	上鄀府簠（後期）

7. 筐〔註21〕

8. 筲〔註22〕

〔註20〕 馬承源主編：《中國文物精華大全》（青銅卷），頁 122（伯公父簠）、163（龍
紋簠）、188（陳侯簠、上鄀府簠）。
〔註21〕 宋・聶崇義：《新定三禮圖》卷十二，頁 15678。
〔註22〕 同上註，卷十八，頁 15707。

（三）取牲器

1. 匕

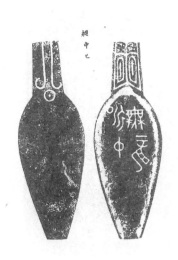

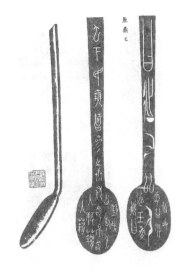

〔註 23〕　　　　　　　　　　　　　　〔註 24〕

（四）其　他

1. 扃〔註 25〕

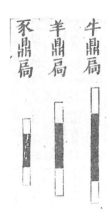

〔註23〕羅振玉：《三代吉金文存》（四），頁 1882（昶中匕）。
〔註24〕同上註，頁 1883（魚鼎匕）。
〔註25〕宋・聶崇義：《新定三禮圖》卷十三，頁 15681。

2. 鼏〔註26〕

附圖三、畢

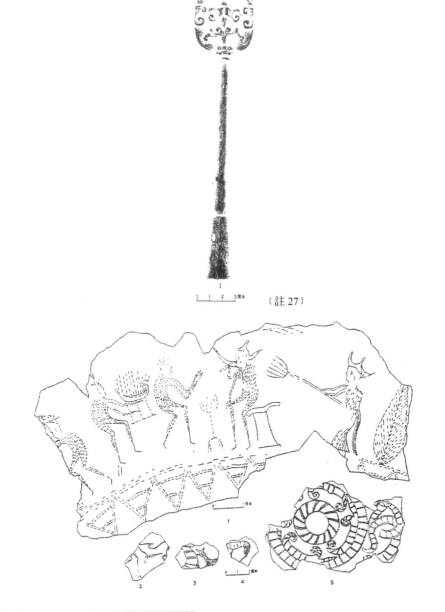

〔註27〕

〔註28〕

〔註27〕郭寶鈞：《山彪鎮與琉璃閣》，圖版九十。

〔註28〕江蘇省文物管理委員會、南京博物院：〈江蘇六合程橋東周墓〉，《考古》1965
年第三期，頁114。

附圖四、重鬲圖

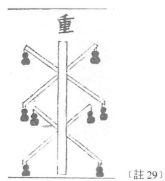

〔註 29〕

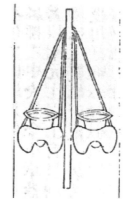

〔註 30〕

附圖五、牲體圖 〔註 31〕

〔註 29〕 宋・聶崇義：《新定三禮圖》卷十七，頁 15701。

〔註 30〕 清・張惠言：《儀禮圖》，《皇清經解續編》卷三百十七，頁 1317。

〔註 31〕 宋・楊復：《儀禮旁通圖》，頁 16621。